何以
中国

孟宪实——著

# 唐高宗的真相

——孟宪实讲唐史——

浙江人民出版社

**图书在版编目（CIP）数据**

唐高宗的真相 / 孟宪实著． — 杭州 ：浙江人民出版社，2021.10

ISBN 978-7-213-10197-7

Ⅰ. ①唐… Ⅱ. ①孟… Ⅲ. ①唐高宗（628-683）-人物研究 Ⅳ. ①K827=421

中国版本图书馆CIP数据核字(2021)第125210号

**唐高宗的真相**

孟宪实 著


| | |
|---|---|
| 出版发行 | 浙江人民出版社（杭州市体育场路347号 邮编 310006）<br>市场部电话:(0571)85061682 85176516 |
| 责任编辑 | 诸舒鹏 |
| 责任校对 | 姚建国 |
| 责任印务 | 程 琳 |
| 封面设计 | 尚燕平 |
| 电脑制版 | 杭州天一图文制作有限公司 |
| 印 刷 | 浙江海虹彩色印务有限公司 |
| 开 本 | 680毫米×980毫米 1/16 |
| 印 张 | 20.375 |
| 字 数 | 216千字 |
| 插 页 | 10 |
| 版 次 | 2021年10月第1版 |
| 印 次 | 2021年10月第1次印刷 |
| 书 号 | ISBN 978-7-213-10197-7 |
| 定 价 | 69.00元 |

# 新版序　唐高宗的历史问题

唐高宗李治，唐代第三位皇帝，公元650—683年在位。任何时代，政治斗争都是难免的，因为权力资源永远是稀缺的。围绕皇位的斗争，史不绝书。在你死我活般斗争的浪涛中获得优胜，“武功高强”是自然的。唐高宗在复杂的政治形势中，最后获得胜利。但是，政治的胜利并没有为他赢得历史的胜利。历史与政治的距离，竟然会如此遥远。这里，把这个问题概括为“唐高宗的历史问题”。

唐高宗之后，唐朝的皇帝都是高宗的子孙，所以唐高宗的历史地位是稳固的，贬低唐高宗的言论在唐朝显然是危险言论。天宝十五载（756），安史之乱后的唐玄宗逃往四川，发布诏书《命三王制》，提及列祖列宗有如此说法：“我高祖神尧皇帝，奄有大宝，应天顺人。我太宗文武圣皇帝，堪难造邦，光宅天下。高宗天皇大帝，修文偃武，惠绥四方。”高度赞扬高宗的功绩，是从武则天时代开始的。《改元光宅诏》中，列举高祖、太宗和高宗的功绩：

高祖神尧皇帝，披图汾水，仗钺参墟，廓氛祲而安四维，扫搀枪而清六合。太宗文武圣皇帝，负日月而膺运，鼓雷霆以震威。荡海夷山，功浃八荒之外；救焚拯溺，仁沾万

> 域之表。乐和礼洽，天平地成，茂绩光于遂初，鸿名冠于阖辟。高宗天皇大帝，云房诞睿，虹渚降灵，受绿错之祯符，应朱绨之景命。飞车乘毳，臣轩顼之不臣；没羽浮金，服禹汤之未服。开边服远，更阐寓于先基；富贵宁人，重增辉于前烈。

高祖、太宗是创业皇帝，在此基础上，高宗带领唐朝取得了前所未有的成绩："臣轩顼之不臣""服禹汤之未服"，还有开边服远、富贵宁人，都是超迈前烈的。这是高宗评价的基调，后来也变化较少。在后人的印象中，能够与高宗媲美的，只有玄宗的开元之治。但是，高宗和玄宗都遭遇了其他问题，历史评价陡然不同。唐玄宗有了安史之乱，唐朝的盛衰转变在唐玄宗治下发生，无论如何玄宗逃脱不了干系。高宗呢？随后发生的武则天篡唐，这是唐朝前期的重大挫败之一，可与安史之乱相提并论。武则天的政治生涯中，唐高宗的角色显然重要，武则天的事，高宗负有无可推卸的责任。

这是唐高宗的核心问题。唐朝评价唐高宗，或有为尊者讳的理由，而唐朝一过，所有唐朝问题都变成了历史问题，后世史家于是能够纵横放言，直书心意。对此，可以《旧唐书》和《新唐书》的评论为代表。《旧唐书·高宗本纪》之后的"史臣曰"，内容如下：

> 史臣曰：大帝往在藩储，见称长者；暨升旒扆，顿异明哉。虚襟似纳于触鳞，下诏无殊于扇暍。既荡情于帷薄，遂

> 忽怠于基扃。惑麦斛之佞言，中宫被毒；听赵师之诬说，元舅衔冤。忠良自是胁肩，奸佞于焉得志。卒致盘维尽戮，宗社为墟。古所谓一国为一人兴，前贤为后愚废，信矣哉！

在这里，除了说高宗登基之前有长者之风外，评价的都是即位之后的事，其中没有一句是好听的话。祖宗打下的天下，差一点被高宗彻底废了，“宗社为墟”。其中，“中宫被毒”“元舅衔冤”指的是废王立武事件，至于武则天篡唐，还是比较含糊的。再看《新唐书》的评价，就更清楚了，唐高宗的历史评价，每况愈下。《新唐书·高宗本纪》之后的这段赞语，应该出于欧阳修之手，言辞犀利，入木三分：

> 武氏之乱，唐之宗室戕杀殆尽，其贤士大夫不免者十八九。以太宗之治，其遗德余烈在人者未远，而几于遂绝，其为恶岂一褒姒之比邪？以太宗之明，昧于知子，废立之际，不能自决，卒用昏童。高宗溺爱衽席，不戒履霜之渐，而毒流天下，贻祸邦家。呜呼，父子夫妇之间，可谓难哉！可不慎哉？

欧阳修直接从“武氏之乱”下笔，认为武则天给唐朝带来的损失，比西周时期的褒姒更严重。唐太宗伟业，差一点就被毁，包括宗室、士大夫遭受的巨大伤害。为什么会出现武氏之乱呢？欧阳修把责任首先归于唐太宗，知子不明，“卒用昏童”。至于唐高宗，溺爱夫妻之间，一无是处，是导致武氏之乱的直接推手，

“毒流天下，贻祸邦家”。武则天被称作“武氏之乱”，唐高宗是罪人，还连累了唐太宗。

唐高宗以后的唐朝皇帝，不仅是唐高宗的子孙，也是武则天的子孙。当朝评价祖先过甚，很可能有违孝道。但是，这个政治禁忌到了北宋早就烟消云散，武氏之乱被归纳出来，相应的责任，自然也要得出清晰的结论。可见，历史事实是一个层面的问题，历史评论是另外一个层面的问题。前者，可以称为历史，后者，叫作历史学。距离历史越远，历史学越发达，自由施展的空间越宽广。

历史应该表现得更具客观性，历史学则允许有主观立场存在。问题是，历史并非纯粹客观史料，在《旧唐书》《新唐书》《资治通鉴》这样的史学著作中，历史与历史学并存，历史叙述依据史料，也会贯彻史家的历史观。古代史家同样会用自己的历史观驾驭史料，在看上去很客观的叙事中，他们的历史观已经无声无息地占据所有空间。

唐高宗的历史问题，因此变得错综复杂。要弄清历史真相，首先得穿过历史著作的层层迷雾，如何既要与传统史家划清史观界限，同时还要使用他们著作中的史料？欧阳修在《新唐书》中如何贯彻他的“武氏之乱”观点，当事人不论是武则天还是唐高宗，他们一言一行的记载，是否都是“武氏之乱”的证明？

把武则天篡唐称作“武氏之乱”是容易理解的，但是包括唐高宗甚至唐太宗，都要服从“武氏之乱”的这个重要的历史逻辑，是否有可能导致在史料上大动手脚，甚至舍弃其他史料？武则天称帝篡唐，是在唐高宗去世之后，唐高宗生前对此如何能够预料？武则天之前，中国历史上没有女性成为皇帝，武则天前无古人后无来者，对此唐高宗怎么可能会有先知先觉？有史家把武则天称帝解释为一个蓄谋已久的计划，高宗时已经暴露很多，只是高宗浑然不觉，因为高宗是弱智昏童。这正是用史观驾驭史料的典型。所有叙事安排，都会指向这个结论，读史如何能够识别真相？说到人物故事，至今依然是传统史学的天下，这是有缘由的。因为传统史学占据了时间上的优势，更多的客观史料消失了，史学著作的影响力更加重大。传统史家的历史观点，如同史料本身一样，难以撼动。

为了后世史家的观点，牺牲了历史主人公，唐高宗不是唯一的。唐高宗的历史问题，说起来众多，核心只有一个，历史真相何在？求解历史真相，是历史学的本义，也是历史难题，又无法回避。

真相，至少是个良好的目标。

讨论唐高宗的真相，至今也有十年多的历程。很多具体问题，比最初更加明朗，但要获得更多读者同意，并非易事。所以，退一步想，就算多一个参考答案吧，毕竟历史思考胜过历史结论。

浙江人民出版社希望出版此书，证明此书还有一些阅读价值，这对我激励很大。编辑们工作认真，一丝不苟，令我十分感动。

历史真相，至少是史学的魅力之一，让我们共同努力吧。

孟宪实

# 序　一个不同于以往的唐高宗

本书呈现在大家面前的，是一个不同于以往的唐高宗。作者通过丰富的史料和严密的考证，描画出了一个活生生的，依我看来是比较接近历史实际、比较真实的唐高宗。

唐高宗、武则天时期是一个很有意思的时期，也是充满了不同看法的一个时期。但是不管怎么说，从唐高宗到武则天统治时期，是从初唐走向盛唐的关键时期。

唐高宗废掉王皇后，立武则天为皇后，这不是一场简单的宫廷斗争。它不仅使唐高宗收回了原本属于自己的权力，而且使关陇军事贵族集团走下了政治舞台，最后结束了皇帝和贵族集团共同统治的政治格局，完成了中国中古时期政治体制的重大改革。在这个事件中，李勣的一句“此陛下家事，何必问外人”，不仅点醒了唐高宗，也为旧的皇帝贵族体制画上了最后的句号。只有在新的政治体制下，一般地主官僚在朝廷中才能有更大的发展余地，各项有利于一般地主发展的政策和制度才有可能不断地推出，经济社会才有可能得到迅速的发展。

唐高宗李治，一般都认为他软弱无能、优柔寡断。在某些时间、某些问题上，他确实表现出优柔寡断。但那或者是碍于当时的权力结构和政治体制，或者是夫妻情深。但是在关键时刻，特别是当他完全掌握政权的时候，在重大的问题上，他是不糊涂的。你说他能够把原来的皇后废掉，立武则天做皇后，这是软弱吗？他能够完成从隋文帝到唐太宗几代帝王巩固和发展统一多民族国家的未竟事业，把唐朝的疆界扩展到最大，这是软弱吗？特别是在重大政策的制定和宰相的任用人选上，他始终掌握主动权。他能够任用反对武则天的人来担任宰相，而且执行通过武则天提出来的政策，这是需要很高的政治智慧才能做到的。至于在政治上他对武则天的信任和依靠，应该说在当时还是一个明智的选择，因为武则天确实是值得他信任和依靠的。因此，唐高宗李治在唐代历史上，是一个非常值得重新评价的人物。他不是一个软弱的皇帝，而是一个很有见地、很有策略、有很大贡献的皇帝。这些在本书中都有细致的论述。

本书通过具体历史事实，拨开了唐朝以后历代史家，特别是宋朝史家在唐高宗身上造成的迷雾，使得一个真实的唐高宗重见青天。对于唐高宗和武则天的关系，本书也进行了深入的考察和分析。书中对他们之间相知相爱的描述，也还给人们一个更加真实的武则天。

历史是客观存在，但是历史著作却往往加进了各个时代史家的个人见解和臆测。因此当我们和广大读者分享历史的同时，首先就要还原历史。只有把真实的历史情况呈现给大家，大家才能客观地评说千秋功过与是非。本书在这方面作了有益的探索。

吴宗国 北京大学历史学系教授

# 目录

# 引子　拨开迷雾，告诉你一个真高宗

唐高宗李治，是唐朝的第三位皇帝。从650年到683年，在位时间是34年，比父亲唐太宗多出整整十年。唐高宗统治唐朝34年，在唐朝的21位皇帝中（包括武则天），他统治唐朝的时间仅次于唐玄宗（46年）。

那么唐高宗到底是怎样的一个皇帝呢？

虽然大家不是专门研究唐史的专家，但对于唐高宗也应该有所耳闻。请仔细想一想我们印象中的唐高宗，我们对他的评价是怎样的呢？四个字："软弱无能。"

一个统治世界上最强大的帝国的皇帝，竟然是一个软弱无能之辈，而且统治时间还那么长久，这到底可信不可信呢？唐高宗真是软弱无能吗？

确实有很多人这么说。《旧唐书·高宗本纪》的"史臣曰"，说高宗即位以前还不错，有"长者之风"，从即位开始，立刻判若两人。荡情后宫，荒于政局，废掉王皇后，让舅舅蒙冤。忠良靠边，小人得志。导致国家基础破坏，宗社空虚。这样的评论当然也只能用软弱无能来概括，甚至比软弱无能更糟。清人褚人获的《隋唐演义》、民国时蔡东藩的《唐史演义》都这么说。

那么，唐高宗李治到底是不是一个软弱无能的人？软弱指的是否是性格，这要在具体的事情中显示出来。是否无能呢？我们要看他把国家治理得如何。

历史研究是以既往的人物和故事为对象的，我们要通过相关的证据，或者文字或者文物去接近当时、了解事实，专业的说法就是通过史料接近史实。但是如果史料记载有出入、有矛盾，我们怎么办呢？这就是歧路亡羊的故事。一旦走错了路，那就会失去目标，甚至会南辕北辙。于是史学的研究工作多半是对史料的甄别，甚至要对史料进行百般挑剔。可是，这不陷于矛盾了吗？是的。既要依靠史料，还不能完全相信史料。举一个容易明白的例子。侦探破案，要面对许多真真假假、虚虚实实的现象，真相只能有一个，但是证据可能是互相矛盾的，如何识破假象、认清真相，就是侦探的责任。历史学家的使命也是如此，去伪存真，弄清历史真相，就是历史研究。

历史研究的乐趣正在于此，弄清楚一个千古之谜，如同破解了一个大案件，那内心的愉悦是无法言说的。只要你身在其中，其中的乐趣自然容易体会。

本书通过一系列历史事实，剖析唐高宗那个时代，解析唐高宗的朝廷，回归历史现场，同情、理解当事人。我讲的唐高宗，也许与你的印象很不一样。复原唐高宗，就是我的使命。今天，我们首先从唐高宗的早年生活入手。

# 第一讲　殿下的早年生活

不想当太子的皇子不是好皇子。用最不想当太子的姿态，李治当上了太子，绝非偶然。他把李唐家族最信奉的老子教条，发挥到了极致。

唐高宗李治，贞观二年（628）六月十三日出生；贞观五年，被册封为晋王（4岁），贞观十七年四月七日，被册封为太子（16岁），贞观二十三年六月一日，即位，年龄22岁。公元683年，唐高宗去世，享年56岁。

唐高宗是唐太宗的第九个儿子，字为善，小名雉奴。他是长孙皇后生的第三个儿子。他有两个亲哥哥，大哥原太子李承乾比他大9岁，二哥李泰比他大7岁。

李治的一生，可以分为两个时期。从人们对他的称呼看，第一个阶段是殿下时期，第二个阶段是陛下时期。唐太宗在世的时候，李治是殿下；唐太宗去世，李治即位，开始了陛下时代。

李治在贞观五年（631）被册封为晋王，当时4岁。从此以后，他开府设官，被尊称为“殿下”。贞观十七年，在他16岁的时候被册封为太子，从此他居住在东宫，地位有了提高，但是称呼还是殿下。

我们先给大家介绍的是殿下时期的李治。

殿下时期，李治的生活可以分为三个阶段。贞观十七年（643）以前的殿下生活，是风平浪静的。贞观十七年（643），是惊涛骇浪的。确立了太子地位以后，暗流涌动。

早在李治出生之前，他的大哥李承乾已经被确立为皇帝的继承人。所以，李治从小开始，就是一个无忧无虑的小皇子，虽然皇帝多了一个儿子很高兴，但是谁也没有对他报以太多的希望。

关于李治，历史的记载很少，大约有如下几件事情。这几件事，都发生在李治从出生到当太子之前的时期。

## 一　晋王殿下的几件事

### 出生

李治出生那天，皇帝很高兴，宴请五品以上的官员，还对大家进行了赏赐。天下同日出生的孩子，也就借了李治的光，皇帝有命令，同日出生的孩子，都由国家发放补贴，不是铜钱而是粮食。（“六月庚寅，皇子治生，宴五品以上，赐帛有差，仍赐天下是日生者粟。”《旧唐书》卷二《太宗本纪》）数量多少没有记录，但是不管多少大家都是高兴的。这有一点普天同庆的味道。

这是历史关于李治的第一笔记载。李治出生了。

### 李治抓周

李治出生一年后，过周岁生日，搞了一个“抓周”活动。唐朝的时候，也有抓周的风俗，通过小孩子的动作，观察他的喜好，从而预测他的未来。很多有象征性的小东西放在李治面前。只见李治抓起一支笔，有人又在他前面放上纸张，李治抓笔乱画。只是乱画，奇迹出现了，在纸角的地方，竟然出现一个草书“敕”字。

唐朝的制度规定，上报皇帝请示工作的报告要经过皇帝审批，或者皇帝要发布什么命令让有关部门（中书省）起草，皇帝在审阅之后要签发，不要写很多字，只写一个字，那个字就是“敕”字。这就叫“署敕”。要知道写“敕”字是只有皇帝才能做的特有行为。

唐太宗看见李治竟然画出一个“敕”字，立刻严肃起来。这不正好预示着他未来将继承皇位吗？这难道是天命的预兆？这可是个麻烦事，因为当时太子已经确定。唐太宗随即发出两个命令。第一，这张纸立刻烧掉。第二，此事所有在场的人都不许再说起，否则重处。唐太宗为什么当场命令封杀这件事呢？就是怕传出去，猜疑、议论等会成为政治上的不稳定因素。（《酉阳杂俎》前集一）

今天，对我们信奉科学的人来说，人的一生有因果问题，但是没有命运问题。现代人也有抓周的习惯，但早已成为游戏性质。少数人还相信命运，所以街头上、寺院里，那些算命先生还真是生意兴隆。

唐朝的时候，人们是相信天命的。当时人以为，天人感应，人间的重大机密可以通过天象观察到，天机总是要泄漏的。所以朝廷颁发的法律中，有许多这方面的限制，比如天象的知识是封锁的。不是有关部门，其他人擅自观察天象就是严重的违法行为。

既然唐太宗已经命令封杀这件事，为什么还是留下了这个记载呢？很有可能，这是后人牵强附会的文字，所以对于这个记载，我们应该抱着存疑的态度，不能完全相信。对于所有的文字记载，我们都应该认真思考、对比研究，就像孟子说的：尽信书不如无书。坚持实事求是原则，我们就得有这种不能尽信的基本态度。

## 李治学《孝经》

关于李治早年的记载，第三件事是学习《孝经》。

《孝经》是儒家经典，其内容一种说法是孔子所叙述的，一种说法是孔子的弟子曾子所叙述的。秦汉以前，儒家经典有“六经”之说（《诗》《书》《礼》《乐》《易》《春秋》），到西汉的时候，因为《乐经》遗失，只剩下“五经”。东汉时，增加《论语》和《孝经》，是为“七经”。到唐朝开元时期，在“五经”基础上，礼变为三家（《周礼》《仪礼》《礼记》），春秋变为三家，于是成为“九经”。唐后期，增加《孝经》《论语》《尔雅》，为“十二经”。南宋时增加《孟子》，成为儒家“十三经”。《孝经》虽然篇幅最短，但是因为历代皇帝都重视“以孝治天下”，所以《孝经》很早就成为必读之书。

李治学习《孝经》是几岁开始的，历史没有记载。教他的老师叫萧德言，是一位饱学之士，《唐书》有传。李治既然学习《孝经》，学得怎么样呢？有一次唐太宗问李治，这本书中什么话是最重要的？李治回答说：“夫孝，始于事亲，中于事君，终于立身。君子之事上，进思尽忠，退思补过，将顺其美，匡救其恶。”唐太宗“大悦”，说道：“行此，足以事父兄，为臣子矣。”

（《旧唐书》卷四《高宗本纪》）

李治的回答，正是以孝治天下的本意，体现了他抓住要害的能力。这要害就是要区别。区别什么呢？区别出自己与他人的关系。孝道，是可以成长为忠孝的，从侍奉双亲转变为侍奉君主。为什么最终的意义是立身呢？这就跟李治的具体身份相关。只要心中有孝有忠，那就是一个孝子忠臣，而立身也就完成了。唐太宗为什么会对李治的回答感到满意？因为当时的形势下，唐太宗对李治没有其他要求，他给李治的定位和李治的实际位置，就是“臣子”。“为臣子”，具体来说就是“事父兄”。现在侍奉父亲，将来侍奉哥哥，而自己的角色就是臣子。看到李治对自己的定位认识得很清晰，没有非分之想，也没有糊涂观念，所以唐太宗很满意。

《旧唐书·高宗本纪》说李治“幼而岐嶷端审，宽仁孝友”。这是说他从小就聪慧宽厚，简单地说就是聪明善良。你看他对《孝经》的理解，就是要本分地当好臣子，学得好，这是聪明。没有野心，这是善良。

### 丧母之痛

贞观十年（636），长孙皇后去世。李治“哀慕感动左右，太宗屡加慰抚，由是特深宠异”。对于母亲的去世，9岁的李治十分哀痛，这么小的孩子就这样懂事有孝心，让左右的人都很感动。看到李治如此的伤心，唐太宗多次慰抚，“由是特深宠异”。（《旧唐书》卷四《高宗本纪》。史书中这样记载，我觉得是一种暗示写法，是为李治后来当太子作铺垫的。）唐太宗做了一个重要决定，亲自抚养长孙氏留下来的最小的两个孩子：晋王李治

和晋阳公主。“帝诸子，唯晋王及主最少，故亲畜之。”（《旧唐书》卷八三《诸帝公主》）

是因为李治在母亲去世的时候表现良好，皇帝才决定亲自抚养吗？应该不是。李治年幼，才应该是皇帝决定亲自抚养他的原因。谁也不会想到，皇帝的这个在大家看来合情合理的决定，最后的影响是多么深远。

### 性格养成

唐太宗确实说过，这个孩子的性格不像自己。有人认为，李治的性格更像他的母亲。长孙皇后宽以待人，是大家公认的。李治也为人宽厚。所以认为李治的性格像母亲，大概是不错的。在长孙氏去世以后，唐太宗亲自抚养这两个孩子，这个过程对李治的性格也有相当大的影响。

长孙皇后跟李世民生了三个儿子、四个公主。晋阳公主是较小的一个，公主字明达，小名兕子。晋阳公主是一个多愁善感的小女孩。长孙皇后去世的时候，她只有两三岁的样子，“时，主始孩，不之识”，还不能了解母亲去世的含义。到5岁的时候，懂点事了，凡是能够感受到母亲的时候，就会哀痛起来。晋阳公主也是聪明伶俐的。公主有一个特长，擅长书法，“主临帝飞白书，下不能辨”，临写唐太宗的字，别人都辨认不出来。晋阳公主体弱多病，12岁左右就去世了。（《新唐书》卷八三《诸帝公主》）

多愁善感、聪明伶俐而又体弱多病，这样的一个小公主，最是招人怜爱了。李治虽然也是个孩子，只有9岁，但是毕竟比公主大六七岁，在这个只能让人爱怜的小公主身边，他必须要当好大哥哥，义不容辞地照顾好小妹妹。

兄妹两人朝夕相处、形影不离。还有共同的爱好，就是书法。李治的书法，后来有人评价是“兼绝二王”，说他的书法不仅继承了王献之或者王羲之，而且是得到了两位书法大家的真传。（唐代韦述《唐朝叙书录》载许圉师语）唐太宗上朝办公，小兄妹两人在宫殿中有什么事情好做呢？应该也不多。所以他们就在一起研习书法，以至于晋阳公主小小的年龄就可以很好地模仿父亲的笔迹了。

兄妹两人相处，整整七年。公主对晋王哥哥十分依赖，而晋王对晋阳公主也备加怜爱。兄妹两人感情甚好，每次李治有事要离开的时候，公主都要亲自送到大门口，流泪分别。后来，晋王长大，要“王胜衣，班于朝”，就是要去朝廷，跟大臣们一样排队拜舞进行礼仪活动，公主就会哭着跟晋王说：“哥哥今天跟群臣同列，不能在内宫里了！”晋王要公干，只好把妹妹一个人留在宫里，怪可怜的，兄妹二人不免洒泪相别。举行完仪式，晋王就会回来。就是分别这么短的时间，两人也不愿意。

这段时期对于李治一些兄长式性格的养成，很是关键。所谓兄长式的性格，大约有这么一些特征：宽厚容忍，考虑全面，有责任有担当。当然，这只是性格问题，不是价值观的问题。比如，一件事情，该不该做，由价值观决定。至于怎样做，由性格决定。在我们研究历史人物的时候，应该注意性格因素，但是也不能过分强调性格作用。一方面性格在为人处世的时候，自然会发挥作用，我们应该给予注意。另一方面，性格有多重性，更有变异性，所以不能唯性格论。历史不是文学，多重因素同时作用，某人的性格在重大历史变故面前，其影响是有限的。所以，我们不能唯性格论。

也许有人会说，李治是弟弟，他的亲哥哥就有两个，他怎么会养成长兄性格呢？这就需要了解皇宫里皇子们的基本生活方式。小王子封王开府，日常生活是由奶娘照料的。其他兄弟也一样。因为并不跟兄弟们住在一起，没有平常人家的那种同一屋檐下的生活，所以很难养成手足之情。王子的培养方式，缺乏基本的生活基础，淡化了彼此的感情纽带，观念上的手足当然敌不过现实利益的计较。这也是帝王之家常有的问题。王子之间，是同胞手足，实际上不在一起生活，根本无从养成心气相通、彼此关照的关系。一旦发生政治上的利益冲突，厮杀起来，毫不手软。德国的心理学家阿德勒认为，生活风格即性格类型决定于家族情境和家庭气氛，如出生顺序、有无父母及家庭成员之间的感情关系和性质等。很明显，这种理论产生于核心家庭占据社会主流的时代，也适合分析核心家庭子女的性格，但是并不适合帝王之家。

李治4岁时被册封为晋王。从此以后，开设王府，拥有了自己的属官和衙门。至少从当上晋王开始，李治单独居住直到9岁。9岁开始是跟父皇、妹妹住在一起，这对李治的性格有什么影响呢？跟晋阳公主的关系如上文所述，那么跟唐太宗的关系呢？跟唐太宗在一起的岁月，对于李治有什么影响呢？对此，历史文献没有留下多少记载，但是凭经验我们还是可以有所推测的。在一个权威的父皇身边，李治生活上一方面一定很小心谨慎，这对他养成缜密的思维大有帮助。另一方面，他有机会近距离观察父皇，对于父皇的喜怒哀乐有具体了解，有了解才会有把握。这对于李治按照父皇的需要和要求去行动大有益处。后来的事实证明，李治对父亲的了解，远远超过父亲对他的了解。

李治的早年生活中，还有一位女性，她就是薛婕妤。婕妤是皇帝众多夫人之一，这位薛婕妤属于唐高祖，是隋朝名臣薛道衡的女儿。根据《大慈恩寺三藏法师传》卷八的记载，薛婕妤“父既学业见称，女亦不亏家训。妙通经史，兼善文才。大帝幼时，从其受学，嗣位之后，以师傅旧恩，封河东郡夫人，礼敬甚重”。显庆元年（656）二月，这位薛夫人出家为尼，法号宝乘。著名的高僧玄奘法师亲自为她剃度，高宗专门在大内为她修建一座寺院名叫“鹤林寺”。关于唐高宗的性格，有一种观点是他有恋母情结，薛婕妤也被拉来佐证。从以上的文字看，更像是在表彰高宗尊师重道，看不出来是依恋母亲。也许有人会说，为什么专门在宫中为薛师傅建立寺院啊，那不是皇帝离不开她的证明吗？如果继续看这段文字，还有下面的情节，玄奘法师为薛师傅剃度完毕，立刻到德业寺，而“鹤林寺侧先有德业寺”，说明德业寺早就存在。那里有上百名女尼，其中有佛学修为已经很高的人，由玄奘法师去给她们授菩萨戒，相当于授予佛学的“博士文凭”。皇帝的女人们出家，多在宫中修建尼寺。这是当时的惯例，有现成的传统依据，并不是什么皇帝性格的体现。

总之，这就是早年李治的基本状况。每天的工作是读书、写字，照顾妹妹。照顾妹妹的时候是一个好哥哥，跟别人学习的时候是位好学生。而照顾妹妹的生活，对于李治的性格影响应该更大。总体上说生活风平浪静，太平无事。只是每到母亲忌辰的时候，不免哀痛。这是李治早期的生活状态。没有想到，贞观十七年（643），在李治16岁的时候，唐朝的政治忽然风起云涌，李治也被深深卷入。于是，李治告别了风平浪静的生活，转入人生的第二阶段——大唐的储君。

## 二 鹬蚌相争 晋王得利

贞观十七年（643），是大唐皇朝的多事之秋。正月，著名大臣魏徵病逝，对于当时的皇帝李世民来说，这意味着缺少了一个“主心骨”。与此同时，皇子们争夺权力的斗争白热化。三月，齐王李佑叛乱，接着一个更重大的案件被发现：太子承乾有一个谋反计划。多年的太子承乾只能被废黜。

接下来，谁会成为太子的人选呢？这是个人大事，也是国家大事。

本来，魏王李泰一直觊觎太子之位。李泰有什么资格觊觎太子之位呢？最大的资格就是唐太宗的喜欢。唐太宗是一个性情中人，他的喜怒总是不难发现。在两个儿子之间，人们发现，唐太宗似乎更喜欢李泰而不是李承乾。

与李泰相比，李承乾喜欢舞枪弄棒，练习武功。李泰则是另外一种倾向，读书写作，文采飞扬。所以，每次皇帝外出，总是让李承乾监国守长安，而把李泰带在身边。唐太宗喜欢跟李泰讨论问题，喜欢李泰出众的才华。这种情况，大约跟国家形势安定、武功已经没有了用武之地有关，这是皇帝好恶发生偏移的背景。

于是，太子与魏王之争，暗地里波涛汹涌，一副不共戴天的样子。

终于，太子承乾出了败招，竟然准备了一套谋反计划。如果发生什么不测，比如皇帝突然要废黜太子，李承乾就启动谋反计划，控制皇帝，自己当政。虽然是一个预备计划，但毕竟是谋反。朝廷在审判齐王案件中，没有想到会引出太子谋反这一更大的案件。这个计划本来是为了保住太子之位，因为提前暴露，反而葬送了这个位置。

皇位面前，兄弟相残是常见戏码。但这本与李治毫无关系，他应该也乐得置身事外。这个状态，或许是他没有这个心思，或许是没有这个条件。在贞观十七年（643）的时候，李治只有16岁，李承乾比李治大9岁，是25岁，李泰比李治大7岁，是23岁。从自然年龄上看，李治跟哥哥们比，如同小孩子一样。这个自然差距，对于经营政治而言，利弊关系很清楚。李治没有优势，所以也没有相关的心思。

然而从另一方面来看，这个年龄上的劣势，在惊涛骇浪的政治斗争中，反而成了优势。什么优势呢？安全地置身事外的优势。谁也注意不到你，尤其注意不到你的威胁，所以就会放过你。至于你自己是否真的置身事外，那就看你的内心世界是否涌动起权力欲望的波澜了。谁也不会确切地知道，在这个深宫的什么角落，此时此刻，会有什么阴谋正在酝酿；谁也不会确切地知道，黑暗中有一双什么眼睛正瞄向自己。你以为安全，那就是真的安全吗？谁也不知道。

贞观十七年（643）四月一日，太子谋反计划被告发。在接下去的日子里，唐朝的政治立刻风云突变。随着太子谋反计划被证实，太子会被废黜已经是路人皆知的事情。那么，谁来接替太子呢？这理所当然地成为朝廷的头等大事。有多少人因此而失眠，有多少人日夜心跳不止。谁当太子，就意味着谁当未来的皇上，那可不是仅仅涉及他本人的事。千万颗心，都在随着事情的进展而跳动，对新升起的太阳感觉到不同的热度。

魏王泰当然是热门人选，他有别人无法比拟的条件。李承乾之后，他如今是年长者。按照古老的习惯，立嫡立长，那就非他莫属。当然，还有更重要的，那就是皇帝的期许。事情发展到今天，魏王泰应该是第一功劳者，而背后那只巨手，不就是当今皇上唐太宗吗？有谁会为了反对魏王泰而与皇上作对呢！魏王泰应该是长长地出了一口气。老天不负有心人啊，魏王泰终于熬到今天了！在很多人睡不着的时候，魏王李泰的春秋大梦已经梦到了多年以后。

但是，在这个关键时刻，有一个坚定的身影站了起来。那就是长孙无忌。这位嫡系皇子们的亲舅舅，多少年来，都很少说话。有一次，唐太宗还夸他，说他善于回避嫌疑。那意思就是表扬他不揽权。如今，他这样明晃晃地站起来说话了。应该说明的是，他不是出于私心，一定是更关心国家的未来，更希望未来光明而安定。

拔河比赛现在开始，关于接班人，关于最高权力，关于国家未来……

比赛的人是唐太宗和长孙无忌。李泰和李治站在旁边，默默地为他们鼓劲，他们都希望支持自己的人胜利。原本是众声嘈杂的场面，忽然安静下来。很多年以后，历史的研究者们还要不断地回到这个现场，分析理解，当时的比赛结果为什么那么令人意外。

唐太宗应该没有想到，很多人都没有想到，长孙无忌忽然之间变得如此坚定。而面对长孙无忌的坚定，很多人胆怯了。原本为魏王欢呼的人，忽然之间收回了自己的声音。唐太宗回头看看，竟然很少有人支持自己。这让唐太宗也心头不安。

为什么会是这样？

长孙无忌的声音不高，但是有力无比。晋王仁厚，可以保证兄弟们平安。打天下的日子已经过去了，他是最佳的守成之主。他不说李泰不行，但是字字都击中李泰的要害。李泰逼得哥哥承乾走投无路，甚至甘愿冒死谋反。李泰对于兄弟们的态度，让人无法承认他们是兄弟。如果他当未来的皇帝，那么你的其他儿子，就难保平安了。如果说他有什么胆识的话，那也是没有用武之地了，因为皇帝陛下已经把天下治理得安安稳稳了。

长孙无忌的理由，何止击中了魏王泰的要害，更重要的是击中了唐太宗的要害。这么多年，李世民只要想到玄武门之变就不免悲从中来。那场兄弟相残的毒水，有迹象表明，正在向下一代，向自己的儿子们蔓延。权力是一枝恶之花，它能泯灭一切良知，能让一切道德伴随着自己的节奏起舞。他现在必须奋起抗争，希望把这股洪水猛兽挡在家门之外。

是的，唐太宗就是喜欢李泰，李泰的头脑，李泰的文学，没有一样他不喜欢。但是，长孙无忌提醒他注意到，李泰的心似乎是很危险的。他与哥哥的斗争，竟然如此天衣无缝，这应该不仅仅是头脑问题，还应该有良心问题。如果以后让他主政，那么自己最担心的问题会不会噩梦一样地发生呢？

“如何对待自己的兄弟，在你掌权的情况下？”李世民一定曾这样询问，他不能凭长孙无忌等人的猜测就放弃李泰。

李泰的回答让唐太宗大感满意。李泰说，未来如果真的当了皇帝，就杀死自己的儿子，让晋王李治继承自己的皇位。唐太宗心里忽然鲜花盛开。多好啊，为了兄弟的情谊，宁可杀掉儿子。

太可贵了，太可贵了！

于是，唐太宗理直气壮地叫来长孙无忌和褚遂良等人。他把跟青雀（李泰的小名）的对话，原原本本地讲了出来，心中的喜悦溢于言表。

然而，让唐太宗没有想到，这么如气泡一样的谎言，根本就不用长孙无忌亲自出面来挑破。褚遂良站了出来，他轻而易举地让这句谎言现出原形。褚遂良的态度极度严肃，一副为真理不怕献身的样子。他说，这个事情从一开始就是皇帝错了。连前太子承乾的谋反，错也在皇帝身上。为什么？因为太轻信李泰了。请问陛下，这个世间，究竟是兄弟亲还是父子亲？当然是父子亲。那么，历史上，有谁掌管大权会杀儿子而让位给兄弟？没有。所以，李泰的谎言实在太简单了，这根本不用证明。

中国是一个讲究经验的国度，史载昭昭，为的都是给后人提供经验。褚遂良这一问，唐太宗立刻泄了气。是啊，这是最简单的人性问题，自己怎么就这样轻易地相信了呢？或许，李泰的表态没有这么清晰，是李世民的转述让他的谎言变得清晰了。总之，李泰的表态过度，超出了人性能够接受的底线。这立刻被褚遂良紧紧抓住不放。陛下，他说，要立李泰，现在就应该安置晋王了。真不知道他的“安置”是什么意思。是保护起来？是提前杀掉？反正晋王现在已经危险了。

李泰平时跟皇帝关系太好，没有什么死心塌地辅助他的大臣。在这个关键时刻，没有好军师。他只知道讨好皇帝，忘了把握分寸。如果有足智多谋的军师，这样的态度如何可以公开呢？

最后，拔河比赛是长孙无忌胜利了。

让李世民妥协的还有原太子李承乾。他跟皇帝解释说，自己身为太子，还有什么更高的要求？为什么还要图谋不轨？就是被李泰逼的啊！李泰步步进逼，自己不防范，担心会落得惨败。现在，如果陛下立李泰为太子，那么所有的一切都正好落入李泰的计划之中了。这话当然有道理，李世民不免心中震撼。最后唐太宗决定，一切谋划者都要出局，要让后人记得，太子之位，非经营所得。他想让子子孙孙都如此坚持下去，最高地位的承担者，只能备选，不能积极争取。这是很美好、很天真的想法，他的子孙们没有谁记得这一点。

李泰失败，自然李治胜出。现在的文献记录，没有发现李治亲自努力过什么，一切看起来都是水到渠成的。太子之位如同天上掉下来的一样。在李治当太子的过程中，长孙无忌、褚遂良都是大功臣。

那么李治真的一点努力都没有吗？不，李治与李泰有过一次短兵相接。

《资治通鉴》卷一九七是这样记载的：

> 魏王泰恐上立晋王治，谓之曰："汝与元昌善，元昌今败，得无忧乎？"治由是忧形于色，上怪，屡问其故，治乃以状告；上怃然，始悔立泰之言矣。

元昌，是他们的叔叔汉王李元昌，参与了李承乾的谋反计划被赐死。李泰借李元昌给李治施压，是希望李治懂得厉害，主动撤退。我最近有一个偶然的机会看到了李元昌的墓志。贞观十七年（643），李元昌不过25岁。所以他跟太子、跟晋王都能玩得很好。这个时候，李泰考虑过自己是哥哥吗？当然没有。他只是把李治当作竞争对手而已，不会考虑手足之情的。李治的反应呢？紧张，不知如何处理。后来被唐太宗发现神色不对，反复询问，才了解真相。唐太宗认为李治表现更好，有保护哥哥不告发的意图。这事，对于李泰而言，增加了一个失败的因素。

那么，李治的做法，究竟是自然表现还是成功表演呢？

李泰的用意，是在迫使李治低头让位。你跟谋反的汉王元昌关系密切，他已经暴露，你也不能没事。你自己有这样的问题，还要来跟我争太子吗？李泰的用意，李治应该很清楚。李治可以有几种反应。第一，与李泰针锋相对，恶口相向。但是，这样不会为自己争得分数，因为两个吵架的人，任何一方的形象都会受损。第二，他可以立刻向唐太宗汇报，说明实情，李泰如何如何说。但是，那样会留下打小报告的印象，有背后整治哥哥的嫌疑。第三，干脆把事情彻底隐藏起来，不让人发现。但是，那样太便宜了李泰。最后，李治采取的是最有利的一种，既没有让自己处于被怀疑的位置，又巧妙地暴露了李泰的活动。甚至让太宗觉得，李治用心良苦，是在保护哥哥。

当存在多种可能的情况下，李治选择了最有利的一种方案。这说明他的这个表现，不是自然反应，而是深思熟虑后的选择。李治以退为进，巧妙地暴露了哥哥，并取得父亲的好感。于是，这又成了李泰失败而李治成功的一个因素，太宗后悔答应李泰，决定改弦更张，放弃李泰。可见，在当太子这件事情上，李治看起来是无所作为，其实是有所为有所不为，最终才获得胜利。

贞观十七年（643）四月六日（乙酉），废黜太子承乾。第二天，宣布李治为新的太子。唐太宗决定，今后谁也不许经营太子之位，凡是经营者一概抛弃，《资治通鉴》记录下太宗的说法：

上谓侍臣曰："我若立泰，则是太子之位可经营而得。自今太子失道，藩王窥伺者，皆两弃之，传诸子孙，永为后法。且泰立，承乾与治皆不全；治立，则承乾与泰皆无恙矣。"（《资治通鉴》卷一九七）

李治不主动告发李泰，在唐太宗看来是在保护李泰，十分符合唐太宗这个时候的心思。不仅如此，李治确实没有留下任何经营的痕迹，连他告发李泰私下的言论，都显得是被迫的。这个时候的李治，虽然只有16岁，可是他的行为已经很成熟。通常说，年龄大一定经验丰富，但在这件事上，可见例外时常有之。在政治上，李承乾不成熟，李泰显然也不成熟，而年龄小的李治最成熟。这个结论如果成立，那么李治当太子应该说也不是天上掉馅饼，是有必然性的。

李治成为争夺太子的黑马，一点都不奇怪。所有的人都没有看到李治在经营，所有的人都在为李治而努力。连意志力超人的唐太宗，也为李治改变了主意，放弃了李泰而支持李治。历史记载表明，李治什么也没有干。连后来的历史学家也认为，李治当时还是一个小孩子。他们认为，长孙无忌要拥立李治，就是看中了李治的年幼无知。事实上，李治完全达到了无为无不为的境界。从高祖李渊的时候起，唐朝就开始推崇道教，推崇老子，但是从唐高祖到唐太宗，对老子的理论看来都没有透彻的理解。无为而无不为，看来只有李治把握得切实。

李治就这样轻松地当上了太子。

# 第二讲　从殿下到陛下

出生在前所未有的盛世，笼罩在英明父皇的光辉之下，胆大心细的皇太子"用弱"政策堪称完美。他的内心，同样希望像父皇一样，在政治的舞台上大有作为。

公元643年（贞观十七年）四月六日，唐太宗宣布废黜太子承乾。第二天，宣布李治为新的太子。从此，唐朝有了新的皇位继承人，李治成为太子殿下。从这一时刻，到唐太宗去世李治即位（贞观二十三年六月一日，649年7月15日），总共有六年零两个月的时间。六年的时间，李治从16岁长到了22岁。应该说，这六年，李治顺利成长。他最主要的任务就是全面而全力地学习，准备做好皇帝事业的接班人。

那么，李治到底表现得怎么样呢？我们可以为他概括一下：

## 一　初为太子　孝友立身

孝，是对父亲而言。友，是对兄弟而言。在中国，这是一种最基本的人伦道德。在儒家的思考中，一个人如何对待身边的亲人是他的道德基础，所以，考察任何人都可以从这个基本点出发。

《旧唐书·高宗本纪》记载，贞观十八年（644），太宗将伐辽东，御驾亲征。让皇太子李治留镇定州（今河北定州市）。太子知道皇帝过几天就要出发上前线了，担心父皇的安危，每天悲伤哭啼。如此替父皇担心，当然是孝心的体现了。

后来，皇帝从前线返回，太子亲自到幽州迎接。当时，唐太宗身上长了脓包，皇太子竟然用嘴吸脓，感动得大家真的没话说。

当太宗从幽州出发前往太原时，太子因为担心父亲的身体，自己不肯坐车，也不骑马，不管谁劝也没有用，坚持跟在皇帝的轿子旁，用手扶着辇步行，一走就是好几天。

太宗晚年病重期间，太子伺候在身边，日夜不离左右，尝药喂汤，十分细心。不仅如此，因为过度为父亲的病情担心，年轻的李治，竟然头发都白了。

贞观二十三年（649）五月，太宗去世，李治的悲伤更不用说了。在李治即位诏书上的文辞表达了他的哀痛。文中说，皇帝弃天下而去，我“痛贯心灵，若置汤火。思遵大孝，不敢灭身”（《旧唐书》卷四《高宗本纪》）。意思是我的哀痛，贯穿心灵，如同置身开水和热火之上。如果不是因为大孝需要遵循，不敢灭身，我非跟着去了不可。

可见，李治的孝道确实是体现得很充分，史书昭昭，尽人皆知。

与此同时，太子殿下还表现出对兄弟的亲情与关怀。《资治通鉴》卷一九七记载道：贞观十七年（643）五月癸酉，太子上表，以“承乾、泰衣服不过随身，饮食不能适口，幽忧可愍，乞敕有司，优加供给”，上从之。

当时，李承乾和李泰，都发往外地居住。李承乾废去所有待遇，成为庶人，居住黔州。李泰改为顺阳王，居住均州之郧乡（今湖北郧县）。李治给皇帝打报告，说李承乾和李泰，衣食都有问题，很可怜，应该让有关部门增加供给。这可是太子殿下对兄弟们的一番情谊，皇帝立刻批准了。李承乾为庶人，可能吃不饱穿不暖。可是李泰是顺阳王，那也是亲王啊，怎么也供应这么差呢？应该是政治失败以后，官府奴才狗眼看人，立刻刻薄起来，所以才有衣食之忧。而太子的这番表态，不仅证明自己的手足之情深厚，也证明太宗选择自己做接班人没有错。太宗应该也很庆幸，自己的儿子之间，不该再有血腥冲突了。这个道理很清楚，要知道，李治当上太子，一个重要原因就是大家都认为，他当了皇帝会善待这些兄弟们的。李治的这个报告，确实符合人们的认知。李泰后来在贞观二十一年（647）地位有提高，进位濮王。高宗即位以后，“诏泰开府置僚属，车服羞膳异等”。（《新唐书》卷八十《太宗诸子》）可见，李治对待兄弟们确实不错。

以上这些事实，都能证明李治的一个重要品行——孝友。

为什么史书如此仔细地记录下这些内容呢？因为在古人看来，孝友之道，是一个人的重要品行。古人看人，不重言论看行动，这从孔子时代就打下了基础，所谓“听其言，观其行”就是这个意思。另外，古人习惯从小事看大处，习惯观察你的日常起居和行为习惯，看看你平时怎么待人，就知道你是一个怎么样的人。如果你连身边的人都不好好对待，能指望你同情天下人吗？如果你对亲人都不关心，能指望你关心老百姓吗？

为什么特别强调孝行呢？这一方面有报恩的意思。每个人都由父母辛苦养大，如果你不孝，那就是不懂得报恩。一个连父母恩情都不懂得报答的人，会怎样对待其他人呢？还有就是兄弟的友爱。同一屋檐下长大，同甘苦、共患难，那是手足之情。一个连手足之情都不顾及的人，能友善地对待其他人吗？

这是古人的人生经验，但是，对于帝王之家是否有效呢？这起码要打大问号。帝王之家，兄弟们很少同甘苦、共患难，他们的手足之情其实只是观念形态上的，并不是苦难岁月练就的。对于父母的孝行，也存在同样问题。他们的父母，往往是帝王之身，不仅能够决定任何人的生死存亡，甚至可以决定天下何去何从。因为他们权力太大，因此所有的人都要仰其鼻息，察其颜色，根据帝王好恶决定自己的言行。那么，身为太子和皇子的人，他们能够避免如此吗？显然也不能。隋炀帝杨广，在身为晋王的时候，不就是因为努力讨好父母的欢心压抑自己的欲望，最后才终于如愿以偿替代兄长成为太子的吗?!

政治舞台上，因为以权力为核心，牵涉太多利益，皇帝就如同上帝一样，决定着自己的一切。所以对于政治家们来说，表演能力强在相当大的程度上决定着他们的成功。何况，毕竟上级比较少，表演不用天天做，稍微克服一点、忍耐一点就足以演出成功。太子也需要在皇帝面前表现吗？不言而喻。这种有目的、有取向的表现，毫无疑问就是表演。

太子李治的这些行为，究竟是属于天性还是表演呢？今天我们已经无法把这一切都弄清楚，但是我们如果认为其中不乏表演的成分，至少不算我们胆大妄为，也不能证明我们心理阴暗。

## 二　帝术亲传　太子“用弱”

根据记载，李治当了太子以后，立刻将学习制度化。根据黄门侍郎刘洎的建议，皇帝专门命令刘洎与岑文本、褚遂良、马周轮流到东宫，与太子游处谈论。太子对待学习非常积极，很高兴地对待这些师傅们。

不仅大臣们要与太子殿下游处谈论，影响太子，唐太宗自己也亲自调教，而李治表现得很好学。唐太宗是怎样教育太子的呢？唐太宗在贞观二十二年（648），亲自写了《帝范》一书，交给太子阅读，从多方面归纳了作为好皇帝应该注意的问题。相信李治一定认真学习领会了《帝范》。此外，唐太宗也直接对太子李治进行教诲。据《贞观政要》记录，内容如下：

> 贞观十八年（644），太宗谓侍臣曰：“古有胎教世子，朕则不暇。但近自建立太子，遇物必有诲谕，见其临食将饭，谓曰：‘汝知饭乎？’对曰：‘不知。’曰：‘凡稼穑艰难，皆出人力，不夺其时，常有此饭。’见其乘马，又谓曰：‘汝知马乎？’对曰：‘不知。’曰：‘能代人劳苦者也，以时消息，不尽其力，则可以常有马也。’见其乘舟，又谓曰：‘汝知舟乎？’对曰：‘不知。’曰：‘舟所以比人君，水所以比黎庶，水能载舟，亦能覆舟。尔方为人主，可不畏惧！’见其休于曲木之下，又谓曰：‘汝知此树乎？’对曰：‘不知。’曰：‘此木虽曲，得绳则正，为人君虽无道，受谏则圣。此

传说所言，可以自鉴。’”

唐太宗在这里有四问：知饭乎。知马乎。知舟乎。知树乎。前三问，讲的是同一个道理，那就是以民为本，后一问，讲的是纳谏。作为一个皇帝，他的主要对象，无非是对民，对下，对自己。以民为本，重视民心民意，重视民众利益，在古代，这已经是最佳表现了。而对于唐太宗而言，纳谏也是他的重要心得。他是希望太子能够接受这些重要经验，把班接好。

看太子李治的回答，太宗问他什么，他都说“不知”。要说连吃饭依赖农民这样的道理都不知道那也太有问题了，但是，李治不是不知道，而是要认真听从唐太宗的教诲，有意地回答不知，为的是让父皇把道理讲透。唐太宗太把李治当作小孩看了，李治呢，也就有意地扮演小孩子。显然，这给皇帝留下了极好的印象，认为太子老实爱学。不装聪明而装傻，在官场往往能获得奇效，太子对待皇帝也用这一招，应该是老子学说中“用弱”战略的活学活用。

太宗教育太子李治，不仅仅从理论上，而且从实践上。《旧唐书·高宗本纪》记载：太宗处理朝政的时候，经常命令太子在一边参摩学习，有的时候还会征求他的意见，每到这个时候，太子的发言总是能得到太宗的表扬。这证明太子在学习朝政方面也成绩很好。“太宗每视朝，常令在侧，观决庶政，或令参议，太宗数称其善。”（《旧唐书》卷四《高宗本纪》）就是说，李治的表现很好，每次发表意见，都很符合唐太宗的心思，所以多次得到唐太宗的夸奖。

两《唐书》和《资治通鉴》都没有具体记载到底在什么问题

上唐太宗让太子对朝政有所发言。我在《册府元龟》中真的找到一条记载，看来确有其事。《册府元龟》卷四六的记载是这样的：

为皇太子时，有告遂州都督彭王元则之罪，太宗召元则功曹而问之，功曹为之隐，太宗怒而杖之于前。退朝，问太子曰："人君大柄，赏罚是也。今捶功曹，何如？"太子对曰："草野之人，天子召问，惶恐失度，即捶之，臣以为太急。"又问："然则彭王若何？"对曰："陛下之弟，情所友爱，顾付所司详断之，未晚也。"太宗称善。自是太宗坐朝，尝令太子侍立，百司奏事毕，留中书门下三品平章事，太宗因为太子陈说孝道，论及政事。或时有决罚，令太子评其可否，商榷辩论，深达政要，群臣莫不叹服。

唐太宗做事，皇太子给予评论，涉及地方官，也涉及皇室成员。遂州相当于现在的四川遂宁，都督是当地的最高军政长官。彭王李元则，是高祖李渊的第十二个儿子，他在贞观十年（636）当遂州都督，根据《旧唐书》的记载，因为"寻坐章服奢僭免官"。那么免官的事情应该是在当上遂州都督不久以后的事，那时，李治还不是太子。两书记载看来不是一回事。有人告发李元则有罪（罪名不清），唐太宗把李元则的属下官员功曹参军召来询问，功曹参军为自己的长官隐瞒罪行，唐太宗一怒之下对这位属官动用了杖刑。退朝以后，唐太宗问太子李治，对今天如此惩罚功曹参军的事怎么看。太子内心显然要仁厚许多，他不认为功曹参军是故意隐瞒，而是在天子面前惶恐失度，所以如此惩罚是过于急迫了。唐太宗接着问，如果这么说，那么应该如何对待彭王呢？太子回答说彭王是陛下的弟弟，陛下虽友爱心切，想早知道情况，但是回头交给有关部门了解处置，还是来得及的，不必急急忙忙杖责参军。唐太宗很是赞同李治的说法。那么，我们从李治的说法上看到了什么？唐太宗为什么会称赞他呢？李治的表态，首先表现出他待人宽厚，即使是很低级的官员，他也尽量同情理解，能够设身处地为对方着想。其次，能看出他对于皇上的理解。不说皇上用心太急，而说皇帝友爱弟弟之心太切。他并不同意皇上急不可待的做法，但是他的反对是如此的有人情味。难怪皇帝不仅不生气，还表扬他，并从此让他多参与评论。

孝友是皇帝愿意看到的，好学也是皇帝愿意看到的。这不仅展示了太子的优长，更能表现太子的智慧。然而，最能体现太子智慧的还不止这些。那是什么呢？那就是太子殿下的第三个特点。

## 三　暗流涌动　慎言保身

贞观后期，政局并不平静，可以说是暗流涌动，危机四伏。那么，太子如何度过呢？可以用“慎言”来概括。不说不该说的话，不表不该表的态，这种慎言行为，除了表达谨慎以外，更有明哲保身的意义。

在太子之争愈演愈烈的时候，朝廷大臣分成几派。李承乾因为谋反计划，拥护他的一派或者原来的东宫官员都彻底丧失了战斗力。剩下的两派还在，唐太宗想把两派结合起来，再造团结的朝廷。但是，唐太宗的这个努力最后失败了。原因是什么呢？胜利的一派不愿意与另外一派分享政治成果，他们要独占政治资源。于是，一系列看起来没有关系的案件，背后都有政治阴谋的黑手推动。

最典型的一件事就是刘洎之死。

刘洎是门下省的副长官，曾经表示过支持魏王李泰当太子。后来李治成了太子，刘洎也升官为门下侍中。他是唐太宗新政策的拥护者，觉得斗争已经过去，新太子已经确立，大家就应该尽弃前嫌，共同辅佐新太子。刘洎一点都不见外，还积极给皇上建议，应该加强对太子的教育。皇上很高兴，于是决定让刘洎和岑文本等人定期到东宫去给太子上课。从这点上看，刘洎还是李治的老师。

当上侍中以后，刘洎依然一副敢作敢当的样子，一点都没有察觉政治局面的变化。在唐太宗御驾亲征辽东的时候，唐太宗的安排是这样的：长安由房玄龄留守，洛阳由萧瑀留守，太子驻扎在河北定州，他的身边有开府仪同三司高士廉摄太子太傅，与侍中刘洎、中书令马周、少詹事张行成、右庶子高季辅同掌机务，共同辅佐太子。长孙无忌、褚遂良等跟随皇帝到前线。刘洎既然留在太子身边，交流机会应该不少。

贞观十九年（645）九月，唐太宗开始从辽东撤退，一路劳顿，身体大受影响。十二月，在定州，太宗发病。刘洎到唐太宗的病房探视，出来以后因为看到皇上病情严重，深表担心。当时，马周和褚遂良都在场。褚遂良问病情如何。刘洎流下了眼泪，说病情严重，令人担忧。但是，后来褚遂良却向皇上诬告刘洎，他复述刘洎的话，变成了另外一种意思。是什么呢？是这样的，他说刘洎说：“国家的事情没有关系，只要辅佐少主，实行伊尹、霍光的政策，大臣中有不同意的就杀掉，天下自然稳定了。”如果刘洎这么说，这个话就太严重了，那不就是篡权吗？不论伊尹还是霍光，在后人眼中都是大臣控制皇上的代表人物，是权臣篡位。这样的事情，可以心里想，可以悄悄做，怎么敢说呢？刘洎又不是小孩子，他怎么会如此没有政治常识呢？褚遂良原来就是拥护李治的一派，而刘洎是拥戴李泰的一派，两人属于两个阵营。现在虽然阵营消散，但是这样危险的话语，他再愚蠢也不可能当着褚遂良的面说啊。然而更重要的是，病中的唐太宗最担心的其实正是这样的问题，自己身后太子不能独立掌控朝廷，于是出现权臣。

唐太宗病好之后，就来追问这件事。刘洎当然不承认，并请马周作证。马周实事求是，证明刘洎确实没有那么说。不过，褚遂良更坚定，就是认定刘洎是如此说的。唐太宗怎么办？这是一个巨大考验。事情过去很多年，即使今天我们回头看看，仍然不免心惊胆战。

这是一个司法问题，还是一个政治问题呢？

最后，唐太宗赐刘洎自尽而死。唐太宗处死刘洎，是一次向强硬派妥协的行为。褚遂良其实不是要皇帝弄清真相，这个事情如果说是一个司法问题，其实再简单不过。这与其说是刘洎口无遮拦，不如说是褚遂良设局陷害。更重要的是，褚遂良一派是在逼皇上作出选择，究竟是要他褚遂良一派，还是要刘洎一派。刘洎当然不如褚遂良势力大，唐太宗只能选择褚遂良一派。

刘洎的死是冤枉的。本来，刘洎跟太子之间，曾经有过师生情谊，太子理应关心这个案情，因为事关刘洎的生死问题。但是，在这些比较重大的问题上，没有留下太子殿下的任何记录。

在重大问题上不说话，避免了祸从口出。这是明智的，也是正确的。应该说，这样的问题是无法表态的，而太子殿下果然就没有表态。

10年以后，李治已经当了6年皇帝，他不顾长孙无忌的反对，放逐了褚遂良，毅然决然地立武则天当了皇后。显庆元年(656)，在李义府的鼓励下，刘洎的儿子提出给刘洎平反的要求，因为当初是褚遂良陷害，现在平反正是时机。唐高宗李治犹豫不决，而多数大臣都支持李义府，只有给事中乐彦玮说："今雪洎之罪，谓先帝用刑不当乎！"李治于是找到了充分的理由，把这件事搁置起来。李治的犹豫让我大生疑窦。为什么唐高宗对于刘洎平反并不积极呢？有两种可能性：第一，他现在不想乘胜追击褚遂良，更不想激怒长孙无忌；第二，他当年与刘洎之死不无瓜葛。当初唐太宗选择杀掉刘洎，如果不是曾经与太子殿下商议过，至少当时的太子是知情者。

但是，历史的记载中，太子在刘洎案件中什么也没有说，更没有做。

在这期间，太子殿下是一个什么样的人呢？几乎就是一个完人。俗话说，金无足赤，人无完人。可是，太子李治就是完人，至少接近完人，因为谁也不知道他犯过什么错误。

一个不犯错误的人不就是完人吗？

## 四　问疾御榻　染指后宫

那么，太子殿下的一切行为真的都光明磊落吗？真的一点错误都没有吗？经过历史学家的认真研究，终于发现了太子殿下在这个时期犯了一个十分重大的错误。在唐太宗病重期间，太子殿下一方面亲自照顾父皇，问疾尝药，不遗余力地表达孝心，另一方面却悄悄爱上了父皇的才人武则天。这个爱，不是藏在心里的暗恋，如果仅仅是暗恋，那也就罢了。事实上，他们两人都跨越了法律和道德的底线。

关于李治与武则天的感情问题，这里引证两种记录。

《唐会要》卷三记载说："天后武氏。贞观十年（636），文德皇后崩。太宗闻武士彟女有才貌，召入宫，以为才人。时，上在东宫，因入侍，悦之。"这是站在高宗时代的一种上溯式的记载。当时，皇上还是太子。因为入宫侍候皇上遇到了武则天，"悦之"，喜欢上了她。悦是动词，是谓语；之是代词，是宾语。高宗喜欢上了武才人，于是才有了后来的故事。

这是一种说法，是高宗主动地爱上武则天。另外一种说法，是骆宾王《代李敬业传檄天下文》（著名的《讨武曌檄文》），有"陷吾君于聚麀"一句，意思是：导致我们的皇帝像野兽一样乱伦。这个说法，把责任归于武则天。但是，没有确切的证据可以指出到底是武则天还是唐高宗更主动。其实，这样的事情肯定是一个巴掌拍不响的。根据前一个记载，主动的一方还是太子。但在这个问题上，很多人也赞成把武则天看成是主动方，因为这符合武则天的利益。事实上，才人与太子，地位相去甚远，自然是太子更重要。所以，地位悬殊的恋爱，一定要尊贵方主动才有希望，否则尊贵方不同意，那么对方就会陷入危险。

有一点是很清楚的，太子殿下与武才人之间的恋情是很保密的，在太宗的时代，始终没有被发现。这说明他们的保密工作很出色。设想一下，如果这个事情被唐太宗发现，后果会怎么样。

根据《唐律》的规定，太子殿下与武才人的这种不正当关系属于“内乱”。这是十恶不赦的一个条款。唐律有明文规定，强奸父亲、祖父的妾或者与之合奸属于内乱。（《唐律疏议》卷一）合奸就是通奸。李治与武才人，应该不是强奸而是合奸。总之，这是一个违背人伦道德、违背当时法律的严重问题。

唐高宗的这种行为，打破了他以往建立起来的所有印象。至少，我们看到了一个完全不同的李治，完全不同的太子形象。如果我们要进行性格统一论证的话，哪个行为更能代表李治呢？李治的真相到底是什么呢？

## 五　胸怀城府　貌若昏童

有谁真的了解太子李治？没有。

常言说知子莫若父，唐太宗真的很了解太子殿下吗？答案是：不。

贞观十七年（643）十一月，确立李治为太子已经半年多。有一次，唐太宗秘密找到长孙无忌，表示对太子不满，希望另立吴王李恪为太子。当时，他对李治的一个性格评价是懦弱。长孙无忌不说李治懦弱，说李治这是“仁厚”，并说这才是“真守文良主”。两个人对李治的性格判断其实是一致的，不过是唐太宗从负面说，长孙无忌从正面说而已。

不论唐太宗还是长孙无忌，他们都认为李治性格软弱。这种判断对吗？当然不对。欧阳修就认为唐太宗不了解自己的儿子。欧阳修在《新唐书·高宗本纪》的赞词中说道：“以太宗之明，昧于知子，废立之际，不能自决，卒用昏童。”他说唐太宗“昧于知子”，这是对的。

唐太宗不了解李治，长孙无忌了解吗？当然也不了解。

那么，欧阳修说李治是“昏童”，昏童，就是傻小子。说唐太宗不了解李治，没有问题。说长孙无忌不了解李治，也不错。但是，欧阳修说李治是昏童，恐怕也不对。李治要是傻小子，为什么一件错事都没有办过？李治要是性格懦弱，他敢跟庶母私通？这些看起来很矛盾的现象，一个人所做的多种事迹，现在让我们作统一的分析，真是有些为难了。

那么，李治究竟是一个怎样的人呢？综合我们现在所知的情况，高宗李治是一个性格复杂的人，但是还构不成双重人格。在父皇的权威面前，在传统的道德和政治要求方面，他低调做人，认真做事，小心谨慎。所有需要的品质他都具备，所有正面的评价他都拥有，然而他想做的与社会不合拍的事情，他也照做不误。我们可以用八个字评价：“外圆内方、胆大心细。”北京话叫作“蔫坏”，现在流行的说法是“闷骚”。你们希望我做的，我都做得天衣无缝，我自己想做的，要你们毫无觉察。太子不是需要孝道吗？那我的孝道谁都挑不出毛病，你们还要特受感动。你看太子殿下，亲自为父皇吮吸脓包，不肯坐车，扶着父亲的御辇步行几天。感动不感动？感动。但是，私下，竟然敢动父亲的女人，法律上的庶母。你说这个胆子有多大？

李治这个大胆行为，跟隋炀帝都有一比。据说，隋文帝临死的时候发现了杨广在后宫非礼嫔妃，决定废了杨广。杨广抢先动作，杀了皇帝，顺利即位。这就是说，太子殿下与武才人之间的恋情如果被唐太宗发现，唐朝的历史一定会大大改写。但是因为他们保密工作做得好，神不知鬼不觉，所以历史依旧按照既定的轨道前进。等到高宗即位以后，不再担心这个秘密暴露了，这件事情才大白于天下。

更绝的是，宫里那么多的眼睛啊，他们是怎么蒙混过去的呢？我们到现在也很难理解。不得不承认，他们做事周密。做事周密的人，心思一定缜密，内心里把很多原则都不当原则。他们外表温良恭俭，想让你们知道的事情，感天动地；不想让你们知道的事，如同没有发生。

现在，我们还能说太子殿下是孝子吗？当然不能。天下孝子都要这样，那还不天下大乱吗？但是，为什么太宗以下都认为太子是孝子呢？很简单，大家都看走了眼，大家都被李治的表演蒙蔽了。

这不正是优秀的政治家吗？可是千百年来，大家都把高宗当作傻孩子。这多么奇怪啊！

那么，当我们知道李治与武媚娘的私下关系，知道他们犯了“乱伦”罪，我们是否就可以认为，李治不会成为好皇帝呢？当然不能。想一想，当初唐太宗发动玄武门之变，公然杀害自己的兄弟，迫使父皇交出权力，那罪行有多大，李治这点行径，与乃父比起来，只是小巫见大巫了。但是，我们依然认为后来的唐太宗是一个好皇帝，因为他缔造了后世的楷模——贞观之治。所以，太子殿下的这般表现，还不足以作为否定他皇帝前途的证据。

但是，这里我们还是要表示否定。否定什么呢？否定此前的一种错误认识，即李治性格懦弱的观点。李治敢于在唐太宗的时代，就与庶母私通，这是一个懦弱者的行为吗？

性格是一种对行为的倾向性归纳，所有的性格归纳，大约都是相对准确而已。但是，性格归纳也不能太离谱，如唐高宗，明明是胆大心细的人，生生给说成是懦弱者，这就是典型的归纳错误。因为，他在父亲健在的时候，就敢于跟庶母私通，这个行为与懦弱如何可以建立联系呢？那么，如此众多的人坚持认为高宗性格懦弱，他们能够解释他与庶母私通这件事吗？显然不能。面对危险，不管对还是错，只要有危险，就不敢行动，这就是懦弱。高宗是这样的人吗？显然不是。任何人都能够明白，太子时期的李治跟武则天的私通，其危险性之高，几乎可以跟谋反相提并论。但是，皇太子还是做了。

唐高宗早年，究竟做了什么事情让人有了懦弱的印象呢？我们现在不得而知。我们只是知道，唐太宗有一次这么说过，而长孙无忌并没有反对。或者，正如唐太宗自己所说的，生子如狼畏如羊，是他希望李治不要过于软弱。或者，李治有意地在长者面前表现得很谦逊，让长者们产生了他很仁弱的印象。现在看来，李治的所谓软弱，是一种战略战术，他不过是在“用弱”而已。有意识地显示自己的仁弱，让人相信自己仁弱，最终获得更大的利益。这就如同当初的隋炀帝（可巧，当时也是晋王），表现都是既节俭又不花心，获得父母的赏识。最后，当他成为皇帝的时候，有谁会认为隋炀帝是一个节俭而不好色的人呢？

说高宗李治的性格懦弱，恐怕不能用早年的行为来证明。后来当皇帝以后，他也有一些妥协的事情。那么，他的“懦弱”究竟是性格的原因，还是策略的原因呢？即使是隋炀帝这样的皇帝，他也有妥协的时候。当他在雁门关被突厥包围的时候，下令不再征伐高句丽，其实就是一种妥协，因为全国上下都在反对征高句丽。妥协是政治的常态，要考虑方方面面的利益关系，跟皇上的性格没有必然联系。总之，说高宗的性格懦弱，是缺乏事实根据的。因为如果追究性格，必须到早年生活中去寻找例证，而唐高宗李治的早年，缺乏这样的证明。反而是与庶母私通一事让人感到，他的性格应该与懦弱相反。

贞观二十三年（649）五月，唐太宗驾崩。六月一日，高宗李治即位。年轻的皇帝只有22岁，比唐太宗即位的时候还年轻。新皇帝上台伊始，表现得怎么样呢？总体上说，还是很不错的，可以用“勤政”二字来概括。

## 六　初登帝位　勤政爱民

贞观二十三年（649）五月，李治即位于唐太宗灵前，成为唐高宗。根据一般的惯例，第二年改年号为永徽。

这个时候，朝廷大臣中，李勣负责尚书省，是左仆射，但是，在他的上面有更大的官，就是长孙无忌。长孙无忌是太尉，负责中书省、门下省的事情。褚遂良是中书令，当然拥戴长孙无忌。于志宁为门下侍中，是一个没有主见的人。简单地说，大臣中长孙无忌是领袖。李勣属于另外的系统，基本上是孤掌难鸣，无所作为。李勣自己也洞悉这种政治局面，所以一直谨小慎微。

年轻的皇帝，希望继承父亲的遗志，好好干一场。还记得太宗皇帝怎么教导太子的吗？耳提面命，又是比喻，又是情景教育，其实说到底就是六个字：勤政、纳谏、爱民。六个字，三个概念，其实也就是三种关系。哪三种关系呢？对自身，对大臣，对百姓。任何一个君主，要真的能够做到这三点，在主观上已经具备了一个优秀皇帝的条件。

刚刚当上皇帝的唐高宗，应该说踌躇满志，很想大有作为一番，即使不能超越父皇，至少也不能相差太远。一个年轻的皇帝，有这样的想法是再正常不过的事情了。那么，他是怎样做的呢？

首先，他履行皇帝的录囚职责。

录囚，就是每年一次的到监狱视察，重点是审核死刑犯人的情况。这是皇帝拥有最高审判权的体现。在贞观时期，因为唐太宗勤政爱民，在这个环节上做得很出色，挽救了很多人的性命。所以，录囚工作，不仅体现勤政，更能体现爱民。

贞观二十三年（649）十月，高宗录囚，视察监狱的情况。他问得很细致，发现大理卿唐临执法公允，很高兴，对唐临提出表扬。

其次，他亲自召见刺史，询问地方政治与百姓疾苦。

转年正月，永徽元年（650）正月，皇帝亲自召见朝集使。《资治通鉴》卷一九九如此记载：

> 上召朝集使，谓曰："朕初即位，事有不便于百姓者悉宜陈，不尽者更封奏。"自是日引刺史十人入阁，问以百姓疾苦，及其政治。

这一年的正月，皇帝亲自召见来自地方的刺史，每一天召见

10名。当时唐朝有360州，大约有360位刺史或者地方的主要领导来到首都。每天召见10名，皇帝这一项工作就要进行36天。为什么史书会记载这样一件事情呢？因为连续36天从事同一项工作，其实对于皇帝来说是很辛苦的。一个一个的刺史，他都要问当地百姓疾苦，询问当地政治，刺史们呢，一个一个地回答。就此而言，我们现在很少见到其他皇帝的同类做法。因此我们也可以明白，这是扎实肯干的做法，不是作秀给人看的。

通常，政治家喜欢作秀，喜欢通过别人的宣传，达到事半功倍的效果。只做一点点，让人感到很多很多。比如面对地方刺史，完全可以召集来开一个大会，亲切地表达对地方事务的关心，对于民众的关爱，对于移风易俗的重视等，其实已经足够。但是，高宗的做法不是这样，他是扎扎实实地工作，一个个地面谈。相信这些地方刺史，对于皇帝的扎实应该有一个比较具体的了解。

唐高宗的做法，除了表示自己的勤政爱民之外，也表达了对地方工作的重视。这么一个庞大的帝国，在当时的信息传播条件下，中央要很有效地控制地方，调动地方官员的积极性是很重要的工作。

总之，上台伊始，唐高宗工作很努力。他肯定也希望成为像父亲一样的成功皇帝。但是，他的努力见效了没有呢？

# 第三讲　舅舅当家

万人之上的陛下，并不是可以为所欲为的统治者。舅舅当家的事实，让初出茅庐的皇帝不得不继续隐忍。虽然不想点头附和，却也只能咀嚼无奈，而忍耐正是为积累出壳的资本。

唐高宗李治上台伊始，工作很努力，完全当得起“勤政”二字的评语。这么勤奋之后，新皇帝感觉应该很好吧。不，他的感觉很不好，用现在的话来说那就是不爽。为什么呢？皇帝勤政爱民，大臣们应该欢欣鼓舞，赞颂之音应该是不绝于耳啊！可事实上，皇帝不仅没有得到什么赞颂的声音，不仅没有鲜花和掌声，甚至连基本的肯定都没有获得，高宗如同一个傻瓜在忙碌。更有几件事情让年轻的皇帝感到不爽，十分不爽。这都是些什么事呢？

## 一　李勣辞职　长孙揽权

李勣是左仆射，负责尚书省工作。我们说过，李勣在朝廷大员中，不是长孙无忌一派。可是，唐高宗永徽元年（650），李勣不断地要求辞职，也不知道他都申诉了哪些理由，大概一会儿说自己身体不好，一会儿说自己能力有限，反正总是要求辞职。到了十月，他的请求终于获得批准。

这么大的事情，相信一定是长孙无忌和皇帝商量的结果。此后，李勣任“开府仪同三司、同中书门下三品”。这是个什么官呢？名义上仍然是宰相，实际上什么也不管。也可以参加宰相会议和御前会议，但是平时没有任何具体工作。你也可以说，毕竟是有资格参加宰相会议，那也有一定的权力啊。其实，你如果有一点行政经验就知道，如果你什么具体事情也不经手，最后参与讨论也没有发言权。

李勣辞职，当然有李勣自身的考虑，低调、引退以减少冲突，避免麻烦。李勣在回避谁呢？当然就是长孙无忌。同时李勣的引退，也暗示着即使皇帝也保护不了李勣。李勣必须自己想办法。

李勣当年曾经是李治的长史，在拥戴李治当皇帝的问题上，与长孙无忌一样功劳大大，但是两人不同道。李勣的撤出，等于长孙无忌全面掌控朝政。李勣辞职，表明长孙无忌的势力还在继续发展。

任何皇帝，都不希望有的大臣势力独大，而李勣的引退，正好证明长孙无忌势力在增长。皇帝本来就应该平衡大臣之间的关系，但是现在唐高宗却做不到。一方在努力排挤，另一方积极引退，皇帝与李勣关系深厚，但对此却毫无办法。皇帝虽然表面上不能说什么，但我猜想，内心一定不悦。要知道，李勣执掌尚书省，是唐太宗生前安排的（当年的情况，我们在《从玄武门之变到贞观之治》一书中有过介绍），李勣对长孙无忌会有所牵制肯定是可以预设的。然而，现在牵制的力量撤出，皇帝必须面对长孙无忌的独自壮大，内心势必很无奈。



## 二 一派独大 排斥异己

就在李勣辞职被批准的当月，朝廷发生了一个案件。这个案件叫作“褚遂良购房案件”。褚遂良是中书令，中书省长官，他买了自己下属译语人史诃担的房子。这不是公平买卖，是“抑买”，相当于强买。史诃担是译语人，即职业翻译，从名字上可以看得出来是来自中亚的胡人。监察御史韦思谦，字仁约，上奏弹劾褚遂良。案件交给大理寺审理，大理寺丞张山寿断案，让褚遂良缴纳罚款铜二十斤。根据唐律，罚铜二十斤，相当于徒刑一年。大理寺副长官（少卿）张睿册说这个量刑太重，根据市估的价钱，褚遂良的买价并不便宜，不应该断作有罪。韦思谦认为大理寺偏袒。这个案件，其实涉嫌受贿，是利用职权获取财物，如果依照受贿律条判罪，褚遂良最低是三年徒刑，最高则是死刑。案件的结局呢？褚遂良很快外任，去当了同州刺史。职务有所降低，但是并没有遭受刑事处分。有研究者认为这是长孙无忌袒护褚遂良的结果，确有一定的道理。

褚遂良买房案件，表现了两个方面的意义。第一，长孙无忌、褚遂良在朝廷势力特别强大。从大理寺的断案情况看，越是官大的人越热衷于维护褚遂良。第二，监察御史敢于弹劾，说明对于他们的势力，也不是所有人都畏惧，中下级官员中，是有人敢于揭发反抗的。

这个案件还有后续故事。永徽元年（650）十月，褚遂良外任同州刺史，永徽三年（652）正月又回到朝廷，担任吏部尚书同中书门下三品，主管吏部，掌握人事大权，同时成为宰相，当然参加宰相会议。他担任尚书不久，就把当初弹劾他的韦思谦外放为县令，谁都知道这是在打击报复。

以上这些事情，给我们最突出的印象是什么？那就是以长孙无忌为代表的政治势力在这个时候独大，排斥异己如李勣，打击敢于说真话的如韦思谦，不能说他们结党营私，但是他们袒护自己的人是很清楚的。

褚遂良案件证明，长孙无忌的势力在继续强大，而皇帝内心会怎么样呢？当然不会太舒服。

## 三　晋州地震　朝堂屏息

如果说以上这些事情，主要还是大臣之间的问题，还不牵涉皇上，皇帝最多内心郁闷，但是毕竟没有直接跟皇帝发生关系。可是，新发生的事件让皇帝再也不能若无其事了。这就是晋州地震。

晋州地震，大约发生了三次，时间分别是永徽元年（650）四月、六月，永徽二年（651）十月。晋州是在山西，高宗以前就是晋王。所以，晋州的连续地震让他感觉特别不好。在今天我们可以很科学地解释地震，但是在当时，人们相信天人感应的说法，总感觉地震跟政治有关，跟朝廷的局势有关。

对于地震这个事情，唐高宗征询了侍中张行成的意见。张行成是贞观老臣，跟高宗私人关系很好。高宗即位的时候，搀扶高宗登上宝座的就是张行成。张行成一定看出了问题所在，所以回答让人十分震惊：

> 天，阳也；地，阴也。阳，君象；阴，臣象。君宜转动，臣宜安静。今晋州地动，弥旬不休。虽天道玄邈，窥算不测；而人事较量，昭然作戒。恐女谒用事，大臣阴谋，修德禳灾，在于陛下。且陛下本封晋也，今地震晋州，下有征应，岂徒然耳。伏愿深思远虑，以杜未萌。（《旧唐书》卷七八《张行成传》）

我们今天当然不相信这类迷信，不相信这种天人感应。那么在当时的条件下，张行成的这个说法，究竟有什么指向呢？地震是不正常的现象，这个自然现象显示出来的是政治的不正常。哪些方面出了问题呢？张行成的推测有两个方面的可能：一是女人方面出了问题，一是大臣方面出了问题。当时，武则天虽然已经进宫，但是问题还没有出现，如果有人认为张行成是预言后来的武则天，那就太牵强了。根据后来高宗的行动，可以认定，大臣方面的问题很大。“大臣阴谋”，这是一个很耸人听闻的说法，而这可以说明张行成的观点，当时的君臣关系存在问题，而毛病出在大臣。

在当时，一般人的观念中，太阳应该围绕地球转，所以张行成说代表太阳的君主应该转动，而代表大臣的地球应该安静，这是常理。可是现在君臣关系出现了反常情况，本来应该安静的大地开始震动，这自然界的不正常，应该是君臣关系不正常的反映，所以皇帝应该“深思远虑，以杜未萌”，在最后的恶果没有出现以前立刻行动，防患于未然。

高宗决定积极利用地震这件事有所行动，以显示皇帝的胸襟。他命令臣下积极上书，讨论天下大事。他说，一定是我的政教不明导致了地震，希望大家畅所欲言，“言得失”。

高宗命令大臣们讨论政局，提出意见，他的真实动机在哪里呢？真正的动机在于朝廷的局面，他希望有人能提出自己心中所想而不能直接说出来的话，那就是对时局提出批评。他想找出，关于大臣的阴谋是否有共识，在执政的哪些方面，已经表现出了大臣阴谋。

大臣们是否明白皇帝的这个旨意呢？没有人出面说明。但是，此时高宗刚刚即位不久，贞观时期的很多印象大家一定没有磨灭。言得失，其实就是提意见，向朝廷提意见。不是什么地方做得如何好，恰恰相反，要求大家提出反对性的意见来。言得失，本质上是求失，找毛病，为朝廷纠错。这是不必强调的，在朝廷上大家都是行家里手，不可能不知道皇帝的希望在什么地方。

那么，有没有人提出让皇帝满意的意见呢？提意见的结果怎么样呢？唐高宗渴望的那种一呼百应的局面根本就没有出现，不要说大臣踊跃提意见，连反应都是稀稀落落的。这个结果，对于高宗而言，就是一记大闷棍。

大臣们对于皇帝关于提意见的号召，如同耳旁之风刮过，若无其事，出奇冷淡。别说，也有人提交了意见书，可是皇帝一看，反而更生气，要么是词不达意，要么是废话连篇。

真的是世界上没有人才呢？还是朝廷政策已经达到了完美程度，让人无法提出真知灼见呢？如果不是这样，还有什么隐情呢？

## 四 君臣分歧 甥舅交锋

面对大臣上书，唐高宗十分恼怒。于是高宗找来长孙无忌询问：为什么上来的奏章都是这个样子？

“朕开献书之路，冀有意见可录，将擢用之。比者上疏虽多，而遂无可采用者。”高宗对这个现象提出疑问。分析高宗的问话，我们可以从两个方面入手，即可以化解为两个问题：究竟是没有好的意见，还是好的意见没有提出来呢？我们看长孙无忌的回答：“陛下即位，政化流行，条式律令，固无遗阙。言事者率其鄙见，妄希侥幸，至于裨俗益教，理当无足可取。然须开此路，犹冀时有谠言，如或杜绝，便恐下情不达。”（《旧唐书》卷六五《长孙无忌传》）

长孙无忌的回答是，因为陛下即位以来，各项政策都十分正确，根本就没有什么遗漏和错误，所以那些希望通过侥幸获得提拔的人当然提不出意见。那么，长孙无忌这样的观点，不成了反对皇帝的做法了吗？皇帝要大家提意见，你认为没有什么意见可提，这不是反对是什么？长孙无忌不想直接跟皇帝冲突，于是补充说如果杜绝言论，担心下情不能上达，皇帝希望获得真知灼见，还是可以理解的。

那么我们看长孙无忌的根本观点，还是反对征求什么意见的，因为现在政治已经很好了。当然，征求意见的形式可以保留。如果按照长孙无忌的说法，皇帝如此要求大家提意见，不成了走过场吗？皇帝能够同意长孙无忌的这个见解吗？

现在，从高宗和长孙无忌两人的答问上，我们可以总结高宗与长孙无忌的不同。第一，高宗认为现在政治有问题，长孙无忌认为没有任何问题。第二，高宗认为应当征求批评意见，长孙认为没有必要。长孙无忌的观点，对于高宗而言，是一种很明确的否定。而高宗的做法，大家很清楚地看到，其实就是唐太宗的老办法。

面对长孙无忌的回答，高宗看来是很不以为然，于是他就继续追问下去。你不是说朝廷没有什么问题吗？那好，我就提出一个问题。高宗说道："又闻所在官司，犹自多有颜面。"这句话翻译过来就是："听说有关部门办事，很多是照顾关系，照顾情面的。"联系到上文我们谈到高宗不爽的事情，李勣受到排挤，褚遂良受到庇护，然后又涉及打击报复的种种事端，我们就能够听懂高宗的意思。高宗用不太严厉的口吻，指出了一个严重的问题：朝廷中有帮派问题存在。

为什么说高宗指出的问题是一个严重的问题呢？因为帮派存在，最能够影响朝廷的政局，也是皇帝制度下最讨厌的一个问题。大臣为国家、为皇帝尽忠，应该全心全意，当然不应该结党。一旦有了帮派，就可能形成帮派利益，就可能走向结党营私，从而放弃国家利益，一切以帮派利益为核心。如此一来，朝廷的政治一定败坏。所以在古代中国的官场上，主流的价值观念都是反对结党，反对派系存在。而最著名的观点就是孔子表述的，即"君子不党"。

面对皇帝的追问，长孙无忌怎么回答呢？

长孙无忌回答："颜面阿私，自古不免。然圣化所渐，人皆向公，至于肆情曲法，实谓必无此事。小小收取人情，恐陛下尚亦不免，况臣下私其亲戚，岂敢顿言绝无。”长孙无忌的观点是大的问题绝对没有，小的问题也不能说没有，因为人情很正常，即使是陛下也不能免。看看长孙无忌的回答，就知道他的策略是避重就轻。他当然知道派系问题是一个严重问题，他当然不能承认存在这样的问题。如果存在这样的问题，他这位政府的首脑，就应该承担责任。但是，他毕竟是舅舅，虽然不承认派系问题，但是反驳皇帝也不客气，说“小小收取人情，恐陛下尚亦不免，况臣下私其亲戚，岂敢顿言绝无”。

唐高宗如何回答，没有记录。但是，长孙无忌说服了皇帝吗？恐怕没有。

这段对话，发生在永徽二年（651）。其实是皇帝与长孙无忌的第一次交锋，虽然没有结果，但是暴露了这个时期政局的基本问题。皇帝认为朝廷存在问题，用号召“言得失”的办法请大臣们提意见。长孙无忌认为朝廷没有任何疏漏，一切都是正确的，不该搞什么“言得失”这套，除非是走走过场。皇帝认为朝廷中有帮派问题，长孙无忌矢口否认，他最多只承认有人情面子而已。

面对这样的问题，究竟是君臣意见有分歧，还是君臣已经存在矛盾呢？这一类看法一定会因人而异。皇帝气势汹汹地来追问长孙无忌，我们不要忘记了前提，那就是他征求意见失败了。那么，他为什么在失败之后来找长孙无忌呢？这其中一定不无关系。他应该是怀疑有人作梗才使得他征求意见受挫。

了解一下当时的朝廷结构就能明白，所谓给朝廷提意见，与其说是给皇帝提意见，不如说是给执政大臣提意见。大臣们反应冷淡，长孙无忌反对这个做法，都应该跟这个问题联系在一起。

这个时候，皇帝刚刚即位，一切都在熟悉过程之中，真正在朝廷上拿主意的当然是长孙无忌。所以，当皇帝号召大家提意见的时候，大家和长孙无忌都应该明白，这有针对长孙无忌的意味。所以，要么观望不言，要么敷衍了事，而这正是皇帝不希望的，同时却是长孙无忌希望的。

皇帝号召大家提意见失败，找长孙无忌谈话同样失败。皇帝受到搪塞，心中能是什么滋味？能有什么感觉？肯定无法痛快。

## 五 君臣二元 政局症结

皇帝跟长孙无忌的这次交锋，充分反映出了这个时期朝廷局势的根本症结：君臣二元结构。名义上皇帝是政权的最高责任人，但是实际上因为有一个权臣的存在，皇帝的实际权力得不到落实。朝廷中存在着两个权力核心，皇帝与权臣。这样，就势必发生矛盾冲突。永徽时期的二元政治结构，一方面是唐高宗，另一方面是长孙无忌。我们看了皇帝与长孙无忌的那段对话，或许就明白了其中的奥秘。

要证明唐高宗与长孙无忌之间产生了矛盾，除了这次对话交锋之外，其实刚刚说到晋州地震，张行成的“大臣阴谋”的观点，现在结合起来考虑，他所指的，应该也是长孙无忌。如果说，这两件事仍可说是证据不足，那么我还可以提出第三个证据。这个证据是一个影响不大的小案件，但是像《资治通鉴》这样选择材料十分严苛的史书还是记录了下来。这就是李弘泰诬告案。

永徽元年（650）正月，“有洛阳人李弘泰诬告长孙无忌谋反，上立命斩之”。高宗表现得很干脆，采用当年唐太宗的手段，告发事件立刻结束。但是，这个李弘泰诬告是孤立事件吗？现在当然不能证明李弘泰背后有人指使，如果李弘泰仅仅是一个野心家，那么这个野心家一定嗅出了什么味道。

事实上，这个李弘泰是在用自己的生命做赌注来赌博。他在赌什么呢？赌皇帝和长孙无忌的关系已经到了一个关口。如果皇帝想整倒长孙无忌，那么他的告发正好能够被皇帝利用。皇帝利用这个案件整倒长孙无忌，他李弘泰就立功了，可以一举成功，名利双收。

不知道李弘泰掌握了什么证据，至少他了解到皇帝与长孙无忌之间存在问题，于是他才来告发。虽然不能证明这个李弘泰是一个聪明的人，但是他确实是嗅觉敏感的，他确实嗅出了当时已经存在的政治味道。

可惜，时机没有掌握好，过早了。皇帝还没有想整倒长孙无忌，所以他只好赔上一条性命，好好的一条性命，被唐高宗一刀砍断。

唐高宗与长孙无忌的关系存在问题，唐高宗自己有感觉，他直接感受到来自长孙无忌的搪塞。他身边的大臣也有感觉，张行成利用地震事件说出了“大臣阴谋”这样的话，矛头所向，也是君臣关系。甚至连李弘泰这样一名不闻的野心家也嗅出了其中的味道，企图投机来获得政治利益。

这是什么问题呢？这就是二元政治结构的问题。中国古代思想家都倾向于认为，政治一元化才是稳定的结构，而二元结构一定会带来政治动荡，因为两个核心势必引发斗争。一旦这种观察得到部分证实，相应的问题就会如影随之。这其实就是永徽政局的基本症结所在。小的事件可以来自各个方面，但是基本的矛盾冲突只能来自这个基本结构。

舅舅当家，皇帝怎么办？这早晚都会酿出事端。

## 六　皇帝忍耐　权臣进逼

然而，在唐高宗第一次跟长孙无忌的面对面较量以后，我们看到的情形是长孙无忌照顾了皇帝的面子，没有寸土必争，但是在基本的原则问题上则是坚持到底。唐高宗呢？他有自己的看法，但是面对长孙无忌的坚持，妥协的还是皇帝。皇帝的政策很清楚：克制和忍耐。

那么双方的力量，会怎么发展下去呢？基本的态势是，舅舅继续当家。

永徽三年（652）七月发生的一件事，更清楚地说明了这个问题。

王皇后一直没有生子，而高宗跟一个宫女刘氏生了陈王李忠。王皇后的舅舅中书令柳奭，为了稳固皇后的地位，筹划把陈王忠过继给皇后，然后把他立为太子。他的这个计划的核心是为了皇后，但是并没有过多地考虑皇帝的感受。

确立接班人当然是国家大事，但是这个事情皇帝竟然不是谋主，这本身就能说明皇帝的位置。然而，对于此事，《资治通鉴》卷一九九的记载比较简单：

永徽三年（652）秋，七月丁巳，立陈王忠为皇太子，赦天下。王皇后无子，柳为后谋，以忠母刘氏微贱，劝后立忠为太子，冀其亲己。外则讽长孙无忌等使请于上。上从之。

同是这件事，《旧唐书》卷九十李忠本传的记载说明，参加此事的人可不只是柳奭和长孙无忌：

时王皇后无子，其舅中书令柳奭说后谋立忠为皇太子，以忠母贱，冀其亲己，后然之。与尚书右仆射褚遂良、侍中韩瑗讽太尉长孙无忌、左仆射于志宁等，固请立忠为储后，高宗许之。三年，立忠为皇太子，大赦天下，五品已上子为父后者赐勋一级。

可见，参与立李忠为太子的不仅是柳奭和王皇后，还有褚遂良和韩瑗，他们共同说服长孙无忌和于志宁，让这两位去劝说皇上。这段记载，丰富了我们对这个事情的了解。请注意“固请”这个词，那意味着皇帝并没有上来就答应，最后高宗“许之”是在他们“固请”之下做出的决定。固请，意味着坚持的一方很坚定，而高宗最后妥协。这就是说，立李忠为太子，并不符合高宗的本意，但是看看朝廷中所有的大人物都出面了，他们共同面对高宗一个人，高宗也只好妥协。

再根据《新唐书》卷八一李忠本传的记载，我们会发现，原来确立李忠为太子，还有更曲折的过程：

王皇后无子，后舅柳奭说后，以忠母微，立之必亲己，后然之，请于帝。又与褚遂良、韩瑗、长孙无忌、于志宁等继请，遂立为皇太子。

当然，最初的谋划还是柳奭，他跟皇后商量后，皇后就亲自向皇帝请示，但是遭到皇帝的拒绝。皇帝的态度已经很明确，不同意。但是，接下去，朝中重臣纷纷出动，向皇帝发起劝说运动，皇帝最后只好妥协同意。

为什么朝中这些重要的大臣，都会全力支持柳奭的这个谋划呢？为什么没有人考虑一下皇帝的感受呢？皇帝自己都还不能全面掌权，现在又违背他的意愿为他确立了皇太子。现实问题还没有解决的皇帝，如今连未来也进入别人的规划之内了。尤其让人郁闷的是，当你表示反对的时候，朝中的重臣一起来说服你，肯定大道理讲得天花乱坠，而真实的动机谁也不会说。试想，如果长孙无忌等人对高宗说，你同意立李忠为皇太子吧，不然皇后很担心自己的后位是否能够维持啊。那会是什么结局呢？很有可能是年轻的皇帝被激怒。

所以，最终这么多重要大臣来劝说皇上立太子，他们申诉的理由一定是冠冕堂皇的，比如利国利民等，总之让皇帝不好拒绝。但是，他们其实是把控制的目标延续到了将来，而现实的皇帝已经在他们的控制之下。这一点任何人都知道，皇太子即未来的皇帝，不管谁当了皇帝，对于拥戴自己的人一定感恩戴德。这就是说，柳奭和皇后的想法或许仅仅是巩固后位，而长孙无忌等其他重臣，一定考虑到了更远的将来，现在的皇太子就是他们长远利益能够得到保证的基础。然而，现在我们可以肯定地说，立太子的真正动机不会有人说出来，那么他们几乎强迫性地要求皇帝确立皇太子，其实带有欺骗色彩。皇帝被他们连骗带哄甚至有点受到逼迫之下立了皇太子。那么，皇帝内心深处对此真的一点都没有察觉吗？

永徽三年（652），皇帝刚刚26岁，皇后也年轻，他们都在生育年龄之内。刚刚即位三年多，其实也不急于安排后事。但是，皇帝不急别人急，有人急急忙忙地为唐高宗安排了接班人。不仅皇帝的人生是长孙无忌规定的，连皇帝的未来都被长孙无忌等人规定下来了。

朝中的重臣，以长孙无忌为核心，他们如此团结，如此目标明确，如此坚如磐石地对付皇帝，难道还不能说明他们的问题吗？可是，当皇帝指出朝廷中有帮派活动的时候，长孙无忌一口否认。他是否承认并不要紧，皇帝心中关于大臣党派的念头会因为长孙无忌的否认而随风消失吗？当然不会。如今，面对大臣团结一致地推动确立皇太子的事件，皇帝最后还是妥协，那么皇帝的内心呢？他的忍耐和克制，是否表明皇帝的内心也是一片糊涂呢？

高宗李治身体弱但是并不笨。他精通书法，也精通音乐。唐代有一首名曲《春莺啭》，就是高宗早晨听得春莺歌唱有了感觉，作出曲子，然后令乐工演奏出来的。这是他的家族传统，这种艺术训练，能够培养人明察秋毫的能力。

高宗的明察秋毫，我们可以举证一个故事。

永徽三年（652）二月，有一天，李治登上安福门楼，观看百戏。后来高宗对侍臣说：

> 昨登楼，欲以观人情及风俗奢俭，非为声乐。朕闻胡人善为击鞠之戏，尝一观之。昨初升楼，即有群胡击鞠，意谓朕笃好之也。帝王所为，岂宜容易。朕已焚此鞠，冀杜胡人窥望之情，亦因以为诫。（《资治通鉴》卷一九九）

没有见到大家评论这个记载。我以为这段文字大有深意。击鞠是马球比赛，在后来的唐朝十分盛行。唐高宗把这次观看马球比赛的事情，用这样的方式说给大臣听，是什么意思呢？

过去，李治曾经看过马球，昨天他登上安福门楼，发现一群胡人立刻开始击球。李治说，他们以为我喜欢这项运动，所以刻意地表演给我看。皇帝一旦喜欢，他们就会大有益处。所以，我已经下令焚毁了球场，杜绝这些胡人的窥望之心，也因此要自诫。胡人希望皇帝欣赏自己，皇帝自诫什么呢？我有一个猜测，他这话是说给别人听的。连胡人的心思都看出来了，皇帝对身边的政治格局能没有觉察吗？

## 七　人臣之极　肆无忌惮

长孙无忌是否了解皇帝的感受？是否知道皇帝很郁闷？应该是有所觉察，但是不以为然。在长孙无忌和褚遂良的心目中，他们应该一直以为自己是忠诚可靠的大臣，他们没有什么对不起唐高宗的。皇帝还年轻，还没有经验，还需要我们领路。至于什么时候皇帝会成熟起来，什么时候奉还大政，长孙无忌们绝对没有考虑过类似的问题。

有一个故事，可以证明长孙无忌身处权力的巅峰状态，已经忘乎所以。所谓性格即命运，在长孙无忌身上，确实可以观察到。

> 赵国公宴朝贵，酒酣乐阕，顾群公曰："无忌不才，幸遇休明之运，因缘宠私，致位上公，人臣之贵，可谓极矣。公视无忌富贵何如越公？"或对为不如，或谓过之。曰："自揣诚不羡越公，所不及越公一而已。越公之贵也老，而无忌之贵也少。"（《说郛》卷三六）

赵国公就是长孙无忌，有一次宴请朝廷中的权贵，酒也喝好了，音乐也演奏得差不多了。于是长孙无忌回过头来问大家：我本来没有什么才干，但是遇到了一个清明的时代，受到皇帝的信赖，地位显赫，可以说达到了极致。你们看我跟越国公相比怎么样啊？大家有的说不如越国公，有的说超过了越国公。长孙无忌说：我自己揣摩，确实没有什么地方可以羡慕越国公的。要说不如越国公，也有一个地方，那就是越国公富贵的时候年纪已经老了，而我呢，却年轻。

越公，就是隋炀帝时候的越国公杨素，出将入相，是隋朝最富贵的人。因为有军功，平陈击突厥，又帮助隋炀帝夺得太子位，所以无人可比，富贵已极。《隋书》卷四八有他的传。长孙无忌自比杨素，认为自己超越杨素，史书没有记载长孙无忌的富有程度，但是《隋书》对杨素的记载却很明确。贞观大臣多简朴，长孙无忌是例外的。

请注意长孙无忌的态度。他自认为，所有的方面都超过了隋朝的杨素。他还用了反讽的说法，说什么杨素富贵时已年老，而自己还年轻。这意思是说他比杨素有过之而无不及。官场行事，最忌讳肆无忌惮，道家特别重视的就是永远不要达到巅峰。因为到达巅峰，就一定会开始走下坡路。

在这个故事中，我们看到的是一个志得意满的长孙无忌。这个故事，不应该发生在贞观时期，也不会发生在武则天当上皇后以后。最有可能是在确立武则天为皇后以前的永徽期间。其实，用杨素来自比，有恰当的一面，那就是权倾朝野，富贵一时。也有不吉利的一面，因为杨素后来很受皇帝怀疑，虽然寿终正寝，但是很快因为儿子杨玄感造反，一切富贵都化作泡影。长孙无忌呢？他现在根本没有考虑到任何有可能的问题。

这个故事说明，长孙无忌过于自信了。在当时的条件下，就是对皇帝太漠视了。他完全忘记了唐太宗对他的提醒，完全忘记了唐太宗对他善避嫌疑的表扬。自以为功劳大，漠视皇帝的成长壮大，最终被皇帝当作执政路上的绊脚石而抛弃。在这种得意扬扬的心态下，他会在意皇帝的感受吗？当然不会。

# 第四讲　房遗爱谋反案

专横跋扈的皇姐高阳公主，在那个年代确实属于奇葩，却不幸成为国舅打击异己的靶标。国舅无视皇帝，勇往直前的做法，会为自己准备什么样的结果呢？

前文我们讲了永徽时期的二元政治结构。所谓二元政治结构，就是中央政府有两个权力核心，名义上皇帝是权力的核心，实际上长孙无忌掌控大权。李治当皇帝，但是朝廷的事情是舅舅当家。李治并不是无所作为的皇帝，他的努力，结果是泥牛入海，无声无息。这种二元政治结构，虽然有其历史根据，但是未来的影响不可低估。因为这种状况是与皇帝制度相冲突的，早晚要发生问题。后来发生的种种事端，我们都可以从这个二元政治结构中去寻找原因。

这种政治结构，有一定的历史根据。长孙无忌是托孤大臣，这代表着上一代君主的嘱托，这种权威如同法律一样威严而强大。与此同时，长孙无忌是皇帝的舅舅，在李治当太子的关键时刻，是长孙无忌的全力争取才为李治赢得了机会。所以，从这个意义上说，长孙无忌又是李治的恩人。作为报答，李治信任长孙无忌，甚至有意地放纵长孙无忌都是可以理解的。第三点，长孙无忌是唐朝创业时代的功臣，是老一辈政治家，政治经验丰富，人际关系发达，拥戴者众多。这样的权威人物，当时已经所剩无几，为皇帝所尊重、为大臣所推崇都有必然性。

反观唐高宗李治，当时还年轻，政治经验无从说起。很多人在高宗当太子以后就开始跟他有了上下级关系，但是时间实在太短暂，他要培养起来完全属于自己的干部队伍还谈不上。其次，对于朝政的许多问题，他还在观察摸索，还没有形成有自己特色的主见。在一个自己不熟悉的领域当权威，这当然需要一个过程，不能心急，更不能指望上台伊始，立刻群起响应。还有一点需要注意，那就是在很多人的心目中，高宗与长孙无忌是合而为一的，一定有很多人认为长孙无忌代表着唐高宗，长孙无忌的很多做法是唐高宗背后支持的。所以，唐高宗和长孙无忌两人的关系在没有公开破裂之前，没有人敢于冒险地探索两人矛盾的存在。因此，就使得这种二元权力结构可以继续维持下去。

舅舅辅佐外甥，好好培养外甥，在条件成熟的时候，长孙无忌及时地交出权力。如果是这样，大的问题还不至于发生。很多人大约也是这么想的。唐太宗当初的托孤也应该有这样的预期，没有人会认为托孤等于交权。托孤大臣本质上属于看守管理，是特殊时期的过渡，所以从这个意义上说，这个二元政治格局暂时存在是合理的，但长期延续下去就有危险了。

永徽三年（652）这一年，李治已经25岁，有了两个儿子，两个女儿。这一年的七月，长孙无忌为李治安排了太子，把宫人生的李忠过继给皇后，然后立为太子。李治虽然名为皇帝，但是一切都在长孙无忌的安排中。永徽政治的二元结构还在继续。不过，长孙无忌现在虽大权独揽，但是还没有达到生杀予夺的程度。就在永徽三年（652），长孙无忌很快达到了这个水平，他把皇帝甩在一边，对自己的政敌大开杀戒。

这就是永徽年间最大的“房遗爱谋反案”，这个案件震动朝野，影响深远。



## 一 公主惹祸 案件开端

案件的发生，是因为小事。事情的起源，还是房家内部的问题。房玄龄一生谨慎，对李世民的贞观朝立有大功。房玄龄晚年，遭遇了几次危机，但是唐太宗坚决保护房玄龄，使得房玄龄最终能够寿终正寝。可是，唐太宗可以保护房玄龄，但不能永远保护房玄龄的子孙。对此，房玄龄十分清楚，所以临终之前，煞费苦心，为了给自己的孩子和家庭留下一个安稳的条件，他专门制作了别致的屏风，屏风之上集合古今著名的家训，告诫自己的孩子切不可以地望凌人，注意保身成名。房玄龄三个儿子，房遗直、房遗爱和房遗则，各取一副。

房玄龄的殷殷之心，他的孩子们真的明白吗？显然没有。当利益发生冲突时，虽父亲教诲在耳，兄弟间的争斗仍不可避免。

房玄龄功劳甚高，唐太宗有一次说打天下的时候，房玄龄功劳最大。房玄龄当了20多年的宰相，一心为国，获得上下高度评价。房玄龄的爵位梁国公，死后由长子房遗直继承。长子继承，本来没有疑问，但是偏偏二弟房遗爱娶的是唐太宗爱女高阳公主，而公主一向受到皇帝的宠爱，以至于连房遗爱也跟着沾了很大的光，其他的驸马都尉都不敢望其项背，房遗爱一派威风。

唐太宗对于高阳公主，有些溺爱过度，高阳公主于是成了被惯坏的孩子。这样的孩子的特点是不把溺爱当爱，而是把这当作理所应当，于是要求过分就成了家常便饭。高阳公主不同意由房遗直继承梁国公这个爵位，这个国公爵位背后当然不只是政治名誉，更决定着一系列的待遇。于是，她就给房遗爱打气，非要夺得梁国公这个爵位不可。可想而知，房玄龄刚刚撒手而去，家里立刻摆开战场，为争夺利益，兄弟之间反目成仇。一贯骄横的高阳公主，是这场家庭战争的祸根。

当时房玄龄去世不久，房遗直看来也没有什么更多的资源可以依靠，最后只好把事情原委告诉了唐太宗。唐太宗龙颜大怒，把高阳公主叫来狠狠地训斥了一顿。这一定让高阳公主大感意外，她内心的想法是父皇应该站在自己一边的，她显然还不能区分父亲对女儿的情感和皇帝对国家制度的维护这两者之间的关系，她肯定父亲这是不爱自己了，于是不甘示弱，决心与父皇分道扬镳。

大唐公主没教养，高阳公主可以作为典型。高阳公主知道，父皇在，她夫君夺得梁国公爵位的梦想是无法实现了，心中的愤恨可想而知。但是，她时运不济，不久一个丢人现眼的案件告破，她的一桩丑事完全曝光。御史破案，在和尚辨机的寝室里发现了一个镶嵌珠宝金银的枕头。这个发现让御史大惑不解，也深深地激发了御史们的好奇心。一贯以艰苦生活自律的和尚，他们的人生注意力从来都在于精神、在于真理，这个和尚为什么会享用如此高级的枕头呢？该不是盗窃来的吧。反正一个枕头暴露了辨机和尚与高阳公主的私情，高阳公主的婚外恋情一时间肯定成了长安茶余饭后的新闻点心。公主爱和尚，两人身份都很特殊，让人们的想象备感刺激。

可能是审案的御史也关心这段情感的发端，所以高阳公主与和尚辨机的情史最关键的部分竟然也被记录下来。有一次，高阳公主跟夫君房遗爱一同进入自己的封地打猎，发现和尚辨机竟然在自己的领地搭建了一个草棚之类的居所。高阳一见，不怒而喜，立刻把房遗爱打发走，马上跟辨机风云际会起来。此后，一发不可收拾。为了让房遗爱保持沉默，公主专门赠送给房遗爱两名美女。房遗爱大约在公主面前也没有任何地位，一切也只能按照公主的安排行事。公主给戴的绿帽子，房遗爱是不敢擅自摘掉的。唐朝的士人不愿意娶公主，从房遗爱的遭遇中就可以理解。

高阳公主给辨机和尚的赏赐太多，宝枕不过是冰山一角。而辨机呢，其实就是高阳公主供养起来的秘密情人，现在的时髦话叫作“男公关”。直到事情败露，唐太宗感到太丢人了，房家也一样。可是事已至此，又能怎么办呢？唐太宗发下命令，腰斩辨机和高阳公主身边的十几名女仆。高阳公主最多感到蒙羞，并没有受到什么直接处分。此后唐太宗最多也就是限制高阳入宫而已，其他也无能为力。但是，公主对于这个处分极其不满，据说她因此仇恨唐太宗，甚至唐太宗驾崩的时候，“公主无哀容”，即没有任何悲伤的表示。

辨机事件之后，高阳公主并没有接受一丁点教训，她继续我行我素。后来人们知道，高阳公主继续大搞婚外恋情，而她的乐趣偏偏就在于和尚、道士。是否因为辨机事件的刺激，她反而变本加厉地爱上这些世外高人呢？现在真是不得而知。有一个和尚法号惠弘，他有一技之长，就是能够看到鬼神。他大概经常告诉高阳公主此时此刻什么地方有什么鬼在行动，让公主感觉很神奇，于是公主决定包养这位神奇的和尚。这样的人物如今我们所见很少，只有在香港的电影里能够见到，一般想来，大约是想象力丰富，口才了得的人物，反正一定能够把死的说成活的。要不然，如何能够满足高阳公主的怪异口味呢？还有一个和尚法号智勖，他的特长是会算命。会算命，就是能够预测未来，这样的人通常都十分聪明，看你一个表情，就能够猜出你的心思，然后模模糊糊地给予预测，因为你心里已经接受了暗示，一定有一个倾向性的选择，于是他就说对了，让你觉得我就是这个意思。对于这样聪明的人，高阳公主也喜欢。于是，智勖也荣幸地成为高阳公主包养的一个情人。还有一位道士，名叫李晃，他的特长看来要实在许多，擅长医术，可能许多人的疑难杂症都被他医好了，所以他也进入了高阳公主包养的名单。

有人以高阳公主为主人公，歌颂公主的爱情，不客气地说这真是亵渎了爱情这个字眼。高阳公主是典型的滥情主义。都说皇帝的女儿不愁嫁，其实在唐代，公主无家教是一个基本问题。所以有文化的士族之家，一般都对公主敬而远之。想一想就能明白，公主这种脾气，这作风，绿帽子满天飞，谁家敢惹啊。但是，高阳公主确实有一种公主特有的精神，那叫精神不死。一个辨机被腰斩，高阳就制造出一堆辨机来。后来的这些风流故事，也没有见到朝廷如何处置。或许朝廷真的被高阳公主折服了，或许朝廷认为如此只杀公主情人不杀公主，那么这些男宠也怪可怜的，白白成为公主滥情的牺牲品。另一方面公主的情人前仆后继，实在杀不尽。干脆就睁一只眼闭一只眼算了。高阳公主暗自跟唐太宗较劲，太宗死后，她可以向着昭陵的方向开怀大笑了。

高阳公主并没有就此停下前进的脚步，她的目标更伟大，如今必须实现不可。那是什么？就是梁国公的爵位啊。这叫不吃包子，蒸（争）的是一口气。当初父皇在世的时候，本公主没有办法，现在是李治当皇帝，我家兄弟，这点小忙还不帮吗？看看人家公主，就是有公主的意志，不达目的绝不罢休。这一次，高阳公主志在必得。她想好了计策，立誓把爵位拿下。

公主有什么高招呢？这次公主想出了一个妙计，叫作鱼死网破。

据《资治通鉴》的记载："高阳公主谋黜遗直，夺其封爵，使人诬告遗直无礼于己。"她不再纠缠什么爵位应该给谁，而是来了一个最彻底的办法，告发房遗直非礼自己。非礼，当然是文雅的说法，法律的说法，或者说是强奸，或者叫作内乱。如果房遗直确实非礼公主，这种流氓罪在当时可是大罪，判个死刑没有问题。如果房遗直死了，那么他的爵位自然取消，转给二弟房遗爱就顺理成章了。要说公主内心，还是够狠毒的，夺人家的爵位，还要置人于死地。

高阳公主派人告发房遗直，没有确切时间的记录，大约在永徽三年（652）的年底。

高阳公主这条计策，我为什么称之为鱼死网破呢？因为这是一个案件，不是家庭纠纷，朝廷最后一定要作出裁决。公主的计划一定是根据这样的理由：皇帝兄弟无论如何不会为难自己的姐妹，这种情感因素介入案件，房遗直在劫难逃。公主为自己的高招偷偷地乐啊。

房遗直呢，说不定已经后悔了，公主既然如此迫切，那就把爵位让给你算了。可是，既然公主告发，房遗直想反悔都没有机会了。因为案件已经立案，什么爵位之类，必须等案件调查完毕再说了。房遗直忧心忡忡，《资治通鉴》卷一九九载他说："罪盈恶稔，恐累臣私门。”如果这样恶性闹下去，非毁了这个家不可啊。这是房遗直的直觉，他知道这是家丑，然而他能做的无非是应付官司而已。这个家，既然娶进了高阳这样的公主，要想安生，怎么可能呢？

公主告发的案件上报给皇帝，也只能上报给皇帝，因为这牵涉到皇帝的亲戚，皇帝的亲姐妹。公主的亲兄弟，当今皇上对这个案件太重视了，他一定为公主愤愤不平，你们房家这是什么事啊，怎么公主还敢非礼啊！如果不给你们一点教训，还不知道要做出什么事情来呢！

这么一个案件，要派谁来调查的呢？长孙无忌。《旧唐书·房玄龄传》记载：

> （高阳公主）永徽中诬告遗直无礼于己，高宗令长孙无忌鞫其事。

鞫，审讯，通鞫。这样的一个流氓案件，高宗为什么让自己的亲舅舅，如今朝廷的第一号人物亲自审讯呢？我估计，一定是长孙无忌自告奋勇，不然皇帝真不好派太尉去审查这个案件。皇帝主动把审案工作交给舅舅不太可能，这么一点小事，怎敢劳动舅舅大驾呢？但是，舅舅若主动要求，皇帝也不好不答应“房家的人太过分了，连公主都敢非礼。我来亲自审理吧，房玄龄毕竟当过多年的宰相，功劳很大，人脉发达，别人怕得罪人，不敢承担。”如果长孙无忌这样一申请，合情合理，替皇帝解决了难题，也显得舅舅很有责任心。

螳螂捕蝉，黄雀在后。高阳公主还在暗自得意，没有想到长孙无忌已经把利刃磨得飞快。这个案件的最后结局，应该连皇帝也没有想到。但是，从一开始，长孙无忌就应该设想了很多，否则堂堂一个太尉亲自审查一个流氓案件，实在大材小用了。那不是杀鸡用了宰牛刀，灭蚊子用了高射炮吗？

那么长孙无忌为什么会对这样一个流氓案件有兴趣呢？即使皇帝要派长孙无忌，如果他没有兴趣，他也有办法回绝啊。他回绝皇帝的要求，已经不是什么新鲜事了。房遗爱虽然是驸马都尉，其实他身上的油水有限。长孙无忌感兴趣的，应该是房家，确切地说，是房玄龄留下的政治遗产。房玄龄在贞观时期担任宰相20多年，是唐朝当宰相时间最长的人。跟他家往来的人物一定不少，而且应该都不是等闲之辈。

更重要的是，房玄龄在贞观后期的太子之争中，没有与长孙无忌站在同一条战线上。长孙无忌拥护晋王李治，房玄龄的立场不清楚，但是他的二儿子房遗爱是魏王李泰的亲信，而从房玄龄一贯唯唐太宗马首是瞻的历史考虑，房玄龄应该是赞同唐太宗立李泰的。后来，长孙无忌说服了唐太宗，房玄龄也等于成了失败的魏王党。后来，房玄龄身上发生了几次危机，背后都应该跟这个事情有关，只是因为唐太宗的保护，房玄龄得以安度晚年。但是，房家对长孙无忌的基本态度可以肯定是不满意的，长孙无忌也应该是把房家视为反对派的大本营的。不明白这个背景，就不能明白长孙无忌为什么会亲自插手这个案件和这个案件后来的发展。

总之，对于长孙无忌而言，房家这次内讧，是送上门来的美味。那么长孙无忌是怎么侦破这个案件的呢？

## 二 家庭纠纷 升级谋反

高阳公主的如意算盘是否会奏效，现在已经不由她做主了。长孙无忌主办案件，所以由长孙无忌说了算。

那么，案情会向哪个方向发展呢?

这个家庭纠纷案件，要说审判，其实也不复杂。公主说非礼，有什么证据，有什么证人?公主肯定拿出了一大堆证据，说不定还有侍女等证人。再问房遗直，房遗直不服，但是没有证据，那好，把房遗直一刀砍了，案件结束。或者房遗直自我辩护有力，也有自己的人证。结果，临时法庭无法判断，最后可以来一个证据不足，原案驳回。这也是一个结局。最多，公主诬告，接受一点形式主义的惩罚，如罚铜多少斤什么的，也不是什么大不了的事情。不管如何，都不复杂。

但是，长孙无忌调查这个案件，可不是这个思路。长孙无忌很快就发现是高阳公主诬告房遗直。虽然说这个事情可能只涉及两个人，但是要求证真伪也不难。高阳诬告既然是事实，案件等于已经告破，事情应该结束了吧。公主诬告，也治不了什么罪，警告一下完事。

然而，长孙无忌没有停下调查的脚步。案件于是迅速向前发展。

高阳公主和房遗爱本来是原告一方，但是，案情的发展表明，他们正在成为被告。长孙无忌现在围绕当事人进行了十分彻底的调查，包括都跟什么人来往，都可能说了什么话，做了哪些事情。长孙无忌大刀阔斧，从一开始，就没有被所谓流氓案的性质捆住手脚。他的调查更不愿意停留在所谓的流氓案件上。厉害的政治家，通常都有别人意料不到的眼光和思维。于是，自鸣得意的高阳公主，就这样把自己送上了砧板，让人随意宰割。

事情就是这样，不查都没有事，一查准有事。把各种可能有的矛盾都调动出来，加上威逼利诱。从当事人身边的人开始调查，把那些整天围着公主转的人抓起来严加审问，所有的问题都会跳出来。

高阳公主的那些新情人，都应该是这个时候被调查出来的。现在，大家都知道高阳公主有自己的一个情人班底。但是，这是生活作风问题，对于家庭名誉有影响，不能上升到政治案件上去，所以油水不大。长孙无忌是老谋深算的政治家，他那敏锐的目光，很快发现了公主最严重的罪行。《资治通鉴》概括为："主使掖庭令陈玄运伺宫省机祥。"《新唐书·公主传》还加了一句"步星次"。这到底是什么样的罪行呢？

掖庭令是掖庭局的长官，属于宦官组织的内侍省，专门执掌"宫禁女工之事"。因为身在内廷，所以容易了解宫廷内部的事态，于是成了高阳公主的侦察员，经常了解宫廷内部的情况。这个记录，意思是侦察宫廷内的动静，察看天象变化。他们可不是天文爱好者。他们是希望通过天象变化，发现国家政治的重大动向。在唐代，不是专业人员不准许察看天象。没事傍晚饭后约了朋友，到香山顶上看着星相，指手画脚。这在今天，是很有专业性的业余爱好，但在唐代，这个行动一定会被告发。只有有野心的人，才会私窥天象。

我们已经远离了那个时代，要想对这样的一个案件有所理解，还真得费一番力气。大约是这样，没有政治图谋的人，对于政治动向当然没有兴趣，对于暴露政治动向的天象也不会产生兴趣。这是重要的逻辑前提。其实，关心政治动向的人应该很多，因为任何政治变动都可能与自己的利益产生关联。但是，这里所说的政治动向，可不是一般的宰相人事变动之类的行政消息，一般是指跟皇帝有关的动向。这样一来就容易明白了，关心皇帝变化的一定就是对皇帝不满的人，而谁也说明不了对皇帝不满与谋反到底有什么不同。

高阳公主告发房遗直非礼自己，这跟掖庭令有什么关系啊。可见，长孙无忌的侦察范围很广，并不是就事论事，他的调查显然要彻底得多。公主身边的人事关系网络，显然都在长孙无忌的调查范围之内。于是高阳公主有谋反企图被证实。当然，这是当时的逻辑和调查，逻辑我们且不再说，就调查而言，审判者的主观倾向是十分重要的。到这个时候，你才能明白，一品太尉长孙无忌，为什么会接手一个流氓案件。因为通过这个案件，他可以做很多事情。公主私窥天象，是明显的政治犯罪，是有谋反企图的证明，案情便如此确定了。

公主的谋反被证明了，那么房遗爱呢？也没有好结果。

跟房遗爱关系好的人，其实是一个小圈子，主要是一个驸马小圈子。平时大约就来往多，感情比较好，所以成为调查的主要对象。这些人物，有如下诸位。

第一位，将军薛万彻。

他是丹阳公主的驸马，是当朝名列前茅的将军。他是幽州出身，父亲、兄弟都是名将。原来在罗艺手下，后来归唐成为太子李建成的手下。玄武门事变中，带兵攻打玄武门，表现得很忠诚。李世民胜利以后，实行天下和解政策，表扬了他的忠诚，没有追究，让他继续担任将官。后来，为了他们夫妻和睦，李世民还专门请客做工作。薛万彻没有辜负唐太宗的期望，在贞观四年（630）平定漠北、贞观九年（635）平定吐谷浑、贞观十九年（645）平定薛延陀等重大战役中，都建立了功勋。这些战事，几乎都是薛万彻为先锋，冲锋在前。

贞观十八年（644）三月，唐太宗曾经对人有这么一个评价："于今名将，惟世勣、道宗、万彻三人而已，世勣、道宗不能大胜，亦不大败，万彻非大胜则大败。"（《资治通鉴》卷一九九）唐太宗认为，现在的名将只有李世勣、李道宗和薛万彻三人，李世勣、李道宗两人的特点是用兵谨慎，不能大胜，但也不会大败。而薛万彻是大刀阔斧，非大胜则大败。三个名将的用兵之法我们不去分析了，但是在唐太宗的心目中，这三位将军是当时最重要的将军。

薛万彻作为一名将军，在战场上大刀阔斧是自己的风格，那也就罢了。但是，在现实的政治生活中也如此，就不免危险。贞观后期，在太子之争的时候，薛万彻应该就与房遗爱一样，是拥护魏王李泰的。后来失败了，背后也不免有些牢骚。他跟现在这个政府有矛盾，溢于言表。

原来的反对派，这时候成为最重要的政治背景，即使不被对手跟踪，官场小吏也会察言观色，贡献出别人，成全自己的仕途。这是官场的老传统。薛万彻果然被人找了毛病，贬官为宁州刺史（今甘肃东部宁县）。他也明白遭人算计了，心中自然怒火满腔。后来他因病回到长安休养，跟房遗爱在一起，对朝廷满嘴怨言。他说："今虽病足，坐置京师，鼠辈犹不敢动。"（《资治通鉴》卷一九九）现在虽然得了脚疾，但是就这样端坐在京师，鼠辈们也不敢胡作非为。他说的“鼠辈”是谁呢？史书没有具体交代，其实就是执政者。他是长孙无忌要收拾的人，而且已经在接受修理，他的这番话针对的应该就是长孙无忌。如此说来，长孙无忌盯上房家，绝对是有理由的。

唐太宗曾经正面评价过薛万彻，与此同时也是贞观十八年（644），是在八月，唐太宗对长孙无忌有过这样的评价：“长孙无忌善避嫌疑，应物敏速，决断事理，古人不过；而总兵攻战，非其所长。”（《资治通鉴》卷一九九）说长孙无忌善于回避嫌疑，做事反应敏捷，处理事情，就是古人也比不了。最后这句很重要，说长孙无忌“总兵攻战，非其所长”。薛万彻是被唐太宗表扬过的，长孙无忌没有军事才干也是太宗评价的。所以，我估计，薛万彻自以为是，对自己的军事才能很高看，所以瞧不起不会打仗的长孙无忌。加上政治上的矛盾，所以才会说出这种话来。

如果薛万彻仅仅瞧不起执政者，问题也不大。但是，他的另外一番话就实在太危险。他对房遗爱说：“若国家有变，当奉司徒荆王元景为主。”（《资治通鉴》卷一九九）

荆王元景是谁呢？这是房家核心圈子里的另一位大人物。

荆王李元景，是唐高祖的第六个儿子，是唐太宗的弟弟。在永徽的时候，是那一代人中最年长的，所以从贞观时代起，就很受优待，官为司徒，加封也最厚。他与房家是亲戚关系，李元景的女儿嫁给房遗爱的弟弟房遗则。两家既然是亲戚，所以经常有来往。当薛万彻与房遗爱说要拥戴荆王李元景的时候，李元景是否参与了阴谋呢？现在没有很直接的证据。或者知情，或者并不知情。对此,《旧唐书》他的传记里说,“坐与房遗爱谋反”,看来是知情的。但是《新唐书》他的传记里说:“房遗爱谋反,坐子则与往还系狱。”意思是说受到他的女婿房遗则的牵连。不过,《资治通鉴》里还记载一件事,说李元景曾经说过这样的话,“梦手把日月”。他自己做了一个梦,梦见手里抓着日月。这个梦相,很容易让人联想,因为那是获得最高地位的象征。所以,这也可以算作罪证了。

李元景是皇室成员,他如今也成了房遗爱小集团里的一个成员。

在这个小圈子里,还有一位驸马都尉柴令武。他是柴绍的儿子,是高宗李治的姨母平阳昭公主的儿子。他也是驸马,与巴陵公主。唐太宗一共生了21位公主,巴陵公主是第七位。看来这个柴令武也是朝廷不喜欢的人,任命他为卫州刺史(今河南新乡就属于当时的河北卫州),他就赖着不赴任,说公主有病需要照看,死活不到卫州去。然后,大约就跟房遗爱搞到了一起。

他们到底是怎么回事呢?其实就是不喜欢现在这个朝廷,也部分地遭到了执政者的排斥,背地里说一些话,自己出气。到头来,因为要由对方判断对错,有罪还是无罪。于是,麻烦来了。说起来,这麻烦有一部分是自己惹出来的。

这样,我们可以看到当时的政治环境还是很险恶的。不同政见本来属于正常问题,但是一旦有了派系区别,问题就会严重起来。官场利益的分配,地位名声的获得,都会与派系问题联系起来,如果仅仅是利益获得较少还可以理解,一旦上升到政治斗争的高度,动用法律的力量来解决分歧,那么悲剧的诞生就不可避免。古代中国的法律,经常会出现这个问题,法律是掌权者手中的利器，他们负责解释法律、侦破案件、负责犯罪事实评判，法律这个时候就会成为被打击者的一场噩梦。

相对而言，一旦成为掌权者打击的对象，任何保护都会丧失，朋友会背叛，亲人会检举，赤裸裸地站在被告席上，几乎没有任何自我保护的可能。所以，古人在政治上发现处于不利局面时，立刻变得小心谨慎，言谈举止，不能有任何把柄落入对手手中。认真提防每一个人，甚至包括最亲近的人。与薛万彻等人同样处于不利位置的李勣，就是一个成功实现自我保护的人。他低调，努力辞去所有的官职，封住嘴巴，什么话也不说。他就看到薛万彻的问题，曾用很愤怒的方式指责薛万彻说话不注意。那是不是一种变相的提醒呢？反正薛万彻没有发现，依然故我，旁若无人。或者说，原本意义上是朋友间的发泄不满，但是最后都成了谋反的证据。这在唐朝的历史上，并非空前绝后。

谋反案件，就这样被审出来了。

但是，认真追究起来，他们确实有一个谋反计划吗？他们是否已经把谋反计划制订出来，是否已经把谋反的队伍集合起来，是否已经把谋反的时间确定下来，等等，有很多问题可以提出。包括，他们真的准备为谋反不成而杀身成仁吗？一切问号的后面，跟随的都是不确定的回答。

那么，案情最后能确定吗？

# 第五讲　长孙的巅峰时刻

皇帝流着泪，希望能够保住自己叔叔和兄弟的性命，但回答他的，除了沉默就只有一句冷冰冰的“不可以”。长孙无忌志得意满地走上巅峰，而此时的皇帝，在想些什么？

## 一　小人出卖　名将殒命

这个谋反案件，不能说完全没有根据，但也不是证据确凿。从实际的情况看，这些对长孙无忌不满的人，背后是有一些政治牢骚，分别说过一些过头的话。但是，他们本质上并没有一个谋反计划。所以，审讯的时候，长孙无忌也遇到了麻烦，薛万彻不服罪，不承认自己参与谋反。

长孙获得的证据，大约都是从外围获得的间接证据，现在遇到当事人的否认，还真的没有办法。薛万彻是大将军，战场上杀人无数，对于死亡应该无所畏惧。更重要的是，他是高级干部，又是驸马都尉，不能随便动用刑具，而即使动用刑具，薛万彻也完全有可能抵抗得住。因此，面对他的不承认，整个案件的审判就停顿了下来，长孙的如意算盘现在打不响了。

如果薛万彻能坚持到底，如果长孙无忌确实提不出来确凿证据，最后就不好收场了。对于长孙无忌而言，这不仅是一个麻烦，更是一个危机。长孙无忌该怎么办？

长孙无忌的办法是寻找薄弱环节。那么谁是薄弱环节呢？房遗爱。

房遗爱的弱点是人所共有的弱点——怕死。参与了谋反案件，怕死有什么用呢？但是身陷谋反案件，未见得自己确有谋反之心。按照人家的法律解释，按照人家的动机推测，谋反的罪名之可怕，是理所当然的。不甘心就这样丧失生命，就得找个什么办法把自己的生命解脱出来。房遗爱的这个心理不难理解。那么什么途径可以实现自保生命的目的呢？究竟是房遗爱自己琢磨出来的，还是长孙无忌提醒的，我们现在已经难知其详，反正，怕死的房遗爱还是找到了自保的途径——出卖。

夫妻本是同林鸟，大难临头各自飞。夫妻尚且如此，朋友哪里敢指望呢？薛万彻万万没有想到，支持长孙无忌阴冷的笑声的，原来竟然是好友房遗爱。房遗爱出面指证薛万彻：某日某日，我怎么说，你怎么说，当时如何如何。薛万彻没词了，他的谋反言论被证实。其实，能够证实薛万彻谋反言论的，与其说是房遗爱的证词，不如说是房遗爱本身。如果薛万彻抵挡得住，很可能开发出一条生路，这生路不仅是薛万彻的，也是房遗爱的。薛万彻一人不承认，等于全体不承认。在证据缺乏的案件中，这显然是一条集体生路。然而，房遗爱出面作证，这个被看作是集体谋反的团体立刻瓦解了。不能协同谋反，哪里能够协同抵抗呢？薛万彻忽然感到被房遗爱出卖之后，自己如同一个可怜虫。

薛万彻的审判，让人联想到贞观时期的一个同类事件。贞观后期，朝廷大臣隐约分为几派，原来打天下的秦王府干将们也发生了分裂。侯君集拥护太子，而张亮拥护魏王李泰。贞观十七年（643）二月，张亮到洛州当都督，侯君集前来送行。可能当时张亮的立场很隐蔽，所以侯君集说话很不谨慎。他对张亮说：是谁排挤你啊？张亮说：那就是你了。侯君集听不出来张亮的意思，接下去又说：你能造反吗？如果能，我跟你一起反。这显然是严重的违法言论，对于高居官位的侯君集来说是很严重的问题。

张亮立刻把事情向唐太宗进行了汇报。侯君集的话当然有严重问题，要比薛万彻的说法严重得多，是可以作为造反的证据进行追查的。但是太宗没有这样做，太宗这样说：“你跟侯君集都是功臣，说这个话的时候又没有别人在场。如果进行司法调查，侯君集肯定不服。这样，究竟如何还真不知道。请你不要再说这个事情。”然后呢，唐太宗“待君集如故”。还是一如既往地对待侯君集。

用当年侯君集的事情比照如今的薛万彻，我们能够体会到其中的巨大差异。面对张亮的告发，唐太宗认为证据不足，深究反而会造成不必要的混乱。而到薛万彻这里，房遗爱一出现，薛万彻的谋反罪就被证实了。唐太宗和长孙无忌的立场不同，主张不同，所以导致完全不同的结局。从这里可以看到，这个案件，当事人有问题是一个方面，追查者是另外一个重要方面。如果用唐太宗的态度看薛万彻的案件，即使房遗爱出面指证，如果薛万彻依然不承认，还是无法判断事实真相的，案件依然不能了断。但是，人证一出现，薛万彻就定罪了。

可惜，一代名将，勇冠三军的薛万彻就这样完成了他的历史使命。连薛万彻自己都认为不值得，因为房遗爱这么一个小人，国家损失一员大将，薛万彻认为国家不值得这么做。所以，最后到达刑场的时候，薛万彻还在高喊：为什么不留下大丈夫为国效力啊。或许正是因为他有领兵打仗的能力，才会被当作威胁来处理。每到此时，人们就会自然联想到庄子，他有一种很特殊的人才观，认为人应该在“材与不材之间”。当有才有利的时候，就忽然生发出才干了。当没有才能更平安的时候，就应该一夜之间变得平庸不堪。然而，这只能是理论上的，实际的政治运行时，哪里有这样的可能？大概就是因为这些缘故吧，庄子最后还是选择远离政治。

不过，更多的人还是拼命靠近政治，因为那里集聚着太多的资源。如房遗爱这样的人，本身就是政治家庭出身，一生中因为政治的缘故不知道占了多少便宜。只有当生命面临威胁的时候，他才有可能想到退后一步海阔天空，而平日里，想的永远是如何更多地捞取政治利益。现在的房遗爱，开始时追随夫人，要夺取哥哥的爵位，没有想到正中别人的计划。后来发现问题严重时，也没有了后退的可能。他自以为聪明地认为，立功受奖，是可以保住性命的。这是不是长孙无忌的另一个圈套呢？他也无法证实，只能死马当作活马医了。房遗爱的立场太明确了，他为了自己能活命，宁愿出卖别人，甚至也可以陷害别人。但是，他忘记了一点，他证明别人谋反是以自己参与谋反为前提的。

他是否能够摆脱惩罚呢？

至少暂时是没有问题的。房遗爱不仅证实薛万彻有罪，在这个过程中，长孙无忌对于房遗爱的价值更有新的发现。他既然想活命，就可以更充分地利用这一点。既然他可以证明薛万彻有罪，就也能够证明别人有罪。这个发现太重要了，长孙无忌一定高兴得睡不着觉，甚至也发现自己很伟大。于是，长孙无忌的计划继续下去，开始的那个流氓案件早就不知道跑到什么地方去了。一个连着一个的谋反案件，这才是让长孙无忌真正着迷的。现在，他对房遗爱这些人的谋反案件的兴趣也大为降低，因为一个更宏伟的计划已在他的头脑中横空出世。

这是一个什么计划呢？他的计划是否能够实现呢？

## 二　政治陷害　一网打尽

长孙无忌的计划，是把平时想起来就不舒服的人物利用这个案件一网打尽。说起来这是一个扩大化的案件，其实就是政治陷害。

关键人物是房遗爱，他们要陷害的对象就是吴王李恪。

司空、安州都督吴王恪母亲是隋炀帝的女儿。李恪有文武才干，唐太宗曾经说过李恪像自己，在立李治为太子之后，唐太宗后悔，又要立李恪为太子。为此，太宗找到长孙无忌商量，而长孙无忌一口拒绝。唐太宗说：你不同意立李恪，不是因为他不是你外甥吧？长孙无忌当然不能这样承认，他坚持两个理由：第一，李治仁爱，适合做君主；第二，太子是国家根本，不能换来换去的。最后唐太宗放弃，继续教育太子李治。

这件事，应该是秘密的，但是不知道为什么，长孙无忌反对立李恪，大家都知道了。李恪的心情可想而知，连皇帝都同意，你长孙无忌为什么要反对啊！两人之间因此就结下了仇。是不是唐太宗在找长孙无忌商量之前，跟李恪通过气呢？如果是那样，后来又没有坚持到底，那可是唐太宗的问题了。然而，我们因此得知，长孙无忌在贞观后期的地位之重要，长孙无忌在维护李治问题上的重要。

李恪为皇子的时候，也曾经犯过年轻人常犯的错误，醉心于行猎而不顾百姓生计，为此曾经受到过太宗的处分。后来似乎洗心革面，反而赢得了越来越高的威信。到了永徽时期，任官为司空，是三公之一，与长孙无忌处于同一等级。这就让长孙无忌更加嫉恨，所以也就更加提防。长孙无忌与吴王李恪关系紧张，大约是人所共知的事情，房遗爱当然也很了解。究竟是因为长孙无忌的暗示，还是房遗爱主动投怀送抱，细节我们今天已经不可能了解，反正，房遗爱把吴王李恪牵连进来，说他跟自己一同策划谋反，这确实是为了投合长孙无忌的。

我们看到，房遗爱首先证明薛万彻有罪，现在则陷害吴王李恪。房遗爱的背后，当然就是长孙无忌。为了自己活下来，情愿陷害别人。这个行动，一定预先知道结果。这个结果，只能是长孙无忌提前告知的。换句话说，如果没有长孙无忌的诱导，房遗爱胆子再大也不敢陷害皇帝的哥哥啊。

《资治通鉴》卷一九九这样记载：“恪名望素高，为物情所向，无忌深忌之，欲因事诛恪以绝众望。遗爱知之，因言与恪同谋，冀如纥干承基得免死。”

这个叙述很重要，先说长孙无忌要利用什么事情杀吴王恪，然后说房遗爱知道长孙无忌这个心理，进行陷害，希望借此立功免死。长孙无忌要杀李恪的心思房遗爱怎么会知道呢？除了长孙无忌诱导，没有别的可能。总不至于，长孙无忌满大街叫喊：我要利用各种机会杀掉李恪，结果被房遗爱听到了，有意前来呼应。还有一点应该明白，平白无故陷害亲王，房遗爱应该知道下场的。总之，没有长孙无忌事先许诺，房遗爱是不敢陷害亲王的。

这里，房遗爱固然可恨，但是长孙无忌也是走得太远了。而当时的法律呢，不用说完全成了长孙无忌手中的工具。李恪这样地位崇高的亲王，房遗爱一个人的陷害为什么就能够成功呢？长孙无忌的希望，就是法律的条文。李恪肯定有自己的辩护说辞，但是没有人听。他虽然冤枉，却无法伸张。法律不能制衡权力，变成了权力的马前卒，这是中国古代法律的常态，更是古代法律的悲哀。连李恪这样的亲王都可以遭受如此命运，能指望这个国家的百姓能享受法律的保护吗？有人说，正是因为李恪生于帝王家，他跟政治有着天然的密切关系，所以成为政治斗争的牺牲品，若是普通百姓，就不会成为掌权者打击的对象了。如此说法只能部分成立，百姓不会成为政治打击的对象，但是他们常常被当作炮灰，这不也是同一个逻辑下的必然吗？

一同受到牵连的还有名将李道宗。李道宗是江夏王，在唐朝宗室中，李道宗是最著名的将军。他是唐太宗晚年的三大名将之一。他有个女儿很有名，就是文成公主，贞观十五年（641）入藏嫁给松赞干布。李道宗在很多著名战役中立有战功。他的军事才能在跟随唐太宗进行辽东战役的时候，也有出色表现。在安市作战的时候，他看到高句丽的主力倾巢出动，首都平壤空虚，主动要求带领五千军队奔袭平壤，但是没有得到唐太宗的批准。后来，唐太宗失败而归，曾经向李靖询问为什么没有胜利，李靖解释说是因为没有听从李道宗的建议。李道宗的建议，表明他拥有战略眼光。当时还有一个高句丽降将高延寿，建议唐太宗放弃攻打安市，率领主力直奔平壤，也可以收到奇效。高延寿的建议与李道宗的建议很相似，都是运用奇兵制胜的战略。但是，高延寿的建议被长孙无忌驳回。长孙无忌的想法是天子御驾亲征不能冒险，应该稳扎稳打。但是，当时已经不具备稳扎稳打的条件。后来有的军事史研究著作就认为，辽东战役的失利，就是因为唐太宗稳扎稳打的战略有问题。

长孙无忌和褚遂良都跟李道宗关系不好，因为什么事情，现在也不清楚。长孙无忌借口李道宗与房遗爱有来往，把他发配岭南。因为关系不好而大搞政治陷害，是当权者最容易做到的事情，也是最危险的事情。所以，《旧唐书·宗室列传》传后有一个评论是这样说的："永徽中，无忌、遂良忠而获罪，人皆哀之。殊不知诬陷刘洎、吴王恪在前，枉害道宗于后，天网不漏，不得其死也宜哉！"褚遂良陷害刘洎，见《从玄武门之变到贞观之治》。这个评论的意思很明显，长孙无忌和褚遂良陷害别人在前，自己被陷害在后，有一点冤枉，但也不是全冤枉。"不得其死"很正常。

李道宗这个人，不仅打仗勇猛，而且知书达理，晚年更是手不释卷，多年担任礼部尚书的职务。在有功的宗室中几乎是唯一的文武全才。他死在前往岭南的路上，年仅51岁。他可能是因为一方面倍感冤枉，一方面太痛恨长孙无忌，也可能押送的官吏有意虐待，还没有到达流放地，就一命呜呼了。长孙无忌在一个案件里，干掉了唐朝的两员大将，这是唐朝的敌人最喜欢的。

整个案件，叫作房遗爱案件。那么主人公房遗爱呢？最后也没有逃得一死。

贞观十七年（643），太子承乾谋反案件的审判过程中，一个叫作纥干承基的因为揭发指证，戴罪立功，不仅没有被杀，还升官晋爵。那就是房遗爱的榜样，至少他以为是自己的榜样。然而，最后事与愿违。他陷害了很多人，也没能拯救自己。想一想，对于长孙无忌而言，房遗爱的利用价值已经榨取干净，留下他反而麻烦太大。因为房遗爱本身就是对长孙无忌不利的证据。借刀杀人之后，再杀人灭口，从一开始，就存在这种可能。显然，长孙无忌让房遗爱不向这个方向设想，于是房遗爱成了一把愚蠢而锋利的刀。其实，房遗爱如果真聪明，或者稍微有一点骨气，他只要不指证薛万彻，长孙无忌就不会想到再用他陷害吴王李恪，最后房遗爱本身的罪行都难以证明。

房遗爱这把锋利而愚蠢的刀，在无人可杀的情况下，最后杀死了自己。房遗爱是一个什么人呢？胆小？窝囊？或者甚至是一个坏人？他的下场，咎由自取，没有人会报以同情。

## 三 皇帝干预 惨遭拒绝

案件审讯完毕，长孙无忌报给皇帝请求批准执行。长孙无忌的判决结果是这样的：房遗爱、薛万彻、柴令武皆斩，李元景、李恪、高阳公主、巴陵公主并赐自尽。

唐高宗心地善良，这是他当年被唐太宗立为太子的重要理由，唐太宗希望他当皇帝之后，好好对待他的兄弟们。李承乾在贞观时去世，这李治没有责任。他即位以后，永徽三年（652），李泰在35岁时去世，同年发生房遗爱案件，永徽四年二月，就要处决吴王恪和荆王元景等人。案件是长孙无忌审的，但是签发、执行命令是要以皇帝的名义下达的。

高宗其实不同意案件的最后审判结果。他向大臣们求情，请求不要杀死他的叔叔和哥哥，他流着泪说：“荆王，朕之叔父，吴王，朕兄，欲丐其死，可乎?”（《资治通鉴》卷一九九）丐，乞求的意思。这是一个姿态很低的表示。他也不是说要完全赦免他们，不过是要求免死。结果呢？长孙无忌静静的，一句话也没有说，全体大臣也是寂静一片。最后，站起来一个人，他是兵部尚书崔敦礼。他出面回答皇帝的请求，认为不可以，拒绝了皇帝的请求。

崔敦礼属于年纪较大的大臣，贞观后期已经当上了兵部尚书。他最了不起的贡献是在贞观时期，几次出使边疆，处置边疆危机事件，并且参与了贞观四年（630）对突厥的战争，立有大功。在永徽这个时期，立有军功的大臣已经所剩无几。李勣已经处于半退休状态，薛万彻和李道宗属于案件中人。在政治上有地位，能够就军事发言的崔敦礼的身份几乎是独一无二的。为什么由崔敦礼而不是他人来回绝皇帝，看来也不是完全偶然的。兵部尚书主管全国的军政，地位当然重要。由他出面回绝皇上，如同挑选的一样，十分恰当，让皇上不得不思考很多问题，无法继续要求赦免。

回绝皇帝的请求，虽然是由崔敦礼出面的，但是长孙无忌是什么意思呢？很简单，如果长孙无忌同意皇帝的请求，就轮不到崔敦礼发言。吴王李恪、荆王元景，他们的身份长孙无忌当然知道，这难道用皇帝来提醒吗？既然一切司法调查已经完毕，在谋反的案件中，皇亲也没有法外施恩的空间。关键是吴王李恪是被诬陷进入本案的，长孙无忌可以稍微留点活口，给皇帝一个回旋余地。但是，他不愿意，以防夜长梦多。可怜的皇帝，面对众大臣，两眼流着泪，请求不要杀掉自己的叔叔和哥哥。可以想象当时的情景，所有的人置之不理，视若无睹。最后兵部尚书的一句话，简单地打发了皇帝低三下四的请求。

跟这个事情很相似，让我们想起唐太宗时候的一个事情。那是贞观十七年（643）四月，太子谋反计划被审查出来以后，涉及谋反的一干人等都应被处死。但是，太宗不想让承乾死，于是跟大臣们商量。太宗说：那么如何处理承乾呢？群臣不知道该如何回答。这时，有人站出来说话了，一个叫来济的大臣说："陛下不失为慈父，太子得尽天年，则善矣！"（《资治通鉴》卷一九九）来济说最好父亲能够依旧是慈父，太子也能够保住生命。这是唐太宗希望听到的话。其实，就是留下太子性命。太子不死，唐太宗自然就是慈父。

因为有大臣响应，太宗的请求获得支持，于是太宗就这样决定了：免太子为庶人，但是保全了性命。相形之下，也是皇帝的李治，如今站在大臣们面前，流着眼泪，请求的目标很明确，免死而已。而当时太宗的问话是：如何处置承乾？其实他的要求并没有明确表达出来。唐高宗的要求是明确的，但还是惨遭拒绝。一个皇帝的颜面当然扫地以尽。

朝堂之上，皇帝孤立无援，这个情景大家一定要牢记。虽然皇帝在名义上是国家权力的掌握者，虽然大家名义上都是皇帝的大臣。但是，皇帝若没有大臣支持，皇帝其实也同样一事无成，他的意志根本不能贯彻。

有人会认为，高宗本质上是支持长孙无忌的，这样在大臣面前流泪，不过是表演而已。应该说高宗确实擅长表演，优秀的政治家都擅长这种表演。长孙无忌消灭吴王李恪，是因为李恪是一种政治威胁。这个威胁，究竟是对谁的威胁呢？不能说仅仅威胁到了长孙无忌，当然也对高宗有威胁，甚至可以说主要是对高宗的威胁。因为当初唐太宗要李恪当太子，就是要取代唐高宗的。李恪既然在永徽时期已经名望特高，那么皇帝也不能确知这种威胁的程度。所以，从这个立场分析，长孙无忌消灭李恪，是在为皇帝的安全扫清障碍。当然皇帝安全了，所有拥戴者也就安全了。那么，高宗应该支持长孙无忌的清除潜在威胁的动作。从利益的角度分析，高宗跟长孙无忌是共同的，根本上是一致的。

但是，如同唐太宗处理李承乾那样，留着他的性命的同时取消他的威胁，不是更好吗？所以高宗跟长孙无忌的分歧在最后的处理上，长孙无忌想要斩草除根，而高宗认为监视居住同样可以保证威胁不会发生。所以，不能认为高宗是在表演。而且，从皇帝的威信方面来看，这样的表演就更糟糕了。高宗在众臣面前流泪哭泣，并且被毫不留情地反驳回来，对于皇帝的形象究竟是有益还是无益？我认为是没有好处的。当初在唐太宗面前表演懦弱，那还是能够理解的，但是如今已经是皇帝了，这样流泪只能让人小看。谁还敢跟着这样无力的皇帝？其实，如果长孙无忌不把事情做绝，对于双方应该更好。但是，也许长孙无忌担心翻案，所以才如此坚定。

然而，这再一次显露出皇帝和长孙无忌的分歧来，而皇帝属于弱势一方。他流泪提出的请求被无情驳回，他只好自我妥协不再提起。这一点，所有的人都应该看在眼里，记在心中。

可巧，当年支持唐太宗存活李承乾的大臣来济，如今就坐在大臣中间。他现在是中书省的副长官，是同中书门下三品，是众宰相之一。当高宗提出留下叔叔、哥哥性命的时候，来济应该记起当年的镜头。当时，他一个人忽然站出来，希望太宗成为慈父，太子得尽天年。那个时候，唐太宗只是问如何处置太子，并没有说要留太子性命。而来济还是敢于站出来为太子性命说话。但是，今天，同样是皇帝，而且用了很谦卑的用语“乞求”大家，为什么来济这次不站出来表示赞同呢?

谁站出来，谁就是与长孙无忌过不去。支持了皇帝的请求，就等于反对了长孙无忌的审判。难道长孙无忌不知道这两个人跟皇帝的亲戚关系?难道长孙无忌不知道唐律中有规定，对于特殊身份的人在量刑中要给予考虑?难道长孙无忌不知道皇帝拥有最后和最高的审判权?他都知道，还是如此做了。在长孙无忌和皇帝之间，大臣们要选择自己的立场。所以，没有人支持皇帝的请求，来济也没有。崔敦礼站了出来，一句话就把皇帝挡了回去。

皇帝希望改变审判结果的努力一点都没有发生作用。判决按照长孙无忌的设计被执行。吴王李恪当时的官职是司空。他临死也发出对长孙无忌的诅咒，骂曰：“长孙无忌窃弄威权，构害良善，宗社有灵，当族灭不久!”这样的一句诅咒，很多人是表示同情的。后来长孙无忌不得善终，很多人会自然想起吴王李恪的这个诅咒。

案件还牵连其他的人，我们不再一一介绍了。

案件到最后，早期的问题已经看不到踪影了。一个最初的流氓案件，一变成为谋反案件。到吴王李恪、江夏王李道宗被陷害进来，这已经不是一个案件了，而是成为一个地地道道的政治事件。长孙无忌利用一个不清不楚的谋反案件，打击他的政治对手。法律，成为长孙无忌无情打击异己分子的工具。利用这个案件，他一口气杀掉当时三大名将中的两个。长孙无忌反感的人被去掉了，但国家的损失更大。人才难求，这是基本问题。

这个事件，仅仅是杀掉几个人吗？这样的事件会产生什么政治影响？会如何影响当时的权力格局呢？

## 四　权臣巅峰　架空皇权

房遗爱案件，标志着长孙无忌的权力已经进入巅峰状态。皇帝当着众位大臣的面哭泣，仅仅是要求他没有犯罪的哥哥不要被处死。吴王恪的冤情长孙无忌比谁都清楚，皇帝的请求他也完全看在眼里。但是，他无所顾忌，一切按照自己的意志办理了。

在房遗爱案件中，很多人应该是不了解实情的。而仅凭房遗爱一句话就杀了吴王恪，仅凭与房遗爱有来往就贬死李道宗，证明案件的审判存在严重问题。有没有大臣对此有异议呢？

门下省的长官侍中宇文节，因为“与遗爱亲善，及遗爱下狱，节颇左右之”，所以，也以与房遗爱交通的罪名，流放岭南。这个事情应该如何理解呢？宇文节看来确实跟房遗爱关系不错，在房遗爱犯案以后，没有及时跟房遗爱划清界限，反而为房遗爱说情。这证明他没有很好地配合长孙无忌，甚至没有了解长孙无忌的目标。长孙无忌的目标是充分利用这个案件清除政治对手，是用司法案件完成政治目标。而宇文节还在就事论事，被看作是替房遗爱说话，所以被扣上“交通谋反者”的罪名，遭到严重的流放处分。

宇文节受到流放，腾出了侍中这个位置。给谁呢？接替了这个位置的就是兵部尚书崔敦礼。从品阶上说，兵部尚书与侍中都是三品大官，但是，门下省是机要部门，长官当然参与宰相会议和御前会议，所以是提升。这未免太过巧合。在房遗爱案件中表现不好的宇文节被流放，而表现确实坚决的崔敦礼却得到提升。

这说明什么呢？

这说明朝廷的大局完全处在长孙无忌的掌控之中，高宗虽然名为皇帝，但是朝廷的事情他根本插不上手。为什么呢？因为没有自己的人。

我们看一看朝廷中的重要人物。

房遗爱案件之前：

太尉长孙无忌，是中书、门下两个省的最高负责人。

中书省中书令柳奭。

门下省侍中宇文节、高季辅。

尚书省左仆射于志宁。

尚书省右仆射张行成。

吏部尚书褚遂良，同中书门下三品。

兵部侍郎韩瑗，守黄门侍郎、同中书门下三品。

守中书侍郎来济，同中书门下三品。

这些人中，张行成跟皇帝说过要防止大臣坐大的话，有针对长孙无忌的含义，可以看作是皇帝信任的人。

在房遗爱案件中，宇文节被打成交通房遗爱，流放岭南。他的职位，被在案件中表现出色的兵部尚书崔敦礼取代。

九月，张行成去世，他的右仆射职位，被褚遂良升级取代。

十二月，高季辅也去世。他也是高宗太子时代的大臣，或许跟高宗关系良好，但是没有见到什么特殊的行动，或许常年身体不好。他的职位，暂时没有人取代。

我们可以看到，长孙无忌掌管中书、门下两省，两省的主要官员都是他的人，一点问题没有。于志宁和褚遂良掌管尚书省，与长孙无忌配合很默契。虽然唐朝尚左，于志宁应该高于褚遂良，但是，褚遂良是托孤大臣，显然更有资格多说话。于志宁这个人的性格似乎有一点低调，但是他是倾向长孙无忌的，这点没有问题。三省都在长孙无忌的掌控之下，这么说符合事实。

这里的人，名义上当然都是皇帝的大臣，但是在皇帝和长孙无忌之间，他们当然更听从长孙无忌。崔敦礼公然顶回皇帝，但是还能被提升。可见，当长孙无忌作出这个决定的时候，是不必考虑皇帝的感受的。

现在我们可以回到我们的结论中。在永徽时期的唐朝政局中，皇帝与长孙无忌构成了二元政治结构。名义上皇帝统管一切，实际上大权都在长孙无忌手中。而这个结构，是与皇帝制度相矛盾的。在皇帝制度中，皇帝是不允许被架空的。但是，如今的唐朝，皇帝确实被架空了。不仅如此，长孙无忌的势力，还在膨胀中，并且形成了对皇帝的包围。

在历史的记载中，曾经有过一个类似“永徽之治”的说法。最早的应该是《新唐书》，在《长孙无忌传》的结尾部分表达了这个含义：“初，无忌与遂良悉心奉国，以天下安危自任，故永徽之政有贞观风。帝亦宾礼老臣，拱己以听。纲纪设张，此两人维持之也。”后来，《资治通鉴》继承了这个说法，在永徽元年（650）的正月，发生了洛阳人李弘泰诬告长孙无忌谋反事件，高宗不经审判杀掉了李弘泰，然后司马光评价说：“无忌与褚遂良同心辅政，上亦尊礼二人，恭己以听之，故永徽之政，百姓阜安，有贞观之遗风。”（《资治通鉴》卷一九九）后世发挥此说，于是有了“永徽之治”的表述。不论《新唐书》还是《资治通鉴》，就总体而言，都是坚持君为臣纲的基本政治伦理的，然而高宗在永徽之初，除了拱手听命以外，还有什么作为呢？其实，永徽时期的主要特征是君权不张，这与那个时代的基本政治伦理是背道而驰的。历史学家不能秉承一贯，单单在这里坚持君主要听命大臣，是一种特殊化的处理，并不合适。永徽时期，有房遗爱大案，开创了高宗朝政治陷害的先河，而政治陷害的主要角色就是长孙无忌和褚遂良，永徽时期的政治瞬间变得黑暗透顶。只论此事，永徽政治也不能跟贞观之遗风发生联系。

长孙无忌作为托孤大臣，理应明白自己的使命是把政权平稳过渡给年轻的皇帝，但是长孙无忌的实际做法，则是尽力延缓权力的过渡，让唐高宗仅仅保留皇帝的头衔而已。对于征求大臣对朝廷的意见，高宗支持而长孙无忌反对。立李忠为太子，长孙无忌支持而高宗反对。对于保全吴王李恪和荆王李元景的性命，高宗坚持而长孙无忌反对。最后的结果，都是长孙无忌的意志得以贯彻，而高宗只能妥协退让。就以上的这些分歧和冲突而言，并不能证明皇帝的要求都是无理的，然而为什么最后都是皇帝妥协呢？长孙无忌对待皇帝，在这些比较重大的问题上，要么搪塞，比如不承认帮派问题，甚至说看情面连皇帝也不能免；要么欺瞒皇上，比如立李忠为太子，他们谁都不会说立李忠是为了保住王皇后的位置；要么就是冷眼不理皇帝的乞求，当皇帝泪流满面为叔叔、哥哥请求保全性命的时候，当场大臣有谁把高宗当作可尊敬的皇帝看待了？

这些都说明了什么？这并不说明道理在谁手里，只能说明谁的权势更大。高宗虽然名义上是皇帝，但是没有大臣支持，不过是一个任何事情都推动不了的孤家寡人而已。在长孙无忌的眼中，高宗可能一直是一个没有长大的孩子，只有同情心而根本不懂政治。从外廷到内宫，我们看到的都是长孙无忌的力量。皇后要立李忠为太子，自己请求没有被皇帝批准，最后还是倚仗长孙无忌才搞定。从宫中到外廷，我们能够看得见长孙无忌的势力对皇帝的包围圈，若隐若现，如影随形。

对于这个圈子，唐高宗感觉到了没有呢？如果感觉到了，他是否有突围之念呢？他是否有反击的想法呢？如果突围，皇帝会从哪个方向着手呢？永徽后期的故事，都是从这里出发的。

# 第六讲　高宗突围

或许是因为险象环生的经历的刺激，好像很突然地，高宗的态度强硬起来。他用行动提醒长孙无忌们：到底谁是皇帝！

## 一　水淹万年宫　高宗思奋起

永徽五年（654）三月，唐高宗率领一班大臣前往万年宫，如同春游。其实是前往万年宫集体办公。万年宫，贞观的时候叫作九成宫，位于麟游县西天台山上。宫殿修在半山腰，规模很大，皇帝的后宫以及重要大臣，都能住在里面。

就是居住在万年宫的时候，唐高宗和武则天，忽然遭遇了一场巨大变故。

五月的一天夜里，山上下了大雨，结果引发山洪。大水冲击万年宫的北大门（也叫玄武门），宿卫的战士看见水势凶猛，四散逃命。这天夜里，值班将军是右领军郎将薛仁贵，眼看着士兵四散逃命、大水涌进宫内。那正是大家熟睡的时候，皇帝和武昭仪也在其中。守卫的军士不能进入大门之内，但是薛仁贵说，作为卫士不能怕死不救皇上啊。他没有别的办法通知皇上，只能登上大门，踏着大门的横木拼命呼叫。皇上被惊醒了，赶快跟武则天一起跑出宫殿，登上高处，大水已经淹进宫殿。

这次大水突如其来，后来知道，卫士和附近居民竟然淹死了三千多人。因为薛仁贵的及时呼叫，唐高宗和武则天躲过一次劫难。高宗感谢薛仁贵，对薛仁贵说：多亏了你，让我免为沦溺，现在我知道确有忠臣啊。唐高宗专门赏给薛仁贵一匹御马。28年以后，唐高宗还念念不忘九成宫的大水，亲口对薛仁贵说：当年万年宫遭水，没有你的话我已经变成鱼了。

这是我们知道的高宗皇帝遇到的最严重的一次生命威胁。半夜逃命，狼狈不堪。天亮以后发现死了那么多人，心情惨淡可想而知。那么，这次事件究竟让皇帝有什么心得？产生哪些感想？他是不是会联想到生命无常？会不会想到自己处境的种种问题？我们无从知道。但是，通常情况下，这种大难不死的经历，往往对人产生巨大的影响。

当九成宫大水让唐高宗感到生命无常的时候，另外一种生命现象同样引起唐高宗的兴趣。唐高宗的武昭仪再次怀上龙种。三月到九成宫的时候，唐高宗就发布了一条命令，对武德时期的13位功臣追加荣誉称号，其中就有武则天的父亲武士彟。怀念建国时期的功臣，在任何时候都是名正言顺的，所以即使有人看出来什么，也不好出面阻挡。而后来的历史记录都认为，13位功臣之中，其他12人都是沾了武士彟的光，虽然文告书中并没有把武士彟列为首位。

面对大水，一方面是高宗和武则天的生命面临威胁，另一方面皇帝心爱的女人又有身孕。唐高宗应该想到自身的状况：有名无实的皇帝，没有权力按自己的意志办事。这个状态不需要改变吗？高宗自己不需要奋斗吗？

在介绍唐高宗的奋起之前，我们需要交代武则天与唐高宗关系的进展情况。



## 二　感业寺重遇　武则天入宫

武昭仪即武则天，大家对她的事情虽然多有了解，我们这里还是要有所介绍。唐高宗当太子的时候，跟武则天发生了感情，当时武则天是唐太宗的才人。这个感情是不伦的，但却是真挚而牢固的。

唐太宗驾崩以后，按照一般的规定，作为先帝众多嫔妃之一的武则天到感业寺出家为尼。这些出家的嫔妃，都是没有子女的，如果有子女就可以随从子女生活。武则天年轻，但没有为唐太宗生下子女，所以只有随众多的嫔妃进入寺院。以后的生活和未来的前景一望可知，有生之年必将伴随晨钟暮鼓，孤灯读经了。

然而，武则天的命运因为与高宗的感情关系，发生了戏剧性的转变。大约是永徽元年（650），唐太宗去世周年的时候，唐高宗到感业寺上香，于是，跟武则天相遇。这可真是历史时刻，两人的深厚感情经过一段时间的两地相思，充分发酵。《唐会要》卷三的记载是："上因忌日行香见之，武氏泣，上亦潸然。"有泪无声谓之泣。武则天的默默流泪，一定打动了唐高宗，于是皇帝也顾不得九五之尊，跟着潸然泪下。这个场面，看来有别人在场，感人肺腑。关于武则天出家的感业寺，历史有记载，但很模糊，没有谁知道感业寺的具体方位。最近有学者怀疑，感业寺本身就是子虚乌有，那是根据另一个寺院“德业寺”编造的。当然，这只是推论，编造说也没有实在的根据。

于是，王皇后决定充分利用两人的关系。王皇后当时面临的问题是萧淑妃，在与萧的争风吃醋中，居于下风。萧淑妃是唐初名臣萧瑀的族孙女，而萧家是南朝萧齐的后裔，从政治的角度来看，血统高贵。她跟唐高宗感情很好，已经为高宗生了一儿两女。王皇后出身太原王氏，在讲究家族出身的时代，这可是天大的资本。当时中国有几大姓为天下所尊崇，这就是清河与博陵的崔氏、范阳的卢氏、赵郡与陇西的李氏、荥阳的郑氏和太原王氏。以上姓氏别处也不少，但是只有以上地区的这些姓氏才地位崇高。王皇后不仅出身于地位崇高的士族，她的家族也与李唐皇室早有因缘。王皇后爷爷的兄弟就娶了同安长公主，而正是这位长公主出面向唐太宗介绍，才成就了王皇后这门婚事。王皇后在李治还是晋王的时候就嫁给了他，成为晋王妃。李治成了皇帝，她便晋升为皇后。但是，没有资料详细记载，唐高宗为什么不喜欢王皇后。《旧唐书》的《王皇后传》说王皇后“有美色”，《新唐书》的《王皇后传》说她“婉淑”，两者相加，正是贤惠美丽。有这么多重要优点高宗还不喜欢，可能是因为性格与高宗不合。反正，高宗更喜欢萧淑妃，而王皇后虽然身为皇后，却没有机会为高宗生得儿女。

王皇后对于自己的后位还是很看重的，她在努力斗争，争取赢来高宗的欢心。在她与萧淑妃一对一的斗争不成功的背景下，得知高宗与武则天的关系，于是希望借助武则天离间皇帝跟萧淑妃的感情。她利用自己管理后宫的权力，把武则天接进宫来，让她秘密地蓄起头发。大约同时，也对武则天进行了忠诚训练和教育。对于武则天而言，出家为尼是朝廷的规定，她自己即使不愿意也是无力抗拒的，而现在命运出现了转机，她必须抓住不放。王皇后虽然比武则天还小几岁，但是人家毕竟是皇后，决定着武则天的命运，武则天不管内心如何思想，行为上必须百分之百符合皇后的要求。当王皇后对武则天的一切都满意以后，正式向唐高宗推荐武则天，唐高宗愉快地接纳了武则天，也应该对皇后的开明大方表示了好感。

应该说，王皇后的用间政策成功了，但只成功了一半。武则天成功地离间了萧淑妃与皇帝的关系，从此以后武则天跟唐高宗如胶似漆、亲密无间，萧淑妃果然被冷落在一旁，失去了往日的欢声笑语和扬扬得意。王皇后这个时候一定得意非常，暗暗夸奖自己聪明能干，手腕高明。但是，王皇后的理想不是仅仅离间，她要完整地夺回属于自己的皇帝。按照她的设计，武则天完成离间任务以后就应该自动离开，把空出的位置留给自己。但是，她越观察越发现，她最后的愿望没有希望达成，因为武则天没有这个意思，她似乎要永久地占有皇帝。

我们今天无法了解，当初王皇后给武则天到底交代了什么任务，武则天是否没有完整地完成任务，或者是中途背叛。就像我们看到的间谍影片那样，能干的间谍在执行任务过程中发现了真相，于是自己背叛了原来的组织，成为组织追杀的对象。王皇后现在决定对武则天展开斗争，并且与萧淑妃建立了统一战线，同仇敌忾，携手打击武昭仪。但是，高宗挚爱武则天，王皇后和萧淑妃联合起来也不能取胜。《资治通鉴》卷一九九记载：“后及淑妃宠皆衰，更相与共谮之，上皆不纳。”她们的斗争方式似乎很单一，就是找机会说武则天的坏话，但是没有什么效果。在皇后和武昭仪之间，皇帝更加倾向于武昭仪。这里，感情因素显然是主要的。

事情发展到这一步，看来是王皇后没有想到的。那么她最初的战略设计，在这个时候也显露出缺陷。她与唐高宗的问题，此前与萧淑妃的竞争，后来与武则天的竞争，其实质都是感情竞争。在这个激烈的竞争中，重要的因素其实是唐高宗。但是，她的战略既考虑了唐高宗的感情，利用武则天就是看中了武则天与唐高宗的感情；同时又忽略了唐高宗的感情，他既然喜欢武则天，又怎么会舍弃武则天回头来找王皇后呢？难道这个世界上只有萧淑妃和你王皇后两个女人不成？与此同时，她更没有考虑武则天的感情。是不是王皇后认为武则天各方面的条件加起来是不利的，武则天没有长久的竞争能力呢？完全有可能。这说明，结婚多年的王皇后对于感情问题还相当无知，她一定更相信，门当户对这些外在条件才是感情的基础。所以在她看来，萧淑妃有南朝皇家背景，有萧瑀这样的爷爷，在竞争中击败自己是有必然性的；而武则天没有任何家世背景，父亲虽然是唐朝开国功臣，但是已经去世很多年，武则天本人既当过太宗皇帝的才人，自身也年纪偏大，总之不该成为自己的竞争对手。她说不定还认为，武则天这样的人，在内宫找到一个安身之所已经是很大的奢望了，不该也不可能有更多的想法，不可能不对皇后礼让三分。

王皇后在感情竞争方面，看重的大约都是非感情的因素，所以当她发现武则天跟皇帝彻底好上了的时候，肯定是恼羞成怒的。自己的感情问题靠别人去解决，这是王皇后的根本问题所在。有人说她利用武则天是引狼入室，其实关键是她的方针政策南辕北辙。这是王皇后自己犯的错误，不能怨武则天背信弃义。过去，在这件事情上，人们似乎习惯指责武则天，其实就道德而言，王皇后的行为也不高尚。其一，她当然知道武则天的背景，知道武则天与高宗的结合有悖伦常，但是她为自己的利益还是利用了武则天。第二，武则天与高宗的感情也是感情，企图用别人的感情为自己的感情服务，有一种居高临下的姿态，利用甚至玩弄别人的感情在道德上也无立足之处。当然，本质上说，这是一个感情问题，不完全是道德问题。道德有是非，感情是无是非的。

另外，王皇后其人，有天然的缺陷，简单地说就是太骄傲。《新唐书》卷七六《王皇后传》说："后性简重，不曲事上下，而母（魏国夫人）柳见内人尚宫无浮礼。故昭仪伺后所薄，必款结之，得赐予，尽以分遗。由是后及妃所为必得，得辄以闻，然未有以中也。"

《资治通鉴》也说："后不能曲事上左右，母魏国夫人柳氏及舅中书令柳奭入见六宫，又不为礼。武昭仪伺后所不敬者，必倾心与相结，所得赏赐分与之。由是后及淑妃动静，昭仪必知之，皆以闻于上。"

王皇后在家世、出身、与皇室的关系以及年轻漂亮等方面都拥有武则天比拟不了的优势条件，但是，为什么她就是竞争不过武则天呢？从他家人的习惯行为，我们可以发现问题所在。他们是一个傲慢的家族，在内宫之中，不礼待其他人，更不可能去讨好别人。而武则天既没有骄人的家族传统，也没有当朝的宰相舅舅。武则天的家世没有什么可以依凭的，父亲武士彟虽然早年参加了晋阳起兵，但如今已经去世多年，她的哥哥们也谈不上什么势力。武则天在深宫之中，没有任何依靠，她能依靠的只有自己。她除了依靠跟皇帝的感情，还有什么可以依靠呢？只有用自己谦卑的姿态，笼络身边能够笼络的小人物。结果，她得到了众多人的信任和支持。武则天对于王皇后斗争的胜利，从一个方面来说，是平民战胜了贵族。

武则天在深宫之中独自一人，除了皇帝因为情感的关系能够对她施加一定的保护以外，一切都需要自己奋斗。这场竞争对于武则天与对于王皇后等人而言竞争性质大有不同。对于王皇后、萧淑妃而言，即使皇帝不爱，这么多年的经验证明损失也仅仅是部分而已。但对于武则天而言，如果皇帝跟她没有了感情，她可能丧失一切。皇帝一旦不喜欢，武则天没有朝廷内部力量的支持，只能独自受罪。而后宫情感问题，毕竟也可以跟政治建立联系。王皇后不就是通过舅舅和长孙无忌的努力，把李忠过继给自己并立为太子，给自己加了一道安全阀吗？类似的行为没有朝廷大臣的支持，无论如何是不可能发生的。所以，这场竞争是武则天的生死之战，对于皇后和萧妃而言，不过是争宠而已。

性质不同，奋斗的程度就会不同。

武则天全力以赴，争取所有的小人物，运用一切办法加深与高宗的感情，终于取得了胜利。比较起来，武则天是弱势的一方，这一点十分值得强调。后来武则天胜利了，再后来甚至很蛮横，但开始的时候，她的确是弱势的一方。

## 三　高宗初思变　临朝渐强硬

就唐高宗而言，我们发现，万年宫事件之后，唐高宗忽然果敢起来。我们虽然不能确切知道，但是有理由怀疑，万年宫事件在很大程度上刺激了唐高宗的生命觉悟。武则天这个时候已经被册封为昭仪，属于嫔妃中的一名合法成员。她与王皇后的战争已经基本结束，武则天成为胜利者。两年前的永徽三年（652），武则天为高宗生下第一个儿子，取名李弘。此后，又诞下一女，不幸夭折。就我的观察而言，高宗对于王皇后的不满和对武则天的喜欢，是他长期积累力量的原因之一。与此同时，他对朝廷的不满也在与日俱增。但是，万年宫的水灾，确实是唐高宗个人历史的一个重要转折点，他的个性在这以后发生了明显的变化，最重要的就是开始强硬。

有三件事情可以提供这方面的证明。

### 免去柳奭中书令职务

永徽五年（654）六月，就在山洪暴发后的两个月，“中书令柳奭以王皇后宠衰，内不自安，请解政事；癸亥，罢为吏部尚书”。《资治通鉴》的这个记录很简单，没有对过程的详细说明。

这个事件发生的地点，还是在万年宫。当时长孙无忌、李勣、褚遂良、柳奭等主要大臣都在万年宫，没有见到左仆射于志宁的记载，他可能留在京师。柳奭当时是中书令兼吏部尚书，他因为皇帝正在疏远皇后，作为皇后的舅舅开始不自安，于是主动请求解除政事，即中书令的职务。这里的记载，说的一定是真正的原因，而柳奭在具体上表中，一定不会这么说，如果他这么说，确实太不好理解：皇帝陛下，我是皇后的舅舅，你现在跟皇后关系这么疏远，我觉得这个中书令的职务也不好继续担任下去了，你就解除我的这个职务吧。这么说的话，太露骨，他应该说身体多病啊，工作繁重啊，反正现在不能胜任了，请求陛下准许我给贤人让路之类的理由，只能是这么说。

柳奭这是要干什么呢？他这是试探皇上。这样的事情，说不定都事先跟长孙无忌商议过。长孙无忌他们现在也不能确切地掌握皇帝的心思。现在，武昭仪又怀孕了，他们应该不难得到这个消息。而自从武则天入宫以来，皇帝几乎就不接触其他妃子，更不要说皇后了。不久前，皇帝还追赠了武昭仪的父亲。皇帝要干什么呢？大家虽然高官任做，但是随时了解皇帝的动向还是十分重要的。于是，柳奭出面来试探皇帝的动向。皇帝如果真切挽留柳奭，或者皇帝跟长孙无忌等人商量一下再决定，都可以说明皇帝没有什么特别动向。

那么，皇帝怎么反应呢？皇帝很干脆地同意了，没有挽留。从此以后，柳奭不再担任中书令的职务，专门去当吏部尚书。没有记载说皇帝为这个事情找过长孙无忌，或者即使找过，皇帝的决心也很坚定，没有什么中间环节可以叙述，所以直接就记载皇帝同意了。结果柳奭的中书令职务被解除。这个决定，能让长孙无忌感觉到什么呢？我们能从中感觉到什么呢？皇帝并不回避与皇后关系的疏远，对于柳奭的试探，给予直截了当的回答。皇帝不会不知道柳奭的请求带有试探的性质，但是他没有含含糊糊，没有推辞，没有假装挽留，态度很爽朗。简单地说：皇帝的腰杆正在挺直，忽然之间敢于拍板做决定了。

这个事情刚刚结束，很快发生了第二件事。

## 责问五品官

高宗和大臣们从万年宫返回京师是九月份，关于这个月份，《资治通鉴》只记录了一件事，这就是责问五品官。

有一次朝廷开会，大约是五品以上的官员才有资格参加。皇帝作了如下发言：

> 上谓五品以上曰："顷在先帝左右，见五品以上论事，或仗下面陈，或退上封事，终日不绝；岂今日独无事邪，何公等皆不言也？"（《资治通鉴》卷一九九）

唐高宗的话意思是说：过去在先帝的时候，见到五品以上的官员讨论国事，或者当面陈奏，或者回头写报告，每一天都很多。难道现在就没有事情可以讨论吗？为什么你们都不发言呢？

皇帝的责问，很明显是不满的。

请注意，唐高宗这番话，是有所指的。永徽之初，高宗想效仿唐太宗，积极纳谏，但是臣下上来的意见都没有什么见解。当时长孙无忌就说是因为朝廷政策一切得当，没有失误，所以不会有什么有价值的意见。当时，皇帝就是有针对性的征求意见，或者说对某些意见有所期待。因为没有人提出，皇帝就当面询问长孙无忌有没有照顾情面，不尽公心的问题，长孙无忌也是采取模糊战术应付过去了。

现在朝廷上是一种什么情况呢？鸦雀无声，没有人有兴趣跟皇帝讨论问题。高宗感到巨大的失落。贞观时期的君臣一体局面，现在根本就没有。如果说皇帝大权独揽，不喜欢跟大臣讨论的话，那还情有可原。现在的问题是皇帝有纳谏的心愿，但是大臣们不给机会。通常的情况下，朝廷关系不融洽往往是皇帝的责任，往往是大臣有热情而皇帝冷淡。现在的情况反过来了，皇帝有热情而大臣冷淡。这显然是不正常的，皇帝的气愤也是很正常的。

五品在唐朝的官府中是一个分水岭，三品以上的官为贵，四品、五品称作通贵，五品以上的官员当然就是政府的上层官员，是皇帝治理天下主要依靠的对象。然而，现在皇帝积极求治，高级官员却冷漠以待。面对这种怪现象，皇帝难免发火。那么问题出在什么地方呢？就出在我们说过的二元结构上。皇帝是名义上的国家权力拥有者，但是永徽政治的实权掌握在长孙无忌手里。在等级森严的官僚队伍中，如果中高级官员不跟皇帝配合，皇帝也真是没有办法。

五品以上的高官有很多，难道他们都跟长孙无忌一个鼻孔出气吗？那样说也不确切。但是，面对长孙无忌的强势，大家即使有意见，也觉得不说为佳，在情况危险的情况下，不表态是一种很好的自保策略。

皇帝发火了，对当前的这种局面不满，其实也是对自己的尴尬地位表示不满。但是，皇帝的语气是强硬的，姿态是强硬的。所以我说这是万年宫事件以后的第二个标志性事件，表示皇帝腰杆挺直了。那么，下面的官员听了皇帝的这番话以后，有什么反应呢？史书没有记录下来。我们能够推测的不过有三种情况。一是不看好皇帝，保持原来的队形，决心继续依靠长孙无忌。二是产生活的思想，决心站到皇帝的队伍中去。多数是第三种，看不清楚形势，保持原来状态，观望形势。凡是有人群的，就可以分成三种人，大约就是这种情况。



## 否决宰相提议

如此公开地表达不满，公开责问高官，这在高宗当皇帝以后，也是很少见的一种姿态。以前的唐高宗是唯唯诺诺，垂拱而已。现在可以大庭广众之下批评五品以上官，那么作为官员领导团队的宰相们该作如何感想呢？他们是不是纷纷响应皇帝号召呢？

第三件事情表明，皇帝与高官的对立依然如故。

又是一个月以后，《资治通鉴》有如下记载：

> 五年（654）冬十月，雇雍州四万一千人筑长安外郭，三旬而毕。癸丑，雍州参军薛景宣上封事，言："汉惠帝城长安，寻晏驾；今复城之，必有大咎。"于志宁等以景宣言涉不顺，请诛之。上曰："景宣虽狂妄，若因上封事得罪，恐绝言路。"遂赦之。

这一年的十月份，朝廷修建了长安的外郭城，使用的都是雍州的百姓，仅仅用了30天就完成了工程。雍州，即京兆府，高宗的时候还叫雍州，到开元的时候改称京兆府。工程虽然完工了，但是雍州的一个官员叫作薛景宣的，不过是一个正七品下参军，却上书言事，攻击这个工程。在他的上书中，竟然说道：西汉惠帝的时候修建长安城，很快就晏驾了，现在也修城，一定也会发生大事。这话有诅咒皇帝的意思。但是，他的主要意思，毕竟还是批评修建都城这件事。可是宰相们决定给他点颜色看看，不说他反对修城的意见是否正确，只说他上书中的语言悖逆，有诅咒皇帝的意思，请求皇帝下令杀掉薛景宣。

联系上一个事件，大家可以想一想，皇帝希望大臣们踊跃讨论朝廷政务，但是大家用沉默回答了皇帝。现在，终于有了一个小官出来批评朝廷的政策。宰相们的意见是杀掉他，压制舆论、打击批评的倾向很明显。由此我们也可以了解，为什么那么多五品以上的官员不敢跟皇帝讨论政策。

皇帝如何反应呢？

皇帝很坚决地予以否决。皇帝说：薛景宣虽然言辞狂妄，但是他是上书言事的，如果杀了他，有可能断绝了上书言事的通道。皇帝的最后决定是赦免薛景宣。

难道，宰相们就不知道杀薛景宣有可能断绝上书言事的通道吗？当然知道。他们的动机很可能正是这一点，杀一儆百，不让更多的人对朝廷提意见。唐高宗很坚决地否定了他们的建议，也应该是看到了他们的动机。从中我们不难看到，在号召官员上书言事这个问题上，从永徽之初到现在的永徽五年（654），这么长的时间里，朝廷的基本结构没有发生变化，意见分歧如故。皇帝还是主张广开言路的，他对于官员们万马齐喑很恼火。而以长孙无忌为首的宰相集体，则完全跟皇帝的意见相反，他们反对大家提意见，真有意见上来，他们也会找理由给予打击。

在薛景宣事件上，皇帝坚决地否决了宰相们，但是双方的对峙并没有结束。是否广开言路，在朝廷如何治理天下这件事儿上是否多听大家意见，这应该是一个重要的政治标志。永徽政治与贞观政治的区别，就可以从这里找到。然而，我们看到的是皇帝要积极继承贞观路线，但是遭到宰相集团的有力阻击。如果说永徽的政治沿袭了贞观的某些特征的话，那么也是在高宗这个方向上，积极求治，广开言路。如果说永徽政治远离了贞观传统，那么主持者正是宰相集团。他们不仅没有充分发挥皇上的核心作用，甚至加以阻拦一般的批评意见。皇帝在这里否定了宰相的意见，不仅仅表达了皇帝的宽宏大量，也寄托了皇帝对于一般官员的希望。五品以上的官员真的没有指望了，皇帝是不是希望在中下级官员中获得支持的力量呢？在当时的情况下，这完全有可能。

通过以上三件事，可以看到皇帝的姿态在变得强硬，有明显的突围动机。但是，要突围成功还有很多的路要走。皇帝现在根本看不到什么地方存在突破口，因为他虽然没有追究薛景宣，但是也没有人敢于以薛景宣为榜样。朝廷上下依然是一片寂静。唐高宗如同是黑暗中的人，摸索周围的高墙，要寻找一个出口，但现在还不知道出口在哪里。他必须继续摸索下去。

薛景宣事件之后，并没有出现纷纷上书的局面，即使皇帝幻想得到中低级官员的支持，也没有途径实现与中低级官员的联系。皇帝高高在上，皇帝的所有行动都必须从朝廷开始，从长孙无忌开始，从宰相那里开始，皇帝很难越过他们与中下级官员取得联系，这就是唐高宗的困局。

皇帝怎么办？从什么事情上着手，从哪里寻找突破呢？

面对朝廷局面的困难，要想从朝廷的政治方面开始突围，显然是困难重重的。从制度上说，皇帝的任何指示都必须经过三省体制下发，等同于要征得三省长官，特别是宰相们的同意。这么多年的经验证明，宰相们在配合皇帝的时候很困难，但是他们在配合长孙无忌的时候，在彼此配合的时候，倒很默契，比如立李忠为太子等。在薛景宣的事情上，皇帝或许存在动员中下级官员的用心，但是这其实更难。中下级官员要越过上级配合皇上，要冒太大的风险，甚至有可能在意见没有上达给皇帝之前，就被人提前收拾了。

那么在皇帝的视野里，哪里才有可能提供突围的通道呢？

也许，柳奭的事情给了皇帝启发：皇后的问题，可以作为突破口。为什么呢？一方面，在永徽五年（654）年底，武昭仪就要再生育，而皇后生育无望。皇后现在虽然有一个养子做太子，但是毕竟不是皇后亲生。另一方面，其实是更重要的方面，也是皇后的最根本问题，那就是皇帝如今跟她没有感情。比起朝廷的事情来说，皇帝在这个问题上应该拥有更多发言权，因为涉及皇帝的感情问题。

于是，皇帝决定从废黜王皇后开始突围。废黜皇后之后让谁当呢？当然就是武昭仪。

一场对唐朝历史影响深远的政治斗争开始了。即使至今已过去了一千多年，我们回顾这场斗争，仍然能够感到惊心动魄。

# 第七讲　公主之死

二元政治格局不断激化，性格绝非软弱的唐高宗在遭遇了万年宫水灾的性命之虞后，心境发生了变化。他开始奋起思变，试图突破以长孙无忌为首一众权臣的控制。胆大心细的高宗在观察绸缪之后，决心从后宫入手。那么，他将如何借力打力，从后宫到前殿，逐步夺回那些本该属于自己的绝对权力呢？

到底是什么原因促使高宗下定决心，推动废王立武呢？在这个过程中，一系列人物与事件发挥了作用，在传世文献中，经常被提及的就有小公主死亡事件。主流的说法认为，武则天杀死了亲生的小公主并成功地嫁祸给王皇后，于是高宗上当受骗，开始产生废弃王皇后、扶持武则天的念头。小公主之死，于是成为一个重要的政治事件。我的观点是相反的，小公主之死，不能证明武则天是凶手，这一事件也没有发挥那么重要的作用。这个传统的说法是一系列妖魔化武则天的案例之一。

我从以下几个方面展开我的观点。因为不论对唐高宗还是武则天来说，小公主之死都是一个意外不幸，但并不是他们政治生涯的关键点。之所以在这里详细叙述，实在是因为传统史学影响太大，说到武则天的“最毒妇人心”，知与不知，都会想到无辜的小公主之死。

## 一　从简至繁　记录变迁

大约在永徽四年（653），武则天为高宗生下一个公主，但是这个公主不幸而夭折。公主之死，到底是什么原因呢？最开始的记载是很简单的，《唐会要》卷三“天后武氏”条下是如此记载的：“昭仪所生女暴卒，又奏王皇后杀之，上遂有废后之意。”当时的武则天是昭仪，属于皇帝九嫔之首，正二品。这是武则天跟唐高宗所生的第二个孩子，第一个是长子李弘。

根据《唐会要》的这个记载，武则天和高宗所生的公主确实夭折，因为不知道死亡原因而且死得突然，所以称作“暴卒”。武则天充分利用了公主之死，采用悲情主义的诉求方法，把公主之死的责任推给自己的情敌王皇后。高宗看来是受到了武则天的影响，开始萌生废黜王皇后的念头。

《唐会要》一书，虽然是北宋王溥编辑的，但是吸纳了唐德宗时期苏冕四十卷的《唐会要》和唐宣宗时期崔铉的《续会要》，所以保存唐代国史资料比较多，向来为学者所重。这里的记录，也相对稳重。当时，王皇后联合萧淑妃与武则天斗法，武则天悲情主义的战斗技巧适合当时的情况。因为毕竟是母亲丧女，说一些丧失理智的话是可能的。而高宗看见受伤的母亲，也很可能同情心上涌。

高宗新生公主夭折一事，《旧唐书》没有任何正面提及，但是在《则天皇后本纪》的“史臣曰”中，却写下了这样的文字：“武后夺嫡之谋也，振喉绝襁褓之儿，菹醢碎椒涂之骨，其不道也甚矣，亦奸人妒妇之恒态也。”其中，后一件事是指武则天残酷对待失败了的王皇后和萧淑妃，而前一件事“振喉绝褓之儿”，可能就是指扼杀亲生公主的事。《旧唐书》成书于后晋出帝开运二年（945），先后编写用了4年时间。为什么这件事没有写入《旧唐书》的正文，而是用“史臣曰”的方式表达出来？没有确凿证据。推测起来，大概这个时候已经有了武后杀亲生公主的说法，但是不能坐实，只好用这种更具有个人意见的方式表达出来。

《旧唐书》这种比较概括的说法，到了《新唐书》中凌空一跃，变成了非常具体生动的描写。《新唐书·后妃列传》的文字是这样记载的：

> 昭仪生女，后就顾弄，去，昭仪潜毙儿衾下，伺帝至，阳为欢言，发衾视儿，死矣。又惊问左右，皆曰：“后适来。”昭仪即悲涕，帝不能察，怒曰：“后杀吾女，往与妃相谗媢，今又尔邪！”由是昭仪得入其訾，后无以自解，而帝愈信爱，始有废后意。

在这里，公主之死的过程详细而生动。《资治通鉴》的记载，直接继承了《新唐书》，文字如下：

> 后宠虽衰，然上未有意废也。会昭仪生女，后怜而弄之，后出，昭仪潜扼杀之，覆之以被。上至，昭仪阳欢笑，发被观之，女已死矣，即惊啼。问左右，左右皆曰：“皇后适来此。”上大怒曰：“后杀吾女！”昭仪因泣诉其罪。后无

以自明，上由是有废立之志。

仔细比较，《资治通鉴》这段文字基本采自《新唐书》。皇后看望新生公主，离开以后，武则天偷偷杀掉公主，然后伪装现场。唐高宗到场，武则天假装欢笑，掀开被子，发现公主已经死亡。询问左右，大家都说刚才皇后来过。于是皇帝大怒，认为是王皇后“杀吾女”。王皇后自然无法解释，于是皇帝开始产生废立皇后的念头。以上基本情节，两书都是相同的。但是仔细观察，发现也有所区别。就《通鉴》而言，第一，首先增加“后宠虽衰，然上未有意废也”一句，把武则天杀亲生女以嫁祸王皇后的动机提前作了说明。第二，武则天发现公主已经死亡，《通鉴》用“即惊啼”三字。《新唐书》写武则天的“即悲涕”，是在知道王皇后来过之后。把武则天“悲涕”换了地方，改作“惊啼”，看上去更加自然，证明武则天的表演更加天衣无缝。《新唐书》那种写法，发现公主死了不哭，而是立刻追查原因，情节转换不太流畅。而得知王皇后来过之后再悲啼，嫁祸王皇后的含义太清楚。总之，按照《新唐书》的写法，武则天的表演还是有生硬之处。但是《资治通鉴》中写武则天哭的环节和描绘哭的词汇都有所改变，“惊啼”表明母亲刚刚发现女儿死亡，立刻反应当然就是哭，而用一“惊”字修饰哭，证明母亲是完全不知情的。第三，《新唐书》说武则天杀死公主，用的一个动词是“潜毙”，偷偷杀死，没有更准确的动作，而《资治通鉴》使用的是“潜扼杀之”，显然“扼杀”是更具体的动作。这比《新唐书》，细节进一步明确了。

但是，细节越生动越详细，越发引人怀疑。且不说《通鉴》

对《新唐书》这种细节修改已经使得过程发生变化。我们要问的是，倾向合理化的修改，意图是什么呢？可是，细节如此考究的《通鉴》，在描写这件事的时候，却没有比较清楚的时间定位，因为《通鉴》把此事放在永徽五年的年底来叙述。按照《通鉴》的体例，说明此事具体日月不清楚。作为编年体史书，《资治通鉴》是这类史书的典范，对于历史事件时间定位的重视，《通鉴》也是典范。可是，在公主之死的问题上，《通鉴》可以花笔墨修改《新唐书》看上去不够合理的文字，为什么在更重要的时间定位问题上没有给出更具体的坐标呢？答案是无法得知了，但是看来《资治通鉴》对此事信息的掌握是有限的，以至于重要的时间定位都不能给出，只能在《新唐书》的基础上对细节进行"合理化"的修改。

从以上的这些记载，我们可以发现，公主之死的文字记录，有一个由简至繁的变迁过程，在该过程中，重要的信息如事件发生的时间没有得到进一步的确认，但是细节反而越来越清晰。在中国古史研究中，曾经有过一个"层累地构造学说"，意思是古代的历史随着时间而越来越清晰，恰好证明是后人缔造的结果。文学史上也有类似的问题，作品在流传的过程中被不断地加工和创造，最后的模样与初始状况相去甚远。那么宫廷秘史，是否也有这种规律呢？所有的当事人都没有留下记录，那么后人是通过什么途径反而获得了更多的细节呢？所以，当我们面对的历史事实，有着一个由简至繁的描述过程的时候，这样的事实本身就值得我们提出疑问。[①]

## 二　谋杀嫁祸　代价风险

假设《新唐书》和《资治通鉴》的文字可以相信，我们相信武则天是一个野心家，她为了获得皇后的宝座而丧失了基本的人性，所以她用这招苦肉计是有动机的。那么在技术层面上，是否存在其他疑问呢？

这个时候，存在着一个高宗、王皇后和武则天之间的三角关系。王皇后和武则天都希望加强与皇帝的关系，努力让对手与皇帝的关系更加疏远。王皇后在武则天进宫以前已经失宠，当时皇帝喜欢的是萧淑妃，并且与萧淑妃生有一男二女。武则天入宫以后取代了萧淑妃，导致萧淑妃与王皇后联手抗敌，但是仍然处于下风。对于王皇后与萧淑妃如何联手打击武则天，史书的记载很有意味。《唐会要·武则天传》说："良娣、王皇后协心谋之，递相谮毁，上终不纳。"《旧唐书·则天皇后本纪》说："时皇后王氏、良娣萧氏频与武昭仪争宠，互谗毁之，帝皆不纳。"《新唐书·王皇后传》中也说武则天："为昭仪，俄与后、良娣争宠，更相短毁。"互相争宠是本质，而当时的基本态势是王皇后早就失宠，萧淑妃新近失宠，只有武则天正在得宠。以上记录，大体

① 对于小公主之死，可以划分为两个基本派别，信与不信。宁志新认为根本就没有小公主其人，因为排列武则天的子女出生，没有小公主存在的可能时间，参见宁氏《就说武则天扼婴、杀子失实之补证》，《晋阳学刊》1987年，第四期。雷家骥先生认为没有新材料，只能从旧说，参见《武则天传》，人民出版社2001年版，第92页。当然，多数人的一般性写作还是承袭《新唐书》《资治通鉴》的。

相似，但仔细分析，从《唐会要》到《新唐书》武则天的问题逐渐增加，开始是被攻击对象，后来变成互相攻击，再后来成为进攻的一方。这种倾向的变化，越来越不利于武则天。

很显然，在与王皇后争宠问题上，武则天是占据上风的。永徽三年（652），武则天为皇帝生下儿子李弘，是第一个证据。永徽五年（654）十二月，又生了第二个儿子李贤。而夭折的公主，就是在这之间出生并死亡的。在现有的关系中，武则天不仅需要疏远王皇后与皇帝的关系，同时也需要加强自己与皇帝的关系。在所有的关系中，对于武则天最重要的是与皇帝的关系。只有跟皇帝关系紧密，才是她生活中其他一切的保障和基础。所以，当她要打击王皇后的时候，她必须注意不能因此损害了自己与皇帝的关系。如果利弊关系难以把握，无所作为也是有利的，因为现状对自己有利。

武则天实施苦肉计，用自己女儿的生命作代价，换取皇帝产生废后的想法。这里，不确定的是目标，皇帝是否会产生废后的念头，而确定的是女儿真真切切地死去。因为公主不是王皇后所杀，所以不能把王皇后进行现场捉拿，于是嫁祸王皇后只能靠事后推导。没有人能够拿出真凭实据证明王皇后杀人，虽然王皇后自身也难以“自解”。这样一来，从推导王皇后杀公主，到皇帝确认，到皇帝产生废后念头，到实施废后措施……中间要经过一系列环节，是否成功，事先无法预料。但是，杀公主，牺牲自己的亲生女儿，这却是实实在在的。

与此同时，根据一般的规律我们可以认为，小公主的存在应该有利于加强武则天与皇帝的紧密关系。因为小公主是武则天与皇帝生的第一个女儿，是武则天与唐高宗情感深厚的证明人。反过来，如果杀掉小公主，还要冒相当大的风险。杀掉亲生女儿以达到一个没有多大把握的废后目标，要怎样计算才是合适的呢？《新唐书》本传中描述武则天是“有权术，诡变不穷”，那么她采取这个苦肉计的时候，不应该不知道其中的巨大风险。所谓风险，最严重的就是被发现。一旦被发现，她与皇帝的关系就会陷入危机，而她所有的一切都面临毁灭。

如果武则天确实精于计算，那么这个苦肉计她是不该采纳的。

## 三　后位危机　始于帝心

现在的史籍记录，不论是《唐会要》还是《新唐书》，对于王皇后地位的危机，多强调小公主之死带来的后果。具体而言，就是唐高宗从此开始有了废后的念头。其实，王皇后的危机不是从小公主之死开始的，而后来王皇后的被废，也没有证据显示公主之死发挥了作用。

王皇后的危机，在武则天入宫之前已经显现。王皇后出身太原王氏，是天下一等士族。同时，又与皇室血缘亲近，她的从祖母就是同安长公主，而这位长公主是唐高祖李渊的妹妹。同安公主向唐太宗推荐了王皇后，《旧唐书》本传说是因为她“有美色”，而《新唐书》说因为她“婉淑”，总之被太宗接受，并安排为李治的妃子。李治为晋王，她就成了晋王妃。李治成为太子，她也晋封为太子妃。高宗即位，“永徽元年（650）正月，立为皇后”。

王皇后虽然出身名门，名正言顺，但是她跟高宗的关系似乎从很早开始就存在问题。高宗与后宫刘氏生第一个儿子李忠，跟后宫郑氏生李孝，跟杨氏生李上金，跟萧淑妃生李素节。此外，跟萧淑妃还生有两个公主，分别册封为义阳公主和宣城公主。永徽三年（652）以后，高宗还跟武则天生下四儿两女，其中就包括夭折的小公主。李素节死的时候是43岁，根据《新唐书·上金传》，李素节先死，而上金自杀，当时是载初元年（689）。如此推算，李素节生于贞观二十年（646）左右。由此可知，两位公主也应该出生在贞观末到永徽之初。高宗与萧淑妃连续生育一儿两女，证以《唐会要》的说法“时萧良娣有宠，王皇后恶之”的记录是有根据的。而所有这些高宗子女，皆与王皇后无关，排除其他可能性，至少证明高宗李治在晋王的时候就与王妃关系不洽。

武则天二进宫，是王皇后引进的，而王皇后的动机很难说是光明正大的，因为她召武则天入宫，依然是与萧淑妃争宠的继续，“欲以间良娣之宠”。只不过事与愿违，武则天“既入宫，宠待逾于良娣，立为昭仪”。事后看来，王皇后把武则天引入后宫战团，仅仅获得了第一阶段的胜利，即让武则天得宠并疏远萧淑妃与皇帝的关系，但简直是引狼入室，因为萧淑妃的恩宠虽然解除，但是武则天后来居上，王皇后依然不得宠爱。

唐高宗不喜欢王皇后，才是王皇后的真正危机所在。也正是因为皇后有如此危机，她的舅舅柳奭才在永徽三年（652）七月，酝酿确立太子之事。《新唐书·李忠本传》记录到：“王皇后无子，后舅柳奭说后，以忠母微，立之必亲己，后然之，请于帝。又奭与褚遂良、韩瑗、长孙无忌、于志宁等继请，遂立为皇太子。”显然，皇帝开始并没有同意皇后的请求，但是长孙无忌等朝中重臣纷纷出动，皇帝只好妥协同意。而立李忠为太子，文字记载很清楚，就是为了稳定王皇后的地位。如果没有危机，为什么会有拯救危机的动作呢？而这个时候，武则天尚未生子。

对于匆忙确立李忠为太子的事，学界研究的看法各有不同。有先生推测，中书令柳奭之所以给王皇后出这个主意，是因为“他看到王皇后没生孩子，而传闻武则天有身孕了，如果这位已专宠宫闱的昭仪生下贵子，王皇后将来的地位就岌岌可危了”。或者认为“他们此举的目标，是冲着新得宠的武昭仪而来”；或者认为此举是针对萧淑妃的，立李忠为太子，“一则可以扼断萧淑妃的晋升之路，再则不会影响王皇后的地位”，所以长孙无忌等才一番密谋之后，联合上奏立燕王李忠为太子。确立燕王李忠为太子，不管是针对萧淑妃还是武则天，稳定王皇后的地位才是确定无疑的目的。

确立李忠为太子，并没有挽回王皇后的地位危机。就在太子确立以后不久，唐高宗与武则天的第一个儿子出生。这个儿子被命名为李弘，而李弘这个名字本身就意味深长。南北朝以来，道教为主的社会传播渠道，一直盛传“老君当治”“李弘当出”的谶语，宣传李弘为真命天子。根据唐长孺先生的研究，唐高宗和武则天给自己的儿子命名为李弘，就有应谶而为的意思。明知道社会上流传李弘的说法已经很久，唐高宗还是把自己的儿子命名为李弘。如果李弘当未来天子，首先应该当太子。而当时李忠已经确立，这不暗示着对李忠的不认可，也就是对王皇后的某种不承认吗。如果说王皇后的地位危机来自武则天的攻击，不如说来自唐高宗很久以来对她的冷淡，而唐高宗命名儿子为李弘，其实已经预示着皇后的更大危机。明确地说，这个时候，唐高宗如果还没有换皇后的念头，这些问题都无从解释。

在李弘出生的这个时期，武则天与王皇后、萧淑妃的联盟，斗争已经有一段时间，而胜利的一方属于武则天。上文引证《唐会要·武后传》、《旧唐书·武则天本纪》和《新唐书·王皇后传》说明，各书在描述双方斗争的时候，立场有所不同，但是武则天的胜利却是公认的。所以，武则天作为当事人，唐高宗对待王皇后的看法以及皇帝与皇后关系的幕后因缘，都是应该一清二楚的。所以，结论是很清楚的，王皇后从来没有得到过高宗的恩宠。因此，废黜王皇后在唐高宗这里根本没有感情障碍，障碍只在朝中大臣而已。对于唐高宗感情脉搏了若指掌的武则天，对于已经失败的王皇后的继续打击，有必要付出亲生女儿生命这样沉重的代价吗?

## 四　皇后废立　谋杀无嗣

唐高宗采取确实步骤推动皇后废立的时候，在申诉理由的时候，从来没有一句谈及皇后杀死公主的事情。

唐高宗推动废立皇后，是从说服太尉长孙无忌开始的，姿态低就，首先造访长孙无忌家。《资治通鉴》的记载是高宗“与昭仪幸太尉长孙无忌第，酣饮极欢，席上拜无忌宠姬子三人皆为朝散大夫，仍载金宝缯锦十车以赐无忌。上因从容言皇后无子以讽无忌，无忌对以他语，竟不顺旨，上及昭仪皆不悦而罢”。高宗给长孙无忌的好处是为了换取长孙无忌的同意，而具体申诉的理由是“皇后无子”。《通鉴》置此段文字于永徽五年（654）年底，说明具体月份并不清晰。

随后，到了永徽六年（655）的六月，唐高宗继续推动废后，连续两天召开最高级会议，大臣中只有长孙无忌、褚遂良和于志宁参加。李勣也被通知与会，但是他借口身体欠安并没有参加。根据《通鉴》的记录，唐高宗开明宗义，对长孙无忌等人说：“皇后无子，武昭仪有子，今欲立昭仪为后，何如?”《旧唐书·褚遂良传》的记录略有增加，高宗说：“莫大之罪，绝嗣为甚。皇后无胤息，昭仪有子，今欲立为皇后，公等以为何如?”唐高宗申诉的基点依旧是皇后无子，即使强调这是“莫大之罪”，也没有改变申诉基本点。

以褚遂良为代表的大臣反对废王立武，首先是王皇后无过错，其次是太宗皇帝的生前意志。看来，他们并不同意皇后无子是莫大之罪的说法。第二天再讨论，褚遂良强调的重点是武则天不合适。褚遂良一派大臣，认为王皇后无过错，当然没有提及皇后杀小公主的问题，而高宗也没有利用小公主之死来要求废皇后。雷家骥先生比较仔细地讨论过这个问题，认为所谓皇后杀公主之事，虽然一方面皇后“无以自解”，但另一方面，别人也应无确凿证明她是否谋杀。“今上为何不以皇后杀死小公主或厌胜为由？遂良为何径谓‘皇后未有衍过’？可见这两件事仅是宫廷中的风波，王皇后起码尚未被坐实此二罪。”

所谓厌胜之事，我们下文讨论，这里继续讨论小公主之死。如果说小公主之死，确实让唐高宗开始动了废后的念头，那么他应该确实认定小公主是死于皇后之手。如果他不能确定小公主之死是否与皇后有关，那么他废后的想法就丧失了依据。同理，他如果认定是皇后杀了公主，那么他就应该理直气壮地用这个理由要求废皇后。反之，他在废后的申诉中没有提及这个理由，那么就说明他并不认定皇后是杀害小公主的凶手。总之，按照现在的文献记录，皇后被嫁祸杀公主，与皇帝产生废后想法是紧密连接的，但是在真正废后的时候，皇帝却不提这个事由，所以可以反过来证明，小公主之死，并不是皇帝废后想法发生的动因。

## 五 厌胜事件 废后根源

关于王皇后厌胜之事，各家史书的记载比较多，性质或有争议，但是不能认为是子虚乌有的。《唐会要》只说到武则天“俄诬王皇后与母柳氏求厌胜之术”一句，没有更多陈述。《新唐书·武则天传》观点与此相近，所谓皇后厌胜之事也是武则天诬陷的结果。《旧唐书·王皇后传》记载为：“后惧不自安，密与母柳氏求巫祝厌胜。事发，帝大怒，断柳氏不许入宫中，后舅中书令柳奭罢知政事，并将废后，长孙无忌、褚遂良等固谏，乃止。”皇后是否与母亲柳氏厌胜，明显存在两种根本对立的观点，但是，不管厌胜真假如何，唐高宗利用这件事收拾皇后一家则是真实的。大约永徽六年（655）六月发生此事，高宗立刻下令柳氏不得入宫，七月，把皇后的舅舅吏部尚书柳奭贬为遂州刺史，途径岐州的时候，长史于承素告发柳奭泄漏禁中语，于是再贬柳奭为荣州刺史。

从《旧唐书》的这个记载来看，厌胜事件才是唐高宗废后的导火索。《旧唐书》上段引文之后记述到：“俄又纳李义府之策，永徽六年（655）十月，废后及萧良娣皆为庶人，囚之别院。”依照这个记载，高宗废后经过了两个阶段的努力。厌胜事件之后，不仅断后母柳氏不许入宫，罢去皇后舅舅中书令柳奭的中央官职，同时决定废后。因为长孙无忌、褚遂良等人的坚决反对才作罢。后来，又出现李义府的支持，于是唐高宗才掀起再次冲击，最后在永徽六年（655）十月完成了废后。

再看《资治通鉴》的相关记载，确实也有呼应之处。《通鉴》把皇后厌胜的事件记录在永徽六年（655）六月，断后母柳氏不得入宫也是六月。七月是吏部尚书柳奭被贬官。《通鉴》记载的是李义府推动废王立武的经过：

> 中书舍人饶阳李义府为长孙无忌所恶，左迁壁州司马。敕未至门下，义府密知之，问计于中书舍人幽州王德俭，德俭曰：“上欲立武昭仪为后，犹豫未决者，直恐宰臣异议耳。君能建策立之，则转祸为福矣。”义府然之，是日，代德俭直宿，叩阁上表，请废皇后王氏，立武昭仪，以厌兆庶之心。上悦，召见，与语，赐珠一斗，留居旧职。昭仪又密遣使劳勉之，寻超拜中书侍郎。

接着，《通鉴》记载的是长安令裴行俭因为议论废王立武事遭到贬官：

> 长安令裴行俭闻将立武昭仪为后，以国家之祸必由此始，与长孙无忌、褚遂良私议其事。袁公瑜闻之，以告昭仪母杨氏，行俭坐左迁西州都督府长史。

接下去，到了九月，皇帝召见主要大臣会议，商议废王立武，虽然遭到反对，但是因为有李勣的支持，还是宣布废去王皇后。

观察《通鉴》的这一系列叙事安排，除了没有提到厌胜事件之后皇帝曾经有过废后的举动但没有成功以外，增加了裴行俭贬官一事，其他过程都是基本一致。而从皇帝怒不可遏，不仅禁断皇后母亲入宫，而且连续对皇后的舅舅柳奭进行贬谪，一气之下提出废后是完全可能的。

无独有偶，这样的记载并不是《旧唐书》一家。成书于唐宪宗时期的《大唐新语》，就有如下记载：

> 高宗王皇后性长厚，未尝曲事上下。母柳氏，外舅奭，见内人尚宫，又不为礼。则天伺王后所不敬者，倾心结之。所得赏赐，悉以分布。罔诬王后与母求厌胜之术。高宗遂有意废之。长孙无忌已下，切谏以为不可。时中书舍人李义府阴贼乐祸，无忌恶之，左迁壁州司马。诏书未至门下，李义府密知之，问计于中书舍人王德俭。王德俭曰："武昭仪甚承恩宠，上欲立为皇后，犹豫未决者，直恐大臣异议耳。公能建策立之，则转祸为福，坐取富贵。"义府然其计，遂代德俭直宿，叩头上表，请立武昭仪。高宗大悦，召见与语，赐珠一斗，诏复旧官。

这里的记载，也是先有厌胜事件，然后有废后动议，然后是李义府力挺，最后没有抄录的就是皇帝与主要大臣的会议，直到废王立武成功。

比较而言，究竟是小公主之死引发废后举动，还是皇后厌胜事件引发废后动作呢？小公主之死，当在永徽四年（653），最晚是永徽五年初，因为永徽三年七月以后李弘出生，五年十二月李贤出生，公主只能生死于期间。厌胜事件在永徽六年六月，距离废王皇后的九月只有三个月的时间，而废后宣布之时距离小公主的死亡已经一年有余。《新唐书》等文献坚持小公主之死导致皇帝有废后之念，然而只有皇帝的心理活动，未见任何举动。而厌胜事件则不然，皇帝先断柳氏不得入宫，然后连续贬官柳奭。所以，真正引发废后举动的是厌胜事件而不是公主之死。

把公主之死与王皇后的废黜联系起来，用意其实不在皇后废黜史的研究，真正的目的在于揭露武则天丧尽天良。如本文所论，其实公主之死与废后事件距离遥远，没有必然联系。公主之死，更不能证明是武则天亲手所害。所谓武则天杀害亲生女儿的说法，不过是众多妖魔化武则天的事件之一而已。就废后而言，基本原因是高宗跟王皇后长期没有感情，能够诉求的理据是王皇后无子，具体的导火索是厌胜事件。

## 六　讨武檄文　未提弑女

中国古代的传统政治，在人物评价体系上，从来就有人性指标这个向度。即使在政治活动中，也要时刻遵守人性的基本原则。“杀妻求将”就被看作是违背人性的可怕做法。一个人的善恶品评，根本之处在于人性的底线是否能够坚持。而传统政治要求的贤人，其实就是好人，好人就必须经得住人性这条品评标准的考验。在这个文化背景下，攻击与表扬，都会采取同样的策略。公元684年二月，武则天大赦天下，改元文明，中宗虽然在位，皇太后临朝称制。同年九月，李勣孙李敬业以讨伐武则天匡复唐朝为号召，在扬州起兵。在行为上，李敬业“求得人貌类故太子贤者”，谎称太子李贤尚在，人们听从李贤的命令起兵，所有旗号都打着李贤的名义。这是政治斗争中的策略，有利是原则。

与此同时，文学家骆宾王亲自为李敬业写下了著名的《讨武曌檄》。因为双方是你死我活的关系，檄文也有政治动员的功效，所以攻击武则天无所不用其极。檄文本来就是政治斗争的手段，为达到在舆论上打击武则天的目的，具体言辞和叙事，是不必认真对待的。在这篇著名的檄文中，攻击武则天的时候，甚至说到武则天“弑君鸩母”，说武则天杀害了唐高宗和自己的母亲。这当然是没有的事情。同时也攻击武则天“君之爱子，幽之于别宫”。这句话讲的是武则天临朝称制，唐睿宗虽然名为皇帝，其实是囚禁在别宫之中。但是，通篇檄文没有提及武则天杀害小公主的事情。如果确有其事，哪怕仅有一点点传言，骆宾王能不加以利用吗？武则天又杀母亲，又杀女儿，这种形象对于造反者是十分有利的。但是，这篇著名的檄文并没有提到这件事。这说明什么呢？说明在那个时候，在李敬业起兵讨伐武则天的时候还没有这种传言。

赵文润先生著《武则天》一书，在第四章专门列“关于小公主之死”一节，援引赵翼等学者观点，认为《旧唐书》比《新唐书》更可信。而对于骆宾王檄文不提及小公主之死，赵先生也认为太奇怪。如果确有此事，骆宾王会笔下留情吗？当然不会。雷家骥先生认为，武则天杀公主，“大概仅有她自己知道而已，史官不知何据而书？既然史官如此记载，则或许果真有据，后人若无确证则不宜轻易予以推翻”。其实，总体上雷先生还是倾向肯定确有其事的。

武则天杀死亲生公主这种说法，在唐宪宗时期成书的《大唐新语》中也没有出现。最早提及这种说法的应该是《旧唐书》武则天本纪之后的“史臣曰”，而到《新唐书》的时候才大张旗鼓地传播开来。我们从现在的《新唐书》和《资治通鉴》记录文字可以看到，武则天杀人的过程是被全程记录的。一方面说武则天杀人只有武则天一个人知道，而且她不可能对别人提起，另一方面却有一个现场全记录。这个矛盾的现象，其实是五代甚至北宋以后才出现的。

## 七　公主之死　案件复盘

我们还是回到小公主之死这件事上来。本文以为，关于小公主之死，还是应该回到早期的记载，即《唐会要》的记录上进行讨论。

武则天生了小公主是真的，王皇后特地来看望也可能是真的。当时王皇后和武则天的关系其实已经恶化，但是王皇后依然保持着皇后的威仪和姿态，皇后毕竟还是后宫的主人。皇后看望新生公主，是后宫主人身份的体现，也能让人们看到皇后的宽宏大量。皇后去看武昭仪的新生公主了，这应该成为后宫里的一件大事。作为皇后的正常的分内工作，看望其他妃子所生的皇帝公主，皇后一定带领大群随从，不可能偷偷一个人溜进嫔妃的寝宫。所以，皇后即使亲手抱抱公主，也一定在众目睽睽之下。另外，皇后来看公主，作为公主的母亲可以不在现场吗？看望公主，是皇后的分内事，对于嫔妃而言，如同领导亲自来视察工作，表达领导的关怀爱护，如果武则天不在现场，让皇后的工作如何正常进行呢？皇后要来看公主，宫中礼官理应事先通知武则天，武则天全场小心陪同，对于领导的关怀满心感激，这才是宫中应有的一幕。《新唐书》和《通鉴》的写法像惊险小说，过于文学化。

公主确实死了，这是真实的。到底什么原因呢？雷家骥先生就怀疑过婴儿猝死症。婴儿猝死症是新生婴儿头一年内最常见的死亡原因，其发生率在每千名活产婴儿中有2名到3名的死亡率，典型的婴儿猝死症常发于一向看似十分健康的2个月到3个月大的婴儿，小于2个月或大于6个月的婴儿较为少见。婴儿猝死症多事发突然，常在婴儿平静地安睡后。父母并未感觉有何异样，然而一段时间后却发现婴儿心跳呼吸全无，突然毫无缘由地死亡，即使病理解剖也很难发现有什么异常，这是一种至今找不出确切原因的突发死亡现象。武则天新生女儿忽然死去，伤心是难免的，把责任推给皇后的看望也是可能的，人多风大，影响了初生儿的健康。女儿虽然也是高宗的，但是这个事件对武则天的打击更大，高宗能做的就是体贴安慰，用更温柔的爱心减轻武则天的丧女之痛。小公主事件之后，高宗与武则天的关系更密切了。新生公主之死，是一个意外，在武则天与王皇后的斗争中也许被武则天利用，至于后来史书夸大其词的说法，则无法相信。

唐高宗麟德元年（664）三月丁卯，“长女追封安定公主，谥曰思，其卤簿鼓吹及供葬所须，并如亲王之制，于德业寺迁于崇敬寺”。公主的封号、谥号的确定，雷家骥先生认为“显然有深意焉”，具体解释为“这时武昭仪已为皇后，且已参决政事，表示她可能因为此女之死而获安定，故思念不已！”公主在12年前猝死，并没有获得公主的称号，这次迁葬才获得公主称号和谥号。那么，公主的称号与谥号，是针对公主而起，还是针对武则天的心情而起呢？显然，公主迁葬，应该是希望公主安定才合理。至于“思”这个谥号，也只有针对公主才能叫作谥号。根据汪受宽先生的统计，“思”作为谥号有多种含义，如“追悔前过曰思”“外内思索曰思”等，不见有令人思念之意。最有可能，公主之“思”，应该是“道德纯一”“道德纯备”之意。因为公主刚刚出世不久就去世了，道德当然是最纯洁无瑕的。把公主封号与谥号的解释，与武则天不安心理相联系，完全是南辕北辙的思考。

小公主这样的突然死亡，在唐代的记录中也不是绝无仅有。唐玄宗的武惠妃，与武则天还有亲戚关系，受到唐玄宗的宠爱，曾经动议立为皇后。就是因为来自武氏，所以大臣反对没能实现。死后，追赠为“贞顺皇后”。武惠妃的再从叔是武三思，从叔是武延秀。武惠妃也有孩子夭折的经历，两个儿子，一个女儿。“妃生子必秀嶷，凡二王一主，皆不育。及生寿王，帝命宁王养外邸。”大概不能归因于武氏的遗传，只能说当时这种情况比较多。母亲有丧女之痛是很可怜的，没有想到，后世更以非人性的说法加以攻击。

关于武则天的文字记载，随着时间的推移越发妖魔化，追究起来，也不是没有背景。陈寅恪先生研究李、武、韦、杨婚姻集团，认为“李、武为其核心，韦、杨助之粘合，宰制百年之世局”。所以，武则天虽然最后失败，但是因为与李唐有千丝万缕的联系，百尺之虫死而不僵，武氏家族的政治影响依然存在。然而，从历史的立场上看，唐朝前期两大失败，一是武氏代唐，二是安史之乱，历史的追究不可避免。为了避免武氏之祸的重演，借鉴史学很容易走上妖魔化武则天的道路上去。于是，一些原本荒诞不经的传闻也被历史学家采纳，武则天杀害亲生女儿的故事因此得到正规史学著作的传扬。

# 第八讲　甥舅战役

皇帝毕竟是皇帝，投靠皇帝不算可耻。李义府、王德俭们终于出来支持高宗了，这场甥舅之战，终于发生了有利于高宗的变化。

永徽五年（654），高宗是27岁，武则天31岁。这年春天，高宗和武则天住在万年宫。这个春天的日子，武昭仪又怀孕了。这个时候的朝廷是皇帝舅舅的，还不是皇帝的。皇帝的很多意志无法贯彻，他也不希望这种状况持续下去，决定突围。

唐高宗当皇帝以来，不是没有提过要求，但是几乎所有的要求都被人拒绝了。而在此以前，皇帝也很少坚持，更很少发动持久性的进攻。如今，皇帝决定突围，决定连续不断地展开进攻。

废去王皇后，确立武则天，史称“废王立武”。废王立武，不过是一个具体的历史事件，而更根本的是皇帝夺权。

## 一　第一阶段　重点进攻

高宗的重点进攻以长孙无忌为目标，主要的方法是贿赂。皇帝先后做了几项工作。

## 皇帝上门求情

皇帝带领武昭仪亲自登门拜访，在长孙无忌的家里，开怀畅饮。然后，皇帝赐给长孙无忌宠妾所生的三个孩子为朝散大夫（五品散官，可以享受五品高官的待遇）。不仅如此，还赏给他金银珠宝丝绸整整十车。礼物送出去了，长孙无忌也坦然接受了。但当高宗说出皇后无子问题的时候，长孙无忌当然听出了话外音，是想废黜皇后。长孙无忌也不直接拒绝，而是用别的话题遮挡。皇帝没有办法，只好扫兴而归。

请注意在这个事情上体现出来的皇帝和长孙无忌的关系。皇帝想贯彻自己的意志，知道这必须通过长孙无忌，他能够采用的办法竟然是行贿。他给长孙无忌的小妾所生的孩子封官，可能是暗示长孙无忌应该用同等原则对待武则天。他送来那么多的财宝，也等于是提前回报长孙无忌的支持。行贿的物品有官位，有财物，前提条件一定是长孙无忌接受。那么皇帝为什么会采用这种行贿的方式呢？我们从皇帝有求于长孙无忌这个基本关系来分析，皇帝一定是认定长孙无忌会接受这种贿赂。这除了一般意义上的人心贪婪以外，重要的因素之一应该是皇帝对于长孙无忌的揣摩。皇帝吃准了长孙无忌会接受礼物，所以才会大张旗鼓地送礼。一般情况下，会有人认为这是送礼行贿吗？从表面上看，没有这样的问题，因为皇帝孝敬舅舅，或者皇帝赏赐大臣，都是正常的事情。何况长孙无忌确实功劳天大，地球人都是知道的。但是，这也只是表面的现象而已，赏赐是对过去的功勋的报答，而唐高宗这次赏赐长孙无忌确实是行贿，就是说他的礼物是对未来的报答，是提前对长孙无忌的帮助支付报酬。这是行贿的标准动作。

这次是皇帝贿赂大臣，因此我们可以更加坚信我们二元政治结构的说法。权力可以成为暗中买卖的对象，所以谁掌握权力，谁就可以部分地出卖权力。这就是行贿受贿的基本原理。唐高宗行贿长孙无忌，这个事实铁一样地坚定了两人之间的关系。皇帝是名义上的，事情必须经过长孙无忌的手才可以办理。我们一直强调这个时期的权力结构是二元的，皇帝有名无实，长孙无忌有权无名。这个事情就是一个很好的证明。皇帝和长孙无忌都知道彼此的这层关系，所以皇帝主动上门求情，并带来大批礼物。长孙无忌呢？坦然接受所有礼物，至于皇帝请求办理的事情，则用顾左右而言他的方法予以拒绝。

贪官基本上可以划分为两种。一是接受礼物，认真办事的；一是接受礼物，不给办事的。长孙无忌看来属于后者。长孙无忌不知道皇帝送礼的动机吗？当然懂得。皇帝带着武昭仪，登门拜访。对于大臣而言，是极高的荣誉。又是封官，又是送珠宝，大献殷勤，这当然是有事相求。但是，长孙无忌就是拿东西不办事。看着皇帝在那里卖力游说，长孙无忌就是不为所动。长孙无忌的这个态度，会让皇帝很愤怒，这是可想而知的。宋代的历史学家范祖禹也认为长孙无忌有问题：如果长孙无忌拒绝礼物，坚持顶下去就理直气壮，而先收人礼物又拒绝人家的请托，只能坚定唐高宗的决心。

当然，请托行贿的双方，究竟谁的权力大？看了这个场面以后就很明白了。

撞了长孙无忌这个南墙以后，皇帝和武则天又有什么反应呢？首先是郁闷。礼物送去了，但是事情没有办成。这跟一般意义上的官场行事没有什么区别。其次，还有一线希望。为什么呢？因为长孙无忌的行为有两种可能性。他毕竟是收了礼物的，或许礼物还不足够？如果是这样，就可以继续送礼，让长孙无忌感到满意为止。又或者，皇帝大驾光临，总是人多嘴杂，长孙无忌没有明确拒绝，可能是不好意思公开同意。应该是根据这样的判断，皇帝决定采取更低调的办法通过长孙无忌这个关口。于是，他采取了第二次行动。



### 武昭仪的母亲杨氏亲自出马

武昭仪的母亲，与隋朝宗室同宗不同房，都属于弘农杨氏，家世地位崇高。杨氏的父亲杨达，在隋朝当过门下省的首长，是当时的权贵。她嫁给武士彟，是在武士彟第一任夫人去世之后，由当时的武德皇帝李渊亲自撮合而成。长孙无忌的父亲长孙晟，伯父长孙炽都是隋朝大官，跟武则天的母亲杨氏的父亲杨达有同僚之谊。杨氏亲自前往长孙无忌家进行劝说，不仅仅因为她是武则天的母亲，还因为有这层历史渊源。

历史文献有记载，杨氏懂文史，善于写文章。武则天的才华，很大一部分应该来自这位母亲。现在由杨氏出马，说服长孙无忌，她的这部分学识能够派上用场。何况，杨氏作为女性，应该更有说服优势。不用说，杨氏代表着皇帝，而方式则是私人的性质。她几次拜访长孙无忌的府第，请求长孙无忌同意废王立武，但是结果都一样，长孙无忌仍然拒绝。看来，原来对长孙无忌的推测，都是错误的。长孙无忌根本就是不同意，并不是表达方式问题，也不是表达渠道问题。

## 许敬宗出马

然后怎么办呢？现在我们知道，还有一个大臣参与了劝说长孙无忌，那就是许敬宗。当时他的官职是卫尉寺的长官卫尉卿。这是一个专门负责武器和相关祭祀用品的机构，级别是从三品。从贞观时到如今，他一直有一个重要兼职，就是修国史。许敬宗在高宗当上太子以后，就是东宫的重要官员。太宗辽东之役时，许敬宗先是留在太子身边，岑文本去世后，太宗把他调到前线，接替岑文本。许敬宗有才华，但是道德方面一直受到指责。不过，他与唐高宗有渊源，这是可以肯定的。

此外，许敬宗和长孙无忌，应该也有一定渊源，只是历史记载有限，我们无从了解更多的背景而已。根据《隋书》的记载，许敬宗的父亲许善心跟长孙无忌的伯父长孙炽，在隋文帝的时候，先后担任太常少卿。两家应该有来往，许敬宗应该自诩能够跟长孙无忌说上话，所以他也担任了劝说长孙无忌的任务，而任务的分派，自然来自皇帝。

让许敬宗去说服长孙无忌，另外的一个因素也许是他与杨家的渊源关系。隋炀帝大业元年（605），许敬宗父亲许善心曾经作为杨达的副手出使地方，很是称职，受到皇帝嘉奖。杨达官为纳言，等同于唐代门下侍中。而许善心是礼部侍郎。两家应该有来往。当然，更重要的是，如果皇帝指使许敬宗，许敬宗也别无选择。

这当然是皇帝指使的，否则许敬宗胆子再大，也不敢跟人说皇帝要废皇后啊！结果呢，皇帝的这个第三招，还是被长孙无忌给挡了回来。《资治通鉴》卷一九九的记载是："许敬宗亦数劝无忌，无忌厉色折之。”长孙无忌拒绝同意皇帝废皇后，对于三个人有三种方式回绝。对于皇帝，是不接话，使皇帝无法说下去。对于杨氏，他的表现是“不许”。对于许敬宗的表态最为激烈，是“厉色折之”，声色俱厉地把许敬宗教训了一顿。看来，长孙无忌还是根据来说情人的身份不同，采取了不同的对策，但是方向是一致的，就是回绝。许敬宗被训斥一顿，心中那个恨啊，后来终于找到机会实施报复，那是后话。

皇帝要换皇后，用了三种不同办法去说服长孙无忌，最终都撞了墙。皇帝发动的第一阶段进攻，全面失败。大家也许会想，为什么一定要通过长孙无忌，皇帝自己决定不就成了吗？第一，皇帝显然还不想跟自己的舅舅闹翻。第二，唐朝的政治，凡事都是讲规矩的。皇帝发出的命令，必须有宰相大臣签字，必须通过中书省、门下省。如果大臣不同意，皇帝没有办法独自发出命令。而废立皇后，是要经过正式的皇帝命令来宣布的，不能由皇帝自己口头宣布。这就是为什么高宗必须找长孙无忌。长孙无忌是朝廷真正掌控大权的人，皇帝知道，舅舅不点头，别人谁也不会配合。

那么，长孙无忌不同意换皇后，他究竟想的是什么呢？

长孙无忌的态度、立场我们是知道的，但是他坚持这个观点的理据我们是不知道的。如果推测，大约不外是两条：其一，皇后母仪天下，不可轻易废黜，否则有损国家形象；其二，皇帝不能太任性，这个事情不能听皇帝的。前者，是国家利益原则，坚持有利于国家。后者是权力本位原则，坚持则有利于长孙无忌继续控制权力。或者二据其一，或者两个因素都存在。但是，后来当高宗坚决地确立武则天为皇后的时候，我们没有看到长孙无忌的反对行动，那么，权力本位的观念，恐怕还是很重要的。

也许，在长孙无忌看来，唐高宗这个小毛孩子还是太小啊，碰碰壁就会学乖的。长孙无忌如此志得意满，根本不重视高宗的诉求。那么高宗怎么办呢？

在皇后问题上做文章，我们已经说过，这对于高宗而言是相对有利的。皇后毕竟是皇帝的妻子，皇帝应该拥有更高的发言权。皇后属于后宫，不是外朝，长孙无忌的控制相对薄弱。此外，这个事情有武昭仪的感情因素，因此更有动力。但是，总体上大家一定要注意，这后宫其实也是长孙无忌铁围的一部分。

废王立武是永徽后期最重要的事件，也是唐朝历史上的大事。这个事件的背后，有深厚的社会背景，同时也是一个严重的政治问题，即皇帝与长孙无忌的权力争夺。在长孙无忌，是要保住现有的权力和权力结构，在高宗皇帝，是打破长孙无忌的垄断，夺回法理上属于自己的权力。

面对长孙无忌，高宗决定战斗到底。于是到了永徽六年（655）的时候，双方斗争进入第二阶段。

## 二　第二阶段　拉锯战

唐高宗没有放弃努力。他继续摸索前进，只要有机会，就采取行动。但是，到永徽六年（655）上半年，高宗对于前途如何，也没有必胜把握。从贞观后期到如今，毕竟长孙无忌把持朝政很多年，高宗能做的就是如同盲人摸象一般，摸到哪算哪，整体形势这个时候还无从把握。

永徽六年（655）六月，机会再次到来，高宗可以继续前进一步。

### 第一战役：高宗切断朝廷与后宫的联系

长孙无忌的包围圈，是从后宫到朝廷的。朝廷上，宰相们都听从长孙无忌指挥。后宫呢，有王皇后这个关键棋子。而皇后的舅舅正是朝廷大员，现在虽然不担任中书令了，但还是吏部尚书，仍然是重要大臣。那么，唐高宗如何切断朝廷和后宫的联系呢？他利用的是皇后厌胜事件。

皇帝要换皇后，跟长孙无忌疏通多次，这个事情不可能尽人皆知，但是皇后肯定是知道的。皇后的舅舅虽然不是中书令了，但是还担任着吏部尚书职务，那是全国的组织部部长，管着所有的干部任命和考核，仍然是一个实权部门的领导。长孙无忌呢，也不可能不把皇帝的动向通知给重要的亲信大臣。所以，皇帝有动作要废王皇后，王皇后一家应该是很清楚的。王皇后的母亲柳氏，经常往来宫中，给皇后通报消息，共同商议对策。我们说过，外廷与内廷之间，都在长孙无忌的控制之中，但是内廷稍微薄弱一点。而皇后的母亲，应该充当外廷与内廷的联络工作。通过这个联络，内廷与外廷不仅可以互通消息，也可以呼应配合。

怎样才能切断这个内外联络呢？对于唐高宗而言，这还真是一个问题。就在这一年的六月，机会来了。武则天此前布置的网络发挥作用，一个关于皇后和她母亲的报告呈给了皇帝。这是一个什么报告呢？报告的中心内容是皇后与母亲一起进行“厌胜”活动，而律文有条款，厌胜是非法活动。

对于此事，文献记载多认为是诬陷，只有《旧唐书》认为确有其事。《唐会要》卷三《天后武氏传》：

俄诬王皇后与母柳氏求厌胜之术。

《旧唐书》卷五一《王皇后传》：

后惧不自安，密与母柳氏求巫祝厌胜。事发，帝大怒，断柳氏不许入宫中，后舅中书令罢知政事，并将废后。

《新唐书》卷七六《武则天传》：

昭仪乃诬后与母厌胜，帝挟前憾，实其言，将逐废之。

《资治通鉴》卷一九九：

六月，武昭仪诬王后与其母魏国夫人柳氏为厌胜，敕禁后母柳氏不得入宫。

厌胜，是一种迷信活动。把所恨所爱之人，具体化为人形或图像，然后对图像施展种种方法，如刺针于心、捆绑手脚等，同时申诉自己的愿望。他们认为这些行动最后可以作用于真人。这个方法主要用于诅咒仇人，也可以用来求媚，通过一定方法，让对象化的人对自己动感情。即使今天，我们也可能有类似举动。看见所爱所恨的人的照片，一顿疯狂表示。所不同的是，今天人们这种行为只是一种发泄方式，而当时的社会认为这种方式有效，所以法律予以严厉禁止，这才是问题的关键所在。这种活动，属于十恶之“不道”，是要给予严厉惩罚的。轻的流放，重的斩首，对象不同处置也不同。

从现在所掌握的资料看，王皇后与母亲柳氏，不一定真的使用了厌胜之术，但是两个人鬼鬼祟祟地在一起商议事情，讨论如何对付当前局势的时候，有可能屏退下人，而这些人有的就是倾向武则天的。于是这些人向武则天报告，罪名大概就是厌胜。厌胜是一个重罪，如果对付的是高宗，比如求媚，那么处分一定很严重。如果对付的是武则天，同样也没有理由轻饶。但是，最后皇帝的处分不过是不许柳氏再入宫而已。显然处分并不严重。依照当时双方斗争的形势分析，高宗没有必要重罪轻罚，应该是证据不确凿，所以仅仅是将皇后与母亲隔离而已。

即使如此，对于高宗而言也是一个进步，内廷与外廷的一个重要联系纽带被斩断了。一个月以后，唐高宗乘胜追击，把皇后的舅舅柳奭贬官，从吏部尚书贬到遂州去当刺史。遂州在现在的四川遂宁，位于成都市与南充市之间。柳奭前往遂州要路过岐州的扶风县，结果在扶风又发生了问题。岐州的长史于承素希旨奏柳奭漏泄禁中语，复贬荣州刺史。这个事件有意思。希旨就是迎合的意思。一个地方的长史，怎么知道皇帝的意思，怎么知道用这样的方法迎合皇上呢？反正于承素报告了柳奭说了一些话，被判定为泄漏禁中语（泄密），于是继续贬官，成为荣州刺史。荣州在成都南，四川荣县。相对而言，柳奭得到的是一个更加不如意的位置。

柳奭贬出长安，进一步打击了围绕在皇帝身边的包围圈，实际上是对长孙无忌势力的一次打击。现在对皇帝的包围圈，后宫方面出现很大的缺口。本来，柳奭与长孙无忌相联系，通过皇后母亲柳氏，再与皇后联合起来。现在，先是不允许柳氏进宫，切断了皇后与外廷的联系，出现了一个缺口，然后又把柳奭贬出京师，使缺口扩大。但是，柳奭空出来的重要位置，迅速由长孙无忌的人来济填补了。来济属于长孙无忌的干将。可见，我们的观点再一次被证实，在后宫与外廷之间，就对唐高宗的包围而言，后宫方面是一个薄弱环节。

面对皇帝的进攻，长孙无忌不会眼睁睁地看着，很快，他们就有了反击的机会。

### 第二战役：长孙无忌反击，拒绝“宸妃”称号

柳奭贬官外任以后不久，皇帝考虑到武则天一步晋升为皇后的可能性比较小，退而求其次，希望给武则天一个特殊称号，让武则天的地位位于皇后之下、其他嫔妃之上。这个称号叫作宸妃。应该承认，这是皇帝妥协的一个重要信号，既然皇后的位置不能给武则天，那么让武则天担任一个更高的嫔妃也能安慰一下皇帝和武则天。只要不是武则天当皇后，那么太子的位置也不会动摇。

按照唐朝皇帝的命妇制度，在皇后之下有四夫人，即贵妃、淑妃、德妃和贤妃，等级是正一品。武则天当时是昭仪，属于九嫔之首，正二品。(在贞观时期，武则天是才人，正五品。)皇帝想出这个方案，以为大臣一定会通过。因为这样一方面让武则天的地位得以突出，但是又不损害皇后的位置。大臣们反对废皇后，也反对立武则天为皇后，那么这个妥协方案既不废后，又不立新后，可以说是没有触动大臣们的原则。武则天有晋升，而皇

后依然如故，这可以算是一个两全其美的方案。但是，皇帝没有想到。他的想法刚刚出口，立刻遭到侍中韩瑗、中书令来济的明确反对，他们说：“妃嫔有数，今别立号，不可。”简单有力。说制度是现成的，不可再立新的名号。

唐高宗的妥协方案，如同皮球一样被弹了回来。他们难道不知道这个宸妃方案已经是皇帝的妥协方案了吗？当然知道。也许他们担心随后皇帝再增加要求，因为从宸妃到皇后太接近了？似乎并非如此。因为后来武则天不是从昭仪一步登上皇后宝座吗？那么，他们如此坚决地回绝了皇帝，考虑的是什么呢？他们的想法其实很简单，就是要皇帝什么也不要考虑，原封不动地保持原来的姿态。

他们有没有想到，如此寸步不让，皇帝是否会铤而走险，争取更大的改变呢？这是很细微之处，没有留下记载。从现有情况看，他们主要的问题是低估了皇帝的力量和决心。

皇帝贬谪柳奭，大臣回绝了宸妃。双方战绩一比一，平局。那么，皇帝到底怎么办呢？一切前进都被阻，能善罢甘休吗？如果不甘放弃，要怎么办呢？如果放弃，那么皇帝就会重新回到过去，而且是跌回过去，连过去的形势都会不如。强烈的挫败感，使得皇帝必须继续前进。如果武则天真的当上了宸妃，其实现状基本没有改变，皇帝的面子得以部分的维护，而长孙无忌掌握大权的格局也没有改变，从这里论证，这是有利于长孙无忌的。但是，长孙无忌为什么不同意这点滴的妥协呢？习惯与傲慢。习惯了以往皇帝垂拱不问事，习惯了把皇帝当作小孩子，习惯了自己一切独断。

## 三　第三阶段　高宗外援

皇帝的宸妃方案被打回，一定心中郁闷。可怜的皇帝，只好跟武昭仪抱头痛哭了。如今局面僵持着，皇帝感到特别孤立无援。韩瑗、来济，其实刚刚担任宰相不久，但是，他们否决皇帝十分干脆，一点都不拖泥带水。朝廷还是长孙无忌的朝廷。换皇后这样的大事，皇帝不能按照意志来办。提升武则天这样的小事，皇帝同样办不到。

皇帝一定沮丧透顶，一定会有强烈的无助感。皇帝本来应该前呼后拥的，一声召唤，天下响应。可是如今的皇帝，并没有大臣拥戴。本来应该为皇帝办事的宰相们，都在跟皇帝作对。谁也没有想到，僵局会很快被打破。一个小人物的出现，改变了朝廷的大局。这个人是谁呢？他的名字叫李义府。

李义府是一个才子。他是贞观时期的进士，曾当着唐太宗的面作诗一首，为《咏乌》："日里扬朝彩，琴中伴夜啼。上林如许树，不借一枝栖。"唐太宗说你太有才了，干吗只借一枝呢？整棵树都借给你了。李义府温文尔雅，是个白面书生，文章写得漂亮，这诗也写得小鸟依人。唐高宗还是晋王的时候，李义府就在晋王府担任官员。李治成了太子，李义府担任太子舍人（太子右春坊副长官，负责侍从左右，宣传令言）。经常跟太子李治一同讨论文章，李治还曾专门推荐他的文章给皇帝。高宗即位，李义府担任中书舍人。

李义府跟来济齐名，因为两人都写得一手好文章，并称"来李”。两个人在高宗朝初期都担任中书舍人。但是，来济得到长孙无忌的赏识，升迁很快，永徽二年（651）官任中书侍郎，成为李义府上级。永徽四年，就成了宰相。永徽六年，代替柳奭成为中书令、检校吏部尚书，全面接替了柳奭的职权。高宗要求立武则天为宸妃，就是被来济挡回去的。

这个时候，李义府还在中书舍人的位置上，多年未动。不仅如此，这个位置也不能保证了。不知道为什么，长孙无忌讨厌李义府，于是把李义府贬为壁州（今四川通江）司马。李义府贬官的文件（敕）已经写好，但是还没有到达门下省，李义府暗中知道了，很紧张。他问计于同事，也是中书舍人的王德俭。王德俭是许敬宗的外甥，有计谋，脖子上长一个肉瘤，人称“智囊”。王德俭显然比李义府了解更多机密，于是他建议李义府：皇上要立武昭仪为皇后，但是宰臣们反对，如果你能主动提出立武昭仪为后，那么你肯定可以转祸为福。中书舍人，正五品上，已经是通贵之官，但是李义府竟然不知道这么重大的消息。说明此前不论是唐高宗还是长孙无忌，都尽量把这件事控制在有限的空间之内。高宗可能是希望跟宰相沟通，完成废王立武。而长孙无忌也不愿意公开与皇帝的矛盾。从后来的情况看，王德俭给李义府出的这个主意，打破了此前的平衡，对于皇帝一方是有利的。李义府听从了王德俭的指点，当晚代替王德俭到宫中值班，乘机上表，请求废王皇后立武昭仪，说这是亿万人民的共同心愿，理应得到满足。

李义府上表，皇帝一见高兴万分，立刻召见李义府，谈得很愉快，并赏赐他一斗珍珠，命令李义府继续留在原来职位上。武昭仪听说消息以后，也很高兴，秘密派人到李义府家中表示慰劳。为什么唐高宗和武则天都如此高兴呢？估计，他们从李义府身上看到了一般大臣的一般心理，而此前他们也许被长孙无忌的满满信心所迷惑，以为长孙无忌确实代表着所有臣下的心声。现在，因为李义府，他们发现，真正属于少数的正是长孙无忌等人。他们当然高兴，因为由此看到了胜利的希望。

李义府的出现，打破了原来的僵局。这让皇帝忽然明白了一个道理，朝廷并不是长孙无忌势力的铁板一块，依靠皇帝的权力，完全可以动员出来一部分人跟自己走。这个认识至关重要，于是一批愿意拥护皇帝的官员出现了。他们是卫尉卿许敬宗、御史大夫崔义玄、御史中丞袁公瑜，当然还有李义府、王德俭等。这些官员，当然都不是宰相，属于朝廷中的非主流。但是，对于皇帝来说，这已经很了不起了。在此之前，皇帝差不多是孤军奋战。

不久，皇帝就任命李义府担任中书侍郎，晋升成为四品官。可以肯定，长孙无忌是反对这个任命的，因为李义府正是他讨厌的人。但是为什么这个任命可以执行？不是说宰相们可以阻挡皇帝吗？其实，此前的很多事情，皇帝不过是不坚持而已。如果皇帝坚持而长孙无忌不能找到合适的反对理由，事情应该可以沿着皇帝的思路推进。毕竟皇帝是合法的皇帝，而合法性的积极意义远不止这些。提升李义府，是明显地针对长孙无忌，我就是要用我的人。皇帝通过李义府的新任命，明确地向长孙无忌发出了挑战信号。长孙无忌的反感虽然可以推知，但也没有见到他的反对动作。这从另一个方面证明了皇帝地位的重要性。

许敬宗、李义府等人如今成为长孙无忌的反对派。《资治通鉴》卷一九九有一句话说这些人，“于是皆潜布腹心于武昭仪矣”，意思是说这些人都成了武昭仪的心腹。这个时候，武则天与高宗是一体的，怎么可以说是武昭仪的心腹呢？他们难道是因为武昭仪才投奔过来的吗？当然不是。放着皇帝这么大的靠山不投靠，去投靠皇帝宠爱的夫人，这不是典型的舍近求远吗？可是，《资治通鉴》为什么要这么记载呢？

这是因为想给皇帝减少一点负担，给武则天增加一点麻烦。对于存在的问题，所有文献的倾向都很明显，在武则天和高宗之间，能推给武则天的就不留给高宗；在群臣与皇帝之间，能推给臣下的就不说皇帝。这是为后来的问题作解释。其实，无论许敬宗还是李义府，首先是皇帝的亲信。至于后来武则天感激这些人也不难理解。

唐高宗获得部分大臣拥护之后，力量明显得到加强，他对于决战更有信心了。全面的战斗开始了。

## 四　第四阶段　全面战斗

永徽六年（655）八月，长孙无忌、褚遂良和长安令裴行俭的一次秘密会议被高宗一方发现。长安令就是长安县的县令，长安是京县，地位很高，它的县令相当于一般的州刺史，是正五品上，跟中书舍人同级别。他们的秘密会议是什么内容呢，是在讨论武昭仪要当皇后的事。他们认为武昭仪要当皇后，一定会引起国家的灾祸。当时情况下，从什么地方能够看出这样的问题呢？国家之祸的说法，我认为是没有根据的；但是，相关人有灾祸恐怕是可以预知的，因为皇帝与他们的对峙已经有一段时间了。通过武则天当皇后的事情，皇帝要全面掌权。那么，这些阻挡者的下场，确实可以预想。所以，他们现在已经感到自己的危机，要保护既有利益。但他们需要一个崇高的旗帜，这个旗帜就是国家利益。

他们的这个秘密会议，虽然有国家利益这样高调的说法，但是官员们私下议论皇帝，应该还包括如何计划、如何反对皇帝立皇后。因为虽然说起来这是在立皇后的事情上发生矛盾，但本质上是君臣矛盾，他们在阻挡皇帝贯彻自己的意志。所以，他们的这个会议，有结党的嫌疑，有串联反对皇帝的嫌疑。通常，大臣对于朝政有自己的想法很正常，甚至与皇帝的意志不一致也正常，但是大臣们私下联络是不正常的，而联合起来反对皇上更不正常。

这样的会议，从一个侧面证明党派的存在。他们的会议，被大理丞袁公瑜发现了，辗转告知皇上。大理丞是大理寺的官员，专门负责具体的审判工作，从六品上。皇帝对参与会议的裴行俭进行了公开处分，发到西州当都督府长史，这明显是一种贬谪。西州，就是吐鲁番。在当时，那里属于边远州，是中原人不愿意赴任当官的一个地方。但皇帝没有对长孙无忌和褚遂良进行处分，可见，他是为了杀鸡儆猴，并不是大开杀戒。

从贬官柳奭、提升李义府到贬官裴行俭，我们可以看到，唐高宗与长孙无忌是短兵相接、全面战争。你要处分的人我立刻提升。你的人有错，立刻处理。想一想，以前唐高宗对于长孙无忌，即使有意见也不那么明确地表达出来，更不敢如此针锋相对。现在，双方则处在全面的斗争之中。柳奭被处分，长孙无忌立刻用来济填补。高宗要武则天当宸妃，大臣不同意。长孙无忌要贬官李义府，皇帝给予提升。跟长孙无忌、褚遂良意见相合的裴行俭，皇帝贬官西州。如此几次三番的短兵相接，接下去会如何呢？

当然就是决战。

永徽六年（655）九月，唐高宗任命许敬宗为礼部尚书。虽然这是一个不太重要的官职，没有什么实权，但毕竟许敬宗因此可以参加尚书省的部长会议了。当然，他的级别也得到提高。这是对许敬宗忠于皇帝的一个回报。

就是在九月，决战时刻到了。

所谓决战，其实就是两次关键会议。会议是皇帝召集的，不是所有的宰相都参加，而是朝廷中最有权力的几个人参加。他们分别是太尉长孙无忌、司空李勣、左仆射于志宁和右仆射褚遂良。

这一天，散朝之后，皇帝通知四人入内殿议事。什么事啊？大家互相看看都明白了。褚遂良首先发话："今日皇上召集大家开会，多半是为了皇后的事情。看来皇上已经下定决心了，如果违背了皇帝的意志，必死无疑。现在的情况，太尉是皇上的舅舅，司空（李勣）是国家的功臣，我们不能让皇上落下一个杀舅舅杀功臣的名声。只有我褚遂良，出生民间，对国家没有汗马功劳，现在既然居于这个位置，而且受到先帝的顾托，如果不以死抗争，以后有何面目与先帝见面呢？"

褚遂良这段话铿锵有力，掷地有声。一副我不下地狱谁下地狱的气概。但是，如果你认为这仅仅是褚遂良的决心书，那就太片面了。我们必须仔细理解褚遂良这段话的前提。四人同时接受了皇帝的通知，也知道皇帝要商议什么事，那么如何对付皇上呢？事先没有来得及商量，现在又不好商量。为什么不能立刻商量呢？因为有李勣在场。如果没有李勣，当然大家可以商量。可是李勣跟长孙无忌不是一条心，这虽然不是尽人皆知的事情，至少当事人都心知肚明。如果当着李勣的面，商议如何对付皇上，那不是把脑袋往虎口里送吗？

不能公开商量，但是也不能不商量。所以褚遂良掷地有声的表态，其实就是一个对付皇帝的策略。在褚遂良的言辞中，很轻松地把李勣包括进来，说谁反对皇上必死，前提是李勣也反对。实际上李勣究竟反对不反对呢？褚遂良心里没底，因为他们当时不可能沟通。所以，他最担心的就是李勣表态支持。大家可能都有开会的经验。如果会议决议大家没有异议，那就不用说了。关键是有意见分歧的时候该怎么办。比如单位选劳模，一个名额，两个人选，或者张三或者李四。这个时候，抢先发言者有利，往往会影响结果。

现在皇帝开会，情形也是这样。如果皇上一开口，李勣当场表示支持，那就无法挽回了。因为即使你表示反对，皇帝还是拥有仲裁机会，而皇帝的目标谁都知道。所以，对于褚遂良而言，重要的是造成宰相意见一致的局面，即都不同意换皇后，让大臣之间的意见分歧无法体现。

他怎样才能达到这样的目标呢？就是不要李勣发言。用什么方法不让李勣发言呢？就是这个样子。摆出一副大家意见一致而由他褚遂良发言的姿态，李勣就没有办法发言了。褚遂良，那是真聪明。他临危不乱，很巧妙地把李勣压制住了。李勣不发言，等于赞同褚遂良的意见，那么不就被褚遂良给巧妙地利用了吗？

在场的四个人，长孙无忌和于志宁肯定是同意褚遂良的这个办法的。这样，就可以很好地阻挡皇帝换皇后的目标实现。那么李勣呢？他是否看出了褚遂良的用心呢？显然，李勣也不是糊涂人。啊，不让我说话，还要我同意你们的意见？卖了我，还让我帮你数钱？想得真不错啊。李勣怎么办呢？刚刚还十分健壮的将军，忽然病发，啊呀，我不成了，脑袋肚子疼，不能入会，我得回家了。李勣也不用征求诸位的意见，也没有时间向皇帝请假，一回头，走了。

李勣明白了褚遂良的计策，不甘心自己被卖在里面，临时称病逃之夭夭。李勣一走，只剩下三个人。也没有办法，谁也无法制止李勣。结果只有长孙无忌、褚遂良和于志宁去见皇上。这是一次废王立武的大决战，结果如何呢？

# 第九讲　高端决战

甥舅之战，关键并不是皇帝换不换皇后，而是皇帝能不能做自己的主！还是李勣说得好，这是皇帝的家事啊，干吗问外人！理直气壮，高宗岂能不胜？

## 一　决战第一场　皇帝无进展

皇上接见几位大臣，李勣找了一个托词走了，没有参加，只有长孙无忌、褚遂良、于志宁来见皇上。这是废王立武问题的正式提出。此前皇帝只是对长孙无忌提出过。为什么要扩大了范围呢？因为既然长孙无忌不同意，那么皇帝理所应当扩大接受意见的范围，毕竟不都是长孙无忌吧。这是问题的一个方面。另外，跟长孙无忌的提议，是私下的非正规方式，现在交给最有权威的几个代表商议，是首次而且是正式的议题。

其实，与此问题有关的另外一个议题，应该算作是正式提交的，那就是立武则天为宸妃的事。不过，那次提议很快被宰相驳回，如同秋风吹过天际，似乎没有留下什么痕迹。其实呢，没有那次被驳回，皇帝根本就不会有这一次提议了。在拉锯战中，谁知道这一次是不是只有一个回合而已呢？当然，后来的事情证明，这确实是决战，是一次高端决战。

皇上接见几位大臣，首先面对的是长孙无忌。看来，这几个人，长孙无忌是真正的首脑，所以皇帝说话是对长孙无忌说。说什么呢？

皇帝说：

> 皇后无子，武昭仪有子，今欲立昭仪为后，何如？”（《资治通鉴》卷一九九）

长孙无忌不答话，褚遂良按照预先的计划抢先回答。为什么要褚遂良首先迎战，我们上一讲交代过，那是为了压制在场的李勣。那么现在李勣既然已经走了，为什么还是褚遂良首先出场呢？从三个人的情况分析，于志宁的立场有些含糊，性格上不敢打硬仗，或者认识上跟长孙无忌和褚遂良还有些距离。如果由他出面，很可能不会把道理讲透，其实就是不能很好地阻击皇帝。长孙无忌呢？他是大人物，皇帝的舅舅，功劳最大，资格最老，他最喜欢压阵，以防万一。如果他不亲自出场就能够解决问题，那效果更好，所谓杀鸡不用宰牛刀的意思。所以，最佳的冲锋人选就是褚遂良。一方面他对长孙无忌的精神领会深刻，执行有力，另外他是一个文章老手，善于讲解道理，利用各种力量阻击皇帝，他也比较擅长。即使万一阻击不力，后面还有元帅压阵，所以，他这个先锋官可以锋芒毕露。

我们再看褚遂良的回应，《资治通鉴》卷一九九载：

> 皇后名家，先帝为陛下所娶。先帝临崩，执陛下手谓臣曰：朕佳儿佳妇，今以付卿。此陛下所闻，言犹在耳。皇后未闻有过，岂可轻废！臣不敢曲从陛下，上违先帝之命。

结果呢？“上不悦而罢。”

这是第一次交锋，没有结果。皇帝不高兴，不过如此而已。

我们分析一下交锋双方各自的理由，是很有趣味的。

皇帝强调皇后无子。在其他的文献记载中，皇帝十分突出这一点，认为“罪莫大于绝嗣”（《新唐书》卷一〇五《褚遂良传》）。为什么强调这一点呢？一方面，儒家有这类说法。孟子说，不孝有三，无后为大。不孝的行为有许多，最严重的是无后。无后，就是没有后代，就是高宗说的“绝嗣”。在古代婚姻中，家庭的后代问题也是重要问题，所以丈夫可以与妻子离婚的七去（七出）原则中，“不顺父母去，无子去，淫去，妒去，有恶疾去，多言去，窃盗去”（《大戴礼记·本命》），第二项就是“无子去”。无子，就是不能生育。

高宗为什么要特别强调这一条呢？因为王皇后确实有这么一个问题。

我们再看褚遂良的应答。褚遂良的回应，没有在无子这一条上纠缠，他只是说皇后“未闻有过”。那么无子，是不是皇后一个过处呢？褚遂良显然认为不是。为什么呢？他也有根据。虽然《大戴礼记》中“无子”这么一个条款列入“七出”，但是后来还形成了这个条款的具体解释。比如，“无子”要到50岁才可以确定，这个时候的王皇后不过25岁或26岁，说她无子，结论太早了。另外，即使50岁还没有生子，但是只要尽过孝，给父母送过终，这样的妻子也不能出。而王皇后是给唐太宗送过终的。所以，褚遂良说皇后无过，也是有根据的。

此前，有相关的两件事。一件是武则天新生的小公主死亡，武则天诬告是皇后所为，而好像高宗也如此认为。但是，高宗跟长孙无忌他们决战时，并没有利用这个事，说明高宗并不如此认为。否则，皇后杀公主，这一件事就足够了。另外，皇后跟母亲柳氏厌胜之事，皇帝也没有利用，同样可以证明皇上是没有掌握确凿证据的。否则怎可让褚遂良说皇后“未闻有过”呢？

另外，我们看到，褚遂良除了坚持皇后无过外，还申诉了两条理由，一是皇后名家出身，二是利用唐太宗来压制高宗。唐太宗已经说过儿媳妇是好的，我们可不敢违背先帝的命令。这言下之意呢，就是指责皇帝已经忘记了先帝的旨意。这是什么呢？其实就是不孝嘛。皇帝不高兴，不仅是因为自己的建议不被接纳，还是因为看到褚遂良用先帝明目张胆地压制自己，让大家感到自己的不孝。

第一次决战，皇帝的意志没有被接受。从结果上看，是皇帝输了第一阵。只要如此下去，维持现状，就不利于皇帝。这是肯定的。长孙无忌阵营呢？对这个结果应该满意。对于未来呢，他们说不定还是很乐观的。过去的经验证明，皇帝撞了南墙以后，也就只好接受现实。现在皇帝已经被挡回去了，恐怕皇帝最后也会放弃的。与此同时必须看到，现状对长孙无忌阵营有利，维持现状就是胜利。从这一点看，长孙无忌阵营是防守方，有以逸待劳的优势。以逸待劳，就有资本、有力量打持久战和消耗战。因为现状有利，他们可以无限制地消耗下去。

## 二　决战第二场　互有胜与负

但是，皇帝没有放弃他的计划，第二天，继续召集这几个人商议。

这是决战的第二场。

这一次，皇帝没有提出什么新的理由，依然是老说法。皇帝是进攻的一方，没有新的进攻方略，有打消耗战、持久战的意思。因为同样的理由无限制地反复提出，如同下棋到了最后，反反复复就那么两步，最后只能和棋。面对皇帝的蹩脚进攻，长孙无忌阵营应该高兴才是，因为这种斗争正好有利于他们。对于这个阵营而言，和就是胜。

不知道昨天第一场之后，褚遂良和长孙无忌是否总结战况，是否有计划，反正当皇帝再次提出老问题的时候，这方阵营仍然由褚遂良跃马扬鞭，杀出阵来。本来，褚遂良如果坚持昨天的理由，把昨天的话再重复一遍，跟皇帝一样，那么皇帝似乎也没有话说。昨天不高兴，今天也只能不高兴。但是，今天褚遂良的战斗准备很充足，斗志高昂，他也许不愿意简单重复昨天的论调，于是论证又有突破，杀伤力极强。

褚遂良说："陛下必欲改立后者，请更择贵姓。昭仪昔事先帝，身接帷第，今立之，奈天下耳目何！"皇帝听了这番议论后，"帝羞默"（《新唐书》卷一〇五《褚遂良传》）。皇帝很羞愧，沉默不语。

今天，褚遂良直指武则天不够资格。昨天，重点强调王皇后的优秀，曾经说过“皇后名家”，这已经是暗示武则天出身不是名家了。今天，在这个方面加深说明，特别强调武则天的不合格。他指出，武则天不够皇后资格有两条：其一，出身一般，不是名家，不是天下令族，总之是家族地位太一般；其二，武则天侍奉过先帝，人所共知，如果让武则天当皇后，如何遮掩天下耳目，如何对待天下的言论呢？天下会有什么言论呢？当然是说皇帝不孝了。前者说明当时朝廷盛行与大族通婚，这是当时社会普遍认同的观念，但后者更击中要害，这话大家都会想，但是谁也不敢或不好意思说出来。褚遂良今天真是勇敢至极，竟然直接说出来。

皇帝呢？他该如何反应呢？其实，确实无话可讲，他只能羞愧无言。

这一来对于长孙阵营而言，已经胜利在望。皇帝肯定是无法回答这个问题，而皇帝回答不了，那么如何可以继续坚持呢？历来皇帝要以孝治天下，现在的皇帝公然娶了庶母，而且还要立为皇后，这如何说服天下，如何对待法律啊！

这一定是十分沉闷、尴尬的局面。褚遂良的话，如同巨雷在空中炸响，无法回应，无法反驳。这样的局面，当然是不利于唐高宗的，按照一般的道理，褚遂良这一方应该尽量把这种局面延续下去，让皇帝继续撤退。这样，就可以宣布比赛结果，宣布本方胜利了。

但是，正在皇帝羞愧难言的时候，褚遂良再接再厉，乘胜追击，继续发言。他说：“臣今忤陛下，罪当死！”（臣今天得罪陛下，罪过太大，死罪死罪！）于是一边说着，一边把象征地位的笏板放在台阶上，解下头巾拼命磕头，以至于鲜血直流，说：

“还陛下笏，乞放归田里。”（把陛下的笏板还给陛下，请让我回老家吧。）

褚遂良这个举动，使得局势急转直下。“上大怒，命引出。”皇上大怒，命令把褚遂良拉出去。这时候，一直躲在帘子后面的武则天也大声地发出怒吼：“何不扑杀此獠！”（为什么不杖杀这个南方佬！）獠，是对南方少数民族的蔑称。武则天这么一说，明显是给大怒的皇上火上浇油。长孙无忌一听，不得了，可能要出人命，立刻发言：“遂良受先朝顾命，有罪不可加刑！”（褚遂良是先朝的顾命大臣，即使有罪也不能用刑。）形势发展得太快，于志宁什么话也不敢说。

第二天的决战就这样收场。那么，这场决战的胜负如何呢？本来长孙无忌阵营已经取得胜利，褚遂良是一员猛将，把皇帝要立武则天为皇后是乱伦的话也大胆地讲了出来，于是皇帝被逼进死角，无法回应，只能低头生闷气。这个时候，如果褚遂良及时鸣锣收兵，李治真的不知道是否还有勇气继续战斗。

但是，褚遂良斗得性起，一时豪气干云，竟然忘记了整体形势。他丢弃笏板，磕头流血，声言辞官归田。这一系列动作和言语，引导着局势发生剧变。本来大家是在谈论废王立武是否合适，现在褚遂良转移了话头，变成了同意不同意褚遂良辞职的问题。皇上要废王立武，并没有变成现实，你不同意就是了，用辞职要挟干什么呢？这样一来，皇帝郁闷的心情忽然找到了宣泄的出口，冲着褚遂良大发雷霆之怒。本来和和气气地讨论问题，你却用辞职来威胁我，来人，给我拉出去。

武则天绝对是高宗的好助手，本来也跟高宗一样，只能躲在帘子后面生闷气，现在看到局势忽然发生有利的变化，她必须促使这种局面继续发展下去，抓住褚遂良辞职的事情大做文章，防止大家的话头再回到乱伦问题上，于是不顾事先约定，从帘子后面大声吼叫起来。她要高宗当场杖杀褚遂良。褚遂良即使辞职，即使有要挟皇上的意思，也不至于犯了死罪，那么，武则天为什么要这么主张呢？动机当然不是真要杀死褚遂良，而是把褚遂良辞职的这个话头抓住不放，并继续大做文章。这个时候，长孙无忌也控制不了局面了，他真的担心皇上听了武则天的话，于是上前阻拦，结果等于沿着褚遂良辞职的话题继续前进。于是我们看到，这场决战，出现了三个战场：第一场是昨天的延续，关于是否应该废王立武；第二场，是关于褚遂良辞职；第三场，关于是否应该对褚遂良动刑。

本来，长孙无忌阵营是有利的。皇帝要废王立武，自己不能做主，要跟大臣们商量。只要大家不同意，皇上也没有办法。对于长孙无忌阵营而言，只要保住现状，就对自己有利。所以，他们应该实施的战略就是坚壁清野，以逸待劳，绝不主动出击，与皇上打消耗战。第一天证明这个战略是正确的，皇帝拿不出新的招数就是证明。第二天开始也是正确的，皇帝几乎丧失了还手能力。但是，勇猛的褚遂良用力过猛，从防守转为反攻，节外生枝地提出辞职问题。高宗、武则天立刻抓住不放，战场于是发生不利于长孙无忌的转移。最后的结局是长孙无忌不得不全力营救褚遂良。于是，不再是皇帝有求于大臣了，而是长孙无忌阵营有求于皇帝。他们希望皇帝保住褚遂良的性命，保住他的职位。

总之，第二天的决战，长孙阵营先胜后败，丧失了有利局面，而唐高宗转败为胜，从被动变成主动。因为这一仗留下的最后问题是如何处置褚遂良的问题，对此更急迫的不是皇帝而是长孙无忌阵营。于是本来被动的皇帝变成了主动，皇帝现在能够从容地以逸待劳了。主动被动关系的转变，体现了利害的转移。

## 三　全面决战　皇帝大胜

第一、第二场决战其实都是核心人员之间的短兵相接，战斗的范围很有限。接下去，该如何战斗呢？双方都进行了更广泛的动员，战斗在更广阔的范围内展开。长孙无忌把后备队全力投入，而唐高宗变成了以逸待劳。

长孙阵营出击，派出宰相韩瑗，面见皇上，涕泪纵横，痛说废王立武不合适。皇上不理。转天，韩瑗继续进谏，悲伤得不得了。皇上仍然很坚决，命令人把韩瑗架了出去。回家以后，韩瑗继续上书，古今中外地写了一大篇，皇帝依旧不理。另一位宰相来济，也积极上书进谏，结果也是一样。皇帝只要不理会，就是有利的。决战双方，现在处于对峙状态，有利一方是皇帝。

到了这个时候，长孙无忌能动员的力量已经不多了，能够使用的手段也就这么多了。而皇帝一面用不理会的战术对付长孙阵营，对付韩瑗、来济，另一方面，唐高宗也采取积极政策。那么，唐高宗的积极政策是什么呢？

现在看来，唐高宗采取了两个重要措施。

第一，动员李勣。唐高宗在皇宫接见李勣，李勣的病情也一扫而光。皇上用委婉的语调跟李勣商量说：我要立武昭仪为皇后，可是褚遂良坚决反对，他是顾命大臣，这事就这样算了？请注意，皇上的口气是征求意见，他自己的态度是明确的，问李勣的是，要不要屈服于褚遂良。李勣的回答很简单，就像没有自己的意见一样。他说：这个事啊，是陛下家里的事情，何必问外人呢？解释这个说法，第一层的意思是，皇帝要立皇后，这是皇帝自己的事，不应该问我，因为我是外人。第二层的含义是，不仅是我，别人也不应该问，自己拿主意就是。褚遂良当然也是外人，没有必要征得他的同意。史书记载，听了李勣这句话，唐高宗立刻拍板决定，不再考虑长孙无忌他们的反对了，决定废王立武。这是一个重要步骤，争取了李勣的正面支持，于是下定决心干下去。为什么李勣的一句话这么管用呢？我们后面会有交代。

第二，利用许敬宗动员其他官员。《资治通鉴》卷一九九记载：

> 许敬宗宣言于朝曰："田舍翁多收十斛麦，尚欲易妇；况天子欲立一后，何豫诸人事而妄生异议乎！"昭仪令左右以闻。

许敬宗的宣言，大家一定要看仔细了。首先是太粗俗，竟然拿田舍翁来比皇帝，竟然拿不道德当理说。这个记载，其实有暴露许敬宗为人猥琐的意思。但是，历史学家选择材料的时候，也不会有意地歪曲以至于使历史过分失真。所以一方面，著名的朝廷文章写手许敬宗为什么会如此过分，竟然用田舍翁来比喻皇帝呢？另一方面，这个比喻却有恰当的一面，那是什么呢？那就是皇帝身为一国之君，竟然连田舍翁的权力都不如。核心诉求就在这里。许敬宗宣扬的重点是皇帝如今没有权力。相信一定还有更重的话，比如君不君臣不臣之类的。正因为许敬宗的话点到时局的要害，所以武则天才会指使身边的人广泛传播。武则天至少不是愚蠢的人，她知道宣传什么有利。

所以，我们看看李勣和许敬宗两人，他们在劝说皇上和对官员们宣传的时候，重点都不是废王立武这件具体的事情，他们诉求的重点都是皇帝的权力问题。稍有不同的是，李勣是正面陈述：皇后人选问题是皇帝自己的事情，不必征求别人的意见。许敬宗的说法是从反面进行的，说现在的皇帝根本没有什么权力，甚至连一个农民都不如。

经过这么一番力量动员，相信很多官员开始改变立场，成为皇帝的支持者。唐高宗有了必胜的把握，开始采取断然措施。

唐高宗的这个战略，让人想起乃父李世民。李世民的作战方针，向来如此。正面坚壁清野，拒绝应战，而侧翼则不停地发动骚扰，断敌粮道，等到敌人阵营全局不稳的时候，果断决战。一旦发起进攻，就要彻底坚定，毫不动摇。唐高宗这次跟长孙无忌的对阵，自从褚遂良提出辞职以后，也采取了这样的作战方针。正面战场，韩瑗也好、来济也好，他们的当面陈述和上书论讲，高宗都一概不理。这就是在正面战场高挂免战牌。侧翼呢，则是获得重点人物李勣的支持，获得更多朝中大臣的支持。这样一来，长孙无忌等人被孤立起来，成了朝廷中的少数派。这就相当于断了长孙无忌阵营的粮道，切断了他们与更多大臣的联系，成了少数人的孤军深入。在这样的局面形成以后，皇帝再宣布最后的决定，那么长孙无忌等人也无力反抗，只能听之任之了。唐高宗能够活学活用唐太宗的战略战术，能够把政治斗争和战争艺术结合起来，还是很值得钦佩的。

九月一日，总决战开始。九月三日，皇帝发出命令，把褚遂良贬到潭州当都督。潭州就是今天的长沙。从尚书省长官贬官到地方任都督，褚遂良为自己的阵营作出了牺牲。但是，褚遂良个人的遭遇并不是最重要的，重要的是此事标志着高宗皇帝对于长孙无忌一派的打击已经开始。长孙无忌代表的是关陇贵族集团，这个集团从西魏到北周一直是中国北方的实际统治集团，而随着隋朝统一中国，他们也成为中国的统治者。唐从隋制，在人员上更是隋朝的继承者，隋朝的任官经历在唐初依然是算数的。有学者研究，从唐太宗时代开始，已经开始重用关陇集团以外的人物，但是关键时刻，唐太宗还是相信本集团的人物。所以，唐太宗晚年对长孙无忌的重用，除了特殊的关系以外，更重要的是长孙无忌代表着关陇集团。然而，唐高宗改变了此前的历史传统，从此以后，是另外一些人物登上历史舞台。

十月十三日，高宗把王皇后和萧淑妃贬为庶人。王皇后与萧淑妃，她们与武则天之间的斗争，最初不过是争宠性质，但是因为牵连到朝廷，牵连到外廷宰相，使得斗争复杂化，她们的下场也很悲惨。床笫之间的两性关系，本来就是人所难言的，所谓清官难断。为什么难断？一是事情琐碎，难以考证来龙去脉，弄不清到底公婆谁有理。二是牵涉情感，而情感非理性，所以无法判断是非。王皇后的失败是很典型的，她被武则天击败，在道理上是容易解释的。因为武则天没有什么政治势力，她只能自己独自努力，而她紧紧抓住的就是与高宗的情感。事后来看，武则天抓住了生命线。王皇后有很多政治资源，有外廷宰相们的协助，她更希望通过这些关系影响或者控制皇帝，而她与皇帝之间最缺乏的正是感情。如果仅仅缺乏感情，皇帝最多对她置若罔闻而已，但是牵涉到政治斗争，皇帝不得不把她也划入敌对阵营中。所以，王皇后与唐高宗，从感情缺乏到敌对起来，跟王皇后的政治资源丰富是有因果关系的。萧淑妃应该是受到王皇后的牵连，因为两人是同盟关系。

所以，多少年以后大家都很同情王皇后，认为她不该落得那样悲惨的下场。但是，这是一种过于单纯的看法，忘记了王皇后是长孙无忌在后宫的同党。王皇后和萧淑妃被免为庶人，不再享有任何政治待遇，其实更差，连庶人的自由也丧失了。史书有一段记载，让很多读者动容，《资治通鉴》卷二〇〇如此记述：

> 故后王氏、故淑妃萧氏，并囚于别院，上尝念之，间行至其所，见其室封闭极密，惟窍壁以通食器，恻然伤之，呼曰："皇后、淑妃安在？"王氏泣对曰："妾等得罪为宫婢，何得更有尊称！"又曰："至尊若念畴昔，使妾等再见日月，乞名此院为回心院。"上曰："朕即有处置。"武后闻之，大怒，遣人杖王氏及萧氏各一百，断去手足，捉酒中，曰："令二妪骨醉！"数日而死，又斩之。

我们以这个记载完全可信为前提，看看王皇后在这种情况下的反应是否得当。高宗看见王皇后和萧淑妃被严密关押，动了恻隐之心，这从一日夫妻百日恩的角度看没有什么不妥。但是我们看王皇后的反应，她希望皇帝让她们重见天日之后，改这个院子为"回心院"。回心院，标志着回心转意，是谁回心转意呢？当然是皇上。改这个院子的名称叫回心院，等于为皇上的回心转意建立一个纪念碑，让所有的人都知道皇帝回心转意的故事。回心，当然就是后悔之意，按照当时的情况，唐高宗真的后悔了吗？显然没有。然而看王皇后的要求，是只考虑了自己，没有考虑皇帝。皇帝仔细斟酌之后，会为自己的后悔建立一个纪念碑吗？显然也不会。那么王皇后透露的最大心思是什么？是反攻倒算。武则天随后的处分显然很过分，可是，这之前为什么没有这样做呢？因为不知道王皇后的心思。王皇后从来都盛气凌人，不懂得委曲求全，做不到能折能弯，在复杂的政治斗争中最后失败是有必然性的。

十月十九日，百官上表，请求立武则天为皇后。在百官的强烈要求下，皇帝只好尊重大家的意愿，下诏命令立武则天为皇后。在这个过程中，我们可以清楚地看到，皇帝争取到了大多数人。原来皇帝一直为百官沉默而大发雷霆之怒，现在百官都成为皇帝的拥护者。是什么改变了百官呢？是皇帝斗争的决心，是皇帝通过许敬宗等人的动员，是李勣这样的代表性人物的公开表态。这些让百官看到，势力大的是皇帝而不是长孙无忌，于是他们才敢出来上表请求立武则天为皇后，公开支持皇帝与长孙无忌作对。

本来是皇上请求大家同意自己废王立武，现在则是百官主动上表，请求皇帝立武则天。在这个转换过程中，我们可以看到在那种体制下的民意是怎么回事。这种百官的动向，长孙无忌一定记得很清晰。当初要立李治为太子，唐太宗担心百官不支持，长孙无忌保证说我以万死担保百官同意。结果问六品以上百官，大家都欢呼支持晋王李治。现在，百官又来支持废王立武了。在这个体制中，多数向来不说明什么，多数反而总是跟着关键人物（领袖）跑龙套，一般的套路是领袖决定了，多数人举手欢呼。多数人并不是没有想法，但是这个体制不给多数人留下表达想法的机会，他们的任务于是只剩下举手欢呼，而这种举手当然不是表决了。当然，如果没有领袖，多数的意义还是存在的。

这说明什么呢？武则天与高宗是否属于乱伦，多数人并不关心，百官更关心自己而不是皇上。跟着长孙无忌安全就拥护长孙无忌，跟着皇上安全，那就跟着皇上欢呼。他们的原则在这里，而不在对皇上的道德评价。其实，即使他们心中也不满意乱伦现象，但是也不会公开表达出来的。似乎臣下对国君的评价也不应该达到这样的程度。比如，一旦证实了国君不孝，那么忠君问题该如何解决呢？是否应该效忠不孝之君呢？从唐太宗到唐高宗，其实道德上都存在缺陷，大臣们又应该如何面对呢？所以，臣下的效忠，是履行行政职务而已，如果非要在道德上较真，那么他们就会陷入无休止的矛盾之中。

话再说回来，如果长孙无忌一派确实很重视乱伦问题，那么王皇后就不该引武则天进宫，因为那正是“陷吾君于不义”啊。如果重视乱伦问题，当初连武昭仪这个称号也不应该批准啊。昭仪是九嫔之首，正二品。你总不能说，把庶母娶为妻子是乱伦，纳为妾就不是乱伦吧。褚遂良说如果立武则天为皇后，无法说服天下人，那么纳为妾就能说服天下人吗？所以，长孙无忌他们，阻拦武则天当皇后，乱伦问题只是借口，不让唐高宗说了算才是更本质的。

不过，话又说回来，唐高宗要立武则天为皇后，总应该作一个解释，解释武则天这位原来的庶母，是如何成为自己的正夫人的。当初褚遂良就说过，这个事情天下共知，无法遮掩天下人耳目。所以既然立武则天为皇后，这个事情必须有个说法。唐高宗在自己的诏书中，还真的把这个事情进行了一番解释。他的解释是：当初自己在皇宫里伺候唐太宗，太宗皇帝看自己很辛苦、很孝顺，很是感叹，于是就把武氏赐给了他。

高宗这是在说什么？是在说他立武则天为皇后是合法的，具有从唐太宗那里继承来的合法性。但是，不用太聪明，大家一眼就能看出来，这是一个天大的谎言。因为自己爱上了庶母，无法从现有的法律和道德立场上进行解释，只好把责任推到父亲那里去。反正，当事人三个，他跟武则天是同谋，谁也不会说出真相，而唐太宗已经去世多年，不能站出来作证。同时，把荒唐的角色也强加给了唐太宗。天下哪有如此荒唐的父皇，竟然会把自己的女人奖赏给儿子！当然，没有人想听唐高宗自己的解释，想听的褚遂良已经外贬，朝廷中没有人可能出来要求证据。你是皇帝，你嘴大，说什么就是什么吧。

永徽六年（655）十一月，一切册立皇后的手续全部完成，司空李勣受命亲自向武后颁发皇后证书。同一天，百官在肃义门朝见新立的武皇后。这是一个从来没有的仪式，突出皇后的含义很清楚。既然大家曾经联名要求确立武则天为皇后，那么拜见皇后也没有理由拒绝。立武则天为皇后，虽然开始只有皇帝有这个意思，但是后来既然引发了朝廷的政治斗争，唐高宗就干脆充分利用民意或者百官的意愿。武则天后来也学会了这一手，那是后话。从此以后，唐高宗要加力培养皇后。要立这个皇后，你们不是特别反对吗？我一定要让这个皇后当得响当当。可惜，在培养皇后这件事情上，唐高宗太努力、太用功了，后来证明有一点用力过猛，如同褚遂良一样，那也是后话。

废王立武事件以唐高宗的全面胜利而告结束。关键的战斗其实只有两三天，至于后来履行手续费些时日是无所谓的。转年，显庆元年（656）春，正月，废皇太子忠，立皇后子李弘为皇太子，新太子今年已经4岁。太子废立，是根据许敬宗的提议，他认为原来的太子出身低微，但是当时没有正嫡，还可以暂时充任，现在已经有了正嫡，原来的太子必不自安，而皇太子是国家的根本，皇帝应该认真考虑了。唐高宗告诉许敬宗，原来的太子李忠已经主动提出让位了。于是改太子忠为梁王、梁州刺史。皇后确定之后，皇太子改立是水到渠成的事，原来的太子也有这个认识，所以会在许敬宗提议之前已经向皇帝表示让位了。

对于唐高宗而言，如今可以说是事事圆满。朝中的权力夺了回来，可心的夫人当了皇后，皇后的儿子又成了太子。他虽然没有说出刘邦当年的话，“今日始知皇帝之贵也”，但是心情应该是差不多的。不过，唐高宗是否可以高枕无忧了呢？看来也不是。经过废王立武的斗争，朝廷并没有变得风平浪静。原来的反对派，除了褚遂良以外，其他人都在原地没有移动，而他们是否接受如今的现实，是否会反攻倒算，唐高宗心里其实没底。对于长孙无忌一干人等，该当如何处理呢？这既是朝廷的大事，也是唐高宗的大事。那些支持立皇后的官员们，他们心中作何感想呢？他们跟随了皇帝，但是他们是不是也担心长孙无忌他们的反攻呢？这种担心一定是存在的，因为朝中的宰相毕竟依然还是原来的人马。反对派的首领们，他们的结局怎么样呢？

◇阎立本《步辇图》（部分）

画中帝王为李世民。画中人物神色自然、气象华贵，然而经历过太子李承乾被指谋反，魏王李泰经营夺嫡，朝中大臣分裂两派的李世民，亲眼见着玄武门之箭飞越数十年，向自己的孩子射去。此时，年龄稍小的晋王李治进入了太宗视野，他似乎成了解决问题的关键。只是千古一帝唐太宗的衣钵，从小体质柔弱的李治穿得了吗？

◇鎏金铜铺首

唐大明宫遗址出土。这件铺首为圆形铜质，表面鎏金，形象是一个大兽面。大明宫为大唐帝国的大朝正宫，自唐高宗起开始在此处理朝政，是唐朝的政治中心和国家象征。面对铺首，此刻凝视你我的兽面，也曾这样凝视过千百年前的唐代帝王。

◇鎏金铁芯铜龙

这条唐代铜龙身体流畅，极富动感，生动灵活而又极富气势。前爪看似纤弱细长，无法支撑全身的重量，却由于动作的灵巧、重心的腾挪，将力量均匀施予周身。整个形体灵动飘逸的同时，却又给人沉稳不倒的威慑感。这一种内收浑然的力与美，高宗李治若见到，不知是否会心有戚戚。

◇彩绘打马球俑

马球发源于古波斯，唐初由吐蕃传入中原，风靡一时。打马球对马匹品种和骑手的骑术要求甚高，这项体育运动在唐代十分流行。太宗的几位孩子，在未深陷权力争夺旋涡之前，或许也曾有过一段愉快嬉戏打马球的美好时光。

◇三梁进德冠

李世勣墓出土，只有三品以上官员才有资格佩戴。此冠为太宗亲赐，李世勣死后随葬墓中。它令人想起李世勣一生征战沙场立下的赫赫战功，多次政局纷争中全身而退的政治智慧，以及在高宗李治战胜权臣长孙无忌中发挥的关键作用。

◇素面高足银杯

高足杯并不是中国传统器形，而是来自西方的一种酒器。唐代贵族喜爱使用外来风格的生活用具，一时成为风尚。望着这只历经岁月、静置于此的银杯，唐时君臣于宴席间觥筹交错的场面，恍如眼前。

◇彩绘双环望仙髻女舞俑

一袭长裙曳地，双手举在胸前，神态虔诚自然，即使以如今审美看来，她也不失为一名绝代佳人。年轻的武媚娘应有着远超于此的靓丽，才俘获了年轻李治的心。

◇三彩女立俑

她站姿优雅，身段袅袅婷婷，穿落地长裙，轻薄的衣裙与丰腴的体态完美结合，衣裙自然洒落如月光泻地。唐代的长安城里，到处都能见到这样柔美、端庄、矜持、风雅和高贵的女性。

◇鎏金双狐纹双桃形银盘

唐代，桃、狐狸作为装饰题材，迎合了中国传统的『辟邪』和『祈福』的心理要求。万年宫水灾的那一夜，唐高宗李治只能在心中默默为自己未知的命运祈福辟邪。这点燃了他内心倔强与野心的火种，人的命运，必须掌握在自己手里！

◇狩猎纹高足银杯

唐代与西域交流空前繁荣，狩猎图像突然增多，这显然并非偶然。李治并非马上皇帝，但却领导着一群贞观老臣，各个或戎马疆场，或饱经乱世。自幼体弱的他，是否也曾想在狩猎活动中锻炼自己的意志，培养军事的才能？

◇鎏金花鸟纹银碗

鸳鸯和鸂鶒深受唐人喜爱。由于鸳鸯雌雄相伴、形影不离，人们以此比喻情投意合的夫妻，象征纯洁坚贞的爱情。唐高宗与武则天最初的相遇，混合着爱情的浪漫、伦理的禁忌、权力的压迫，是什么令他们甘为彼此铤而走险？

◇鎏金凤鸟纹六曲银盘

凤鸟是中国传统祥瑞之鸟，传说中少皞立国之时凤鸟出现，帝喾曾令凤鸟跳舞。凤鸟作为德治的祥瑞深受统治者重视。唐高宗时期，大唐国力延续贞观之治的繁荣并持续发展。大唐正朝着中华文明最为璀璨的『开天盛世』迈进。

◇鸳鸯莲瓣纹金碗

鸳鸯纹饰被唐人广泛应用在生活中，特别是新婚夫妇结婚时，寓意白头偕老，永结同心。鸳鸯与莲花，寓意成双成对。身处政治旋涡中心的高宗与武后，当其破除万难终于成婚之际，是否也曾有一瞬间，心中只感到爱情的甜蜜，而忘却了政治的苦涩？

◇镶金玉臂环

『金镶玉』寓意『金玉满堂』，象征着财富和才学。从文献看，玉臂环似乎不是唐代本土的产物，可能为进贡或从对外战争中所得。唐高宗时期，唐代疆域达到了极点，他的库藏中，想必俯拾皆是这样的异域珍宝。

◇葡萄花鸟纹银香囊

这是贵族中普遍使用的一种熏香用器。钵内放置香料，点燃后香气从镂空处飘逸而出，改善室内空气。熏香散尽楼台空，千载流芳唯英名。器物犹能独自诉说唐时的华贵，高宗是否软弱的真相，却只能待历史学家来考证。

◇鹦鹉纹提梁银罐

唐朝人爱用金银器，其实也来源于道教方术的思想，认为用金银器做食器可以长生不老。这个银罐中，曾经应存放过不少『灵丹妙药』，它的主人家后来长寿了吗？

# 第十讲　反对派的结局

决战的胜利或许让皇帝感到满意，却终究不能让他放心！既然皇帝已经控制了局面，既然长孙无忌们仍然让他觉得不安，那还有什么别的可能？“长孙们”的命运可想而知。

围绕废王立武，高宗展开夺权斗争，最后击败长孙无忌一派，全面胜利。大政奉还，皇帝如今才成为名副其实的皇帝。在废王立武问题上，皇帝取得了胜利，标志着皇帝完全掌权。那么，皇帝应该如何对待原来的反对派呢？这是大家都很关心的问题，相信皇帝也不能不面对这个问题。

从整体上看，唐高宗控制了朝廷的局面，主动权也基本掌握在他的手中。对于长孙无忌一派的处置，全凭唐高宗的意志。但就具体情况而言，也是事件之间的互动导致的结果。历史往往如此，最后的结局，也许并不是最初的设想。从后来事态的演进情况看，从废王立武成功到最后处死长孙无忌，大约经过了几个阶段。

## 一　胜局既定　伸手言和

唐高宗首先实行的政策是和解。这一点很重要，说明唐高宗最初并不是一定要置对方于死地的。可惜，研究者经常忽略这一点，给人的印象好像是唐高宗很快就转入打击报复一样。事实上，唐高宗首先想到的不是继续激化矛盾，而是和解。

永徽六年（655）十月十三日，高宗皇帝宣布立武则天为皇后。同月二十一日大赦天下。就在大赦天下的那一天，武则天上表给皇帝，说当初韩瑗、来济反对任命自己为宸妃，敢于面净廷谏，是一种真正为国的表现，希望皇帝给予嘉奖。现任皇后的上表，表现出一副不计前嫌的姿态。皇帝是怎么处理的呢？皇帝把武则天的上表拿给两个当事人看。“上以表示瑗等，瑗等弥忧惧，屡请去位，上不许。”（《资治通鉴》卷二〇〇）韩瑗、来济显然不是很理解，他们作出的反应是担忧、恐惧。大概他们以为这是正话反说，以为这是在秋后算账。于是，与其让人家赶走，不如主动请辞还好看点，所以要求辞职。皇帝和皇后不是算账的意思，确实是正面鼓励，当然不肯让他们辞职。否则不就走向相反的方向了吗？说起来，看见韩瑗、来济如此不理解皇帝的苦心，皇帝的表现是很优雅的。

虽然和解的议题是武则天上表提出的，但是表现出来的还是皇帝的和解政策。为什么要武则天上表提出呢？因为她是当事人，宸妃也好，皇后也好，毕竟都是围绕她来进行的。如果当事人都能表现出和解的姿态，那么原来的对手也容易接受一些。在韩瑗、来济明白了唐高宗和解的确实性以后，二人也没有坚持辞职。和解，看来还是部分实现了。

和解的对象，唐高宗选择了韩瑗和来济，并没有涉及长孙无忌。为什么选择韩、来两人呢？看来应该是有认真考虑的。在长孙无忌阵营中，长孙无忌是中坚，褚遂良是最能战斗的人，资格仅次于长孙无忌，应该是副帅。于志宁比较靠边，好像和事佬，性格比较低调，立场的坚定程度也可怀疑。韩瑗是雍州人，属于关陇地域。他的爷爷叫韩绍，隋代太仆少卿。父亲韩仲良，贞观时期当过刑部尚书，封颍川县公。韩瑗袭封父爵，可谓关陇贵族的新一代政治家。韩瑗少有节操，博学有吏才。贞观时期，已经官为兵部侍郎（副部长）。永徽的时候，站队正确，直线上升。永徽三年（652），任黄门侍郎；四年，升同中书门下三品；五年，加银青光禄大夫；六年，升为侍中。

来济的父亲来护儿，起家扬州平民，因战功卓著成为一代名将，很受隋炀帝信赖。江都事变时一家遇害，来济因为年龄太小，得以保全。来济虽然不是关陇旧族，但是从父亲时代进入政治核心，投靠关陇集团，也可以算作关陇集团新一代成员。唐代虽然代隋而起，但是特别重视隋朝的经历，如来济这样的隋朝烈士后代，拥有一种很特殊的资格，所以来济成长也很迅速。他以文学著名，贞观的时候，已经官为中书舍人。永徽二年（651），拜中书侍郎。四年，与韩瑗同时升任同中书门下三品，成为宰相之一。五年，与韩瑗一样加银清光禄大夫。六年，代替柳奭成为中书令，并且检校吏部尚书。

韩瑗和来济，一个是中书省长官，一个是门下省长官，并且是同时任命。后来，他们两人也经常同进同出。唐高宗要立武则天为宸妃，本来是退而求其次的举动，就是在韩瑗、来济的阻拦下没有成功的。韩瑗和来济属于年轻一代政治家，他们的成长几乎都是在长孙无忌的提拔下完成的，虽然是长孙阵营中的有生力量，但是毕竟属于晚辈，对于唐高宗来说，也有争取的可能。所以，所谓和解政策的实施重点是韩、来，暗中也有分化敌对势力，拉拢有生力量的意味。

和解的申诉点，正是武则天当宸妃的问题。当时，正是由于韩瑗、来济的阻拦，武则天没有当上宸妃，也正是因为如此，高宗变本加厉地推动武则天取代皇后。废王立武完成后，认真推演，如果武则天顺利当上宸妃，定无后来废立皇后的事情，想来高宗和武则天窃喜当初宸妃之事被阻拦，所以对韩瑗、来济也有一点感激吧。毕竟他们的无心之举，是武则天后来当上皇后的一个动力。试想，如果长孙无忌也如此想，认为是韩、来暗中帮助了唐高宗，那么说不定还会对他们生出一股无名火。这是不是高宗的一石二鸟之计，我们如今已经无从考察，但是这个可能还是存在的。特别是当长孙无忌的主将褚遂良已经被贬出以后，拉拢韩瑗和来济，可以充分孤立长孙无忌，瓦解长孙无忌的阵营。

唐高宗的和解政策持续了一段时间。从永徽六年（655）十月，一直坚持到显庆元年（656）的年底，一年有余。其间，也曾有过很好的交流协作。显庆元年四月，唐高宗跟来济的一段对话被史籍记录下来，证明当时他们关系还是十分融洽的，因为他们可以从容讨论当时的政治问题。唐高宗说：我考虑养人之道，还是不得要领，你们给我说说。来济回答：所谓养人之道，其实就是与百姓休息，治理天下。他谈古论今，说出一番道理，最后建议轻徭薄赋。皇上的反应呢？“上从之”。皇上听从了他的建议。

这些都可以看作是唐高宗和解政策的执行。其实，从唐高宗的立场上看，和解应该是对朝廷最有利的事情，斗争势必造成政治动荡，对于最高统治者当然有害无利。所以，高宗坚持和解是能够理解的。我们习惯于把高宗的废王立武事件与唐太宗的玄武门事变相提并论，方式虽然不同，但都是夺权斗争，而唐太宗的手段更残酷。玄武门政变胜利以后，唐太宗立即实行了和解政策，收到了很好的效果，使得他的治国方略有了一个稳定的推行基础。如果废王立武之后朝廷依然斗争下去，那么皇帝的统治本身就是失败的证明。所以，唐高宗坚持和解不仅应当，而且必须，同时也值得肯定。



## 二 拒绝和解 试图反击

但是，和解不仅是唐高宗一方的问题，要停止斗争，必须双方共同认可方可生效。和解政策是否能够坚持下去呢？我们还要看结果。

结果是什么呢？结果是在显庆元年（656）的年底，宰相韩瑗忽然上书皇帝，为褚遂良鸣冤叫屈。这份上书，《旧唐书》的《韩瑗传》全文收载，使我们虽然千年之后，也能够仔细阅读。在上书中，韩瑗充分肯定褚遂良，认为褚遂良忠诚勤劳、爱国忘家，是社稷之旧臣、陛下的良佐，没有什么罪过忽然外贬，天下百姓都不能理解。皇帝如果惩罚他的直言，现在已经过了一年，也差不多了，应该原谅他本来就没有的罪过以顺应人情。

唐高宗接到报告，态度十分温和，专门把韩瑗找来进行解释。唐高宗说褚遂良的问题你应该了解，因为他悖戾犯上，所以给予责罚，这不是我的过错，为什么你要如此认为呢？韩瑗当着高宗的面也不示弱，说褚遂良是社稷忠臣，为谗言所毁，历史上这类事情很多，终会导致问题，陛下无故弃逐旧臣，恐非国家之福！两人最后根本没有谈拢。

分析韩瑗的上书，我们可以看到唐高宗的和解政策基本上失败了。韩瑗并没有被唐高宗争取过来，更没有改变他原来的立场。而褚遂良问题，刚好是一个试金石。褚遂良与高宗的冲突，说轻了，就是大臣直言对皇帝的冒犯；说重了，就是大臣没有把皇帝放在眼里。韩瑗替褚遂良说情，当然从轻的角度进行，但是即使如此，惩罚褚遂良是不是应该呢？于是陷于矛盾。如果说不应该，事实上已经惩罚了。如果说应该，那么何必说情呢？韩瑗选择的说服策略，是言轻褚遂良的错误，但是不可回避地认为处罚褚遂良是皇帝的错误。

高宗当然不能同意这个观点。他认为褚遂良是犯上悖戾，惩罚是应当的，自己当然没有错误。韩瑗在进一步说明时，依然坚持褚遂良是社稷忠臣的观点，稍微修改的一点见解是，皇帝上当受骗了。上了什么人的当呢？没有直说，反正是上了谗言的当。这虽然向来是为皇帝解套的一个办法，但是毕竟以皇帝愚蠢为前提，所以高宗也不接受。

唐高宗对于韩瑗的上书，做法很宽和，韩瑗赌气辞职，高宗也没有批准。“瑗以言不用，乞归田里，上不许。”（《资治通鉴》卷二〇〇）但是，这件事并没有就此结束，双方应该进一步结下了心结。韩瑗上书是一个重要信号，唐高宗企图和解，企图就此画句号，让过去的都过去，这个目标并不容易实现。韩瑗本来就与褚遂良立场一致，现在又出来替褚遂良说情。皇帝原本是要和解，和解就是旧事不再重提，就此打住，重新开始。褚遂良虽然不在京城，但是他的影响依然存在。这也可以证明，原来的对立派，依然是对立派。

事情并没有到此结束。显庆二年（657）三月，朝廷忽然下达命令，把褚遂良从潭州都督调转为桂州都督。桂州就是现在的广西桂林市。桂州比潭州好在哪里，其实也很难说。这个任命，从后来发生的问题看，似乎让褚遂良的境遇有所改善。而命令形成的细节，现在已经不清楚，应该是来济、韩瑗动议，皇上最后勉强同意的。

现在看来，他们这个事情做得太冒失。韩瑗（门下侍中）和来济（中书令），是否是在长孙无忌的赞同下作出这个决定的，我们现在不知道。但是，不久前韩瑗上书要求宽大处理褚遂良，皇帝并没有同意，而现在他们直接采取了行动。这让皇帝很不舒服，让皇帝又想起了从前。他们为什么眼中就是没有我这个皇帝呢？看来，废王立武事件表面上已经过去，但是矛盾并没有彻底解决。韩瑗的上书表明，他们并不认输。他们还有相当的行动能力。

唐高宗应该如何处置呢？

## 三　皇帝警觉　决心打击

褚遂良的调动，最糟糕的结局是引起了皇帝的警惕。显庆二年（657）七月，唐高宗李治果断采取措施，坚决打击韩瑗、来济。具体做法是许敬宗、李义府上奏，说侍中韩瑗、中书令来济与褚遂良等人图谋不轨。这个奏报得到皇帝的认可，八月，韩瑗贬振州（海南岛南端崖城）刺史，两年以后（659）死于该地，年龄只有54岁。来济贬台州（浙江台州）刺史，终身不听朝觐。

又贬褚遂良为爱州（在越南清化）刺史。来济贬官台州三年以后（660），转为庭州刺史。庭州在新疆天山北部，今天叫吉木萨尔。那是一个战斗前线。龙朔二年（662），突厥进犯庭州，来济统兵抗拒。当时的来济，内心一定很苦闷，产生了为国捐躯的想法，于是不卸甲连续与敌人拼杀，最后战死沙场。当时的来济只有53岁。

皇帝知道了来济的死，不知道心里是什么滋味，朝廷追赠他为楚州刺史，由国家出资，运送灵柩归故乡。他的故乡在扬州，从庭州到扬州，千里迢迢，来济用他的生命证明了对于国家的忠诚。跟皇帝意见不一致，不等于不爱国。此类悲剧，古往今来，一直没有停止上演。比较而言，来济因为死得壮烈，身后减少了很多麻烦。

仔细观察，我们会发现，对韩瑗和来济的处置并不相同。唐朝的刑事处罚有流刑，根据犯罪的程度，决定流放的远近。距离越远，意味着处罚越重。韩瑗第一次就发往振州，而来济比较好一些，贬往台州。当然后来又发往庭州，跟振州也就差不多了。那么，韩瑗、来济和褚遂良真的有谋反吗？当然没有。有记载说他们是谋反，看看对他们的处置，其实都不是谋反的处置。哪有谋反这种大罪不立刻杀头，反而让他们继续当地方长官的呢？

那么，这次处分到底是以什么名义呢？其实，史书的记载也是很含混的。《旧唐书》的《韩瑗传》说许敬宗、李义府诬奏韩瑗与褚遂良潜谋不轨，以桂州用武之地，故授褚遂良桂州刺史。我们看《资治通鉴》卷二〇〇也是如此记述：“许敬宗、李义府希皇后旨，诬奏侍中韩瑗、中书令来济与褚遂良潜谋不轨，以桂州用武之地，授遂良桂州都督，欲以为外援。”这种说法，就是谋反的说法。显然，这个说法影响比较大，特别是《资治通鉴》坚持这个说法，对于扩大它的影响是很重要的。

《旧唐书》卷八〇《来济传》的记载是："许敬宗等奏济与褚遂良朋党构扇，左授台州刺史。"这样的话，韩瑗与来济以及褚遂良的罪名不该是谋反，而是朋党。朋党是常见名词，但并不是罪名。这次事件，与以上几个人同时得罪的还有前王皇后的舅舅柳奭。《旧唐书·柳奭传》记载："为许敬宗、李义府所构，云潜通宫掖，谋行鸩毒，又与褚遂良等朋党构扇，罪当大逆。高宗遣使就爱州杀之，籍没其家。"朋党构扇，是以大逆的罪名处理的。至于柳奭的其他罪名，如谋行鸩毒之类，是后来发生的事情。柳奭这一次是从爱州刺史转为象州刺史，并没有死。象州即今广西象州。柳奭离开爱州之后，褚遂良被发往爱州当刺史。

以法律的名义，进行的是政治斗争。这不是第一次，更不是最后一次。

来济是中书令，韩瑗是侍中，两人是中书省、门下省的长官。从此，中枢机构，再没有了他们的身影。经过这次打击，对于唐高宗而言，对手丧失了基本的还手能力。最显著的一个标志，是褚遂良的上书。他到了爱州，上表自陈，大讲自己往日的功劳，如何在太子之争的时候，全力拥戴高宗，如何在太宗皇帝驾崩以后，与长孙无忌一起辅佐朝廷，保证过渡平安。他在报告中还讲到一个细节，在太宗去世的时候，唐高宗哀恸过度，褚遂良竭力劝导，当时高宗的一个动作是"手抱臣颈"。结果是高宗对这个报告没有任何答复。

褚遂良历数自己的功劳，为的是取得皇帝哀怜。但是，也暴露了皇帝曾经很无助，曾经很倚重长孙无忌、褚遂良。那么，这封信让皇帝感到的是什么？是褚遂良巨大无比的功劳，是皇帝忘恩负义的行为。所以皇帝无法反应，只能置之不理。因为褚遂良他们功劳太大，让皇帝感到有威胁。他们还有唐太宗当年的托付，这层关系始终是唐高宗的一个心结，因为他们动不动就把唐太宗抬出来说事，而让高宗觉得自己一直不是一个真正的皇帝。褚遂良难道一直不能理解高宗的心理？也不是不可能。

褚遂良最主要的动机应该是求情，请求皇帝宽容自己。但是，他的求情显得过于理直气壮。他不应该再摆功劳，原来他那么强硬，不就是因为这些功劳吗？他如果真的想求得皇帝原谅，这封信就不该这么写。要怎么写呢？我的理解，根据皇帝当时的心理，褚遂良认真反思，承认错误，承认对皇帝有所不敬，希望皇帝同意养老退休之类。如果那样，可能正中皇帝下怀。你要获得皇帝的同情，而不是逼迫皇帝就范。这是褚遂良犯的最后一个错误，十分可惜。

一年以后，褚遂良病逝于爱州，享年63岁。褚遂良生前最高爵位为河南郡公。高宗死后，遗诏放褚遂良归葬故里。武则天遗诏，恢复褚遂良的爵位。对于死者，因为他们再没有威胁，高宗和武后表现得还算有点宽容。

显庆二年（657）七月的打击政策，不仅把当朝的韩瑗、来济赶出了朝廷，把已经贬官在外的褚遂良和柳奭也一同给予打击。贬官外地，本身就是处理，而在不同的地域之间来回折腾，其实就是惩罚。旅行在当时，特别是贬官的旅行，是典型的体罚。但是，这个阵营的真正首脑长孙无忌没有受到任何冲击，那个时候长孙无忌正在全心全意地编修《显庆礼》，一部关于各种礼仪的典籍。那么，这是否意味着唐高宗对自己的舅舅已经完全放心了呢？既然身边的同党已经遭受处置，长孙无忌形单影只，也不会再有什么影响了，何况是皇帝自己的舅舅。也许皇帝的心思是放过舅舅，让他安度晚年。



## 四　步步追击　长孙倒台

长孙无忌是这派的领袖，又是皇帝的舅舅，又是托孤大臣，特殊的地方很多。显庆初，史书对长孙无忌没有多少记载。显庆元年（656）有一件事，与长孙无忌似乎有关，但关系不太清楚。他的表弟高履行，从太常卿改任益州长史。这可以看作是收拾长孙无忌势力的一个表现，但是具体背景现在已经不清楚。

显庆二年（657）的一整年都没有关于长孙无忌的记载。这一年打击韩瑗、来济，只说跟褚遂良有关，根本没有牵涉长孙无忌。

显庆三年（658）正月，长孙无忌把刚刚修好的《显庆礼》上交朝廷，唐高宗让朝廷大臣们进行讨论，有所修改，然后颁行天下。长孙无忌主持修改《唐律疏议》和《显庆礼》，这是他很重要的贡献。他跟皇帝的冲突，似乎也成为过眼烟云。

怎么对付这个舅舅，唐高宗一定已经思考很久。从永徽五年（654），唐高宗正式提出废王立武到显庆三年（658），时间已经过去了5年。即使从永徽六年确立武则天为皇后算起，至今也已经4年。其间，虽然不是完全风平浪静，但是长孙无忌看起来确实再没有挑起什么事端。这些年，皇帝应该经常想到长孙无忌。褚遂良在那封显示自己功劳的信上，也没有忘记写上长孙无忌。

要么皇帝还不想处置长孙无忌，要么皇帝还没有想好处置长孙无忌的方式方法。总之，皇帝与长孙无忌的隔阂已经很深，除非皇帝心结解开，否则长孙无忌早晚要受到处分。对于唐高宗而言，重要的并不是那过去的时光里长孙无忌都做了什么，而是未来长孙无忌会怎样。最核心的问题是长孙无忌到底有没有威胁性。现在没有资料可以证明这个问题，但是从后来发生的事情看，皇帝还是感到长孙无忌有威胁。

显庆四年（659）四月，该发生的事情终于发生了。

洛阳人李奉节告太子洗马韦季方、监察御史李巢结党营私，皇帝让许敬宗与辛茂将审理。许敬宗来者不善，韦季方觉得没有什么指望，决定自杀，但是没有成功。这大约激怒了许敬宗，于是，许敬宗诬奏韦季方跟长孙无忌勾结，陷害忠臣，让长孙无忌重新掌权，伺机谋反。现在事情被发觉，韦季方因此企图自杀。许敬宗按照这个说法向皇帝汇报，皇帝大吃一惊：“怎么会有这样的事情。舅舅心里不痛快是可能的，哪里会谋反啊！”许敬宗说：“反正我已经调查清楚，案件确实如此，谋反证据确凿，如果陛下还要怀疑，恐怕不是国家之福啊。”这种说法有一点威胁的味道。皇帝于是流泪说：“我家不幸，亲戚间屡有异志，往年高阳公主与房遗爱谋反，今元舅复然，这让我真的很羞愧。如果确实如此，要怎么办呢？”许敬宗说：“房遗爱乳臭未干，与一女子谋反，怎么可能成功呢？长孙无忌与先帝谋取天下，天下服其智；为宰相三十年，天下畏其威；若一旦谋反开始行动，陛下派谁能阻挡他呢？现在，有赖苍天有眼，被我们及时发现，这是天下的幸运啊。我担心长孙无忌了解真情，气急败坏，提前发动，麻烦还是很大的。”许敬宗还用当年隋炀帝被宇文化及杀害的例证说明，虽然原来隋炀帝对宇文化及很好，但事到临头还是无法保证安全。他说：宇文化及和他的父亲宇文述不仅受到隋炀帝的重用，而且与皇帝结为亲家，但是最后呢，还是杀害了隋炀帝。许敬宗使劲启发皇帝，“愿陛下速决之！”希望皇帝赶快决定。皇帝没有当场作出决定，而是命令许敬宗“更加审察”。

这是许敬宗第一次向皇帝汇报案情，君臣双方就此展开讨论。从这些文字来看，许敬宗意图陷害长孙无忌，而皇帝优柔寡断，不能下定决心。最后高宗命令许敬宗继续调查。许敬宗言之凿凿，说是已经掌握了长孙无忌谋反的证据，并且威胁说，凭着长孙无忌的威信，若真开始实施谋反行动，那就无人能够阻拦了。那么，为什么皇帝还是再三犹豫呢？是因为他心软下不了决心吗？想了解这一点，看了他们第二天的谈话才能明白。

经过连夜的审讯，第二天，许敬宗再次向唐高宗汇报：“昨夜韦季方已承认与长孙无忌共同谋反。”许敬宗问韦季方：“长孙无忌与国至亲，累朝宠任，为什么要谋反呢？”韦季方答道：“韩瑗跟长孙无忌说过，当初立梁王为太子，后来这个太子被废，所以皇帝也怀疑长孙无忌了。于是长孙无忌开始设计如何自保，想到了谋反以自安。后来，高履行外任，韩瑗得罪，于是加紧谋反步伐。”这样一解释，长孙无忌谋反的动机就明显了。于是许敬宗向皇帝建议，韦季方的证词，与事实都是符合的，请皇帝批准搜捕。皇帝于是流下了眼泪，说道：“如果舅舅确实如此，我也绝不忍心杀他；如果杀了舅舅，天下将会怎样评论我！后世将会怎样评论我！”许敬宗继续煽动皇帝：“古人有言：‘当断不断，反受其乱。’安危之机，间不容发。长孙无忌就是今日的奸雄，如同王莽、司马懿之流；如果陛下稍微延误，我很担心发生严重问题，到那个时候就追悔不及了！”唐高宗最后同意了逮捕长孙无忌。

综合许敬宗两次与唐高宗的讨论，我们可以看到一个基本的事实。显庆四年（659）四月，发生了一个案件，洛阳人李奉节告太子洗马韦季方、监察御史李巢结党营私。如果确实有这样的问题，最多如同韩瑗、来济案件一样当事人贬官外地而已。但是，接受审讯任务的中书令许敬宗要利用这个案件打击长孙无忌，于是千方百计把此案与长孙无忌联系起来。有的书，比如《旧唐书》的《长孙无忌传》，甚至说洛阳人李奉节的告发就是许敬宗背后指使的。《资治通鉴》没有采用这个说法，认为还是许敬宗利用了一个现成的案件。这些都是枝节问题，关键是许敬宗与唐高宗的两次讨论。透过种种假象，我们要抓住最基本的逻辑，才会发现真相。第一天，许敬宗向高宗汇报，说长孙无忌谋反。高宗反复思考，认为这样定案不合适，因为许敬宗根本没有谈及长孙无忌谋反的动机，于是命令许敬宗继续调查。所谓继续调查，其实就是把话说圆。第二天，许敬宗完成了这个任务，看起来是当事人韦季方的口气，其实就是许敬宗自己的逻辑。把梁王李忠拉进来，认为当初长孙无忌他们拥戴李忠，后来李忠被废黜了，于是感到自身的危机，开始策划谋反。后来韩瑗等人的案件发生，加上侄子被外放，所以长孙无忌加快了谋反的步伐。话说到这里，高宗认为可以自圆其说了，所以最后认定这个案件成立。

两天里两次君臣谈话，关键是为长孙无忌谋反寻找动机说辞，本质上就是在为长孙无忌罗织罪名。关键不是证据，而是自圆其说。你把长孙无忌这么重要的人物打成谋反，至少要说得通。两天时间里，君臣两人绞尽脑汁做的就这么一件事。其他都不重要。长孙无忌谋反案件，从一开始皇帝就参与其中，看起来许敬宗是打手，而指挥这打手的就是皇帝本人。

其实，案件要害不在于犯罪证据，也不在于自圆其说。许敬宗说出的那段话，道出了唐高宗的心声。长孙无忌与先帝谋取天下，天下服其智；为宰相三十年，天下畏其威。这样的权威人物，如果与皇帝一心，那是皇帝的左膀右臂，但是已经分道扬镳，就自然成为威胁。如果就这样相安无事不是很好吗？高宗这时对自己又信心不足，担心自己控制不了局面，所以只好提前解决，用这种诬陷的办法解除可能存在的危险。长孙无忌对唐高宗的威胁，客观上无法判断，但是在唐高宗心里的存在肯定无疑。

长孙无忌的最后结局，按照这个逻辑关系是可以预知的。历史文献记载此事，常常会注意到一个重要细节，那就是唐高宗最后并没有引问长孙无忌，就下达了处置命令：削去长孙无忌的太尉职务和封邑，转任扬州都督，但于黔州（今重庆市彭水县）安置，准一品供应。长孙无忌的物质待遇还不错，按照一品官的待遇供应，虽然名为扬州都督，但是并不到扬州赴任，而是安置在黔州。把长孙无忌送往黔州，使这个政治威胁远离长安，这会让皇帝安心一些。至于皇帝最后没有接见长孙无忌，那是因为所有的一切皇帝都了然于心，他没有必要向长孙无忌求证什么，如果见面，徒增尴尬而已。

既然主帅已正式被处置，其他人物的命运可想而知。根据许敬宗的上奏，褚遂良、柳奭、韩瑗等都是一党，于志宁也是长孙无忌的附属。皇帝照章批准。于是，追削褚遂良的官爵，柳奭、韩瑗除名，于志宁免官。派遣专使把长孙无忌押送黔州。长孙无忌的儿子秘书监、驸马都尉长孙冲等皆除名，流放岭南。褚遂良的儿子褚彦甫、褚彦冲流放爱州，但是在道路上就被杀了。益州长史高履行是长孙无忌的表兄弟，继续贬官为洪州都督。

## 五　展开追击　斩尽杀绝

显庆四年（659）四月，唐高宗展开追击，对长孙无忌为首的反对派给予了严厉的打击。不知道为了什么，高宗放弃了最初决定不杀长孙无忌的想法。三个月以后，唐高宗下达了决杀令。

七月，高宗命令御史前往高州追长孙恩，前往象州追柳奭，前往振州追韩瑗，并以枷锁押返京师，同时命令当地政府收录他们的家财。长孙恩是长孙无忌的族弟。大约这个命令还没有来得及执行，皇帝就命令李勣、许敬宗、辛茂将、任雅相与卢承庆等重要大臣重新审核长孙无忌的案件。中书舍人袁公瑜等人接受任务前往黔州，再次审查长孙无忌谋反的问题，最后逼迫长孙无忌自缢。至于柳奭和韩瑗，命令在当地处斩。于是使者在象州杀死柳奭。而韩瑗当时已经死亡，使者检查无误，回京交差。

长孙恩、柳奭和韩瑗三人家财被没收，他们的近亲都流放岭南为奴婢。常州刺史长孙祥是长孙皇后的侄子，因为与长孙无忌通信，处以绞刑。而长孙恩被流放檀州（今北京密云北）。核心人物很有限，但是受到牵连的人数众多。长孙无忌家族和柳奭家族因为两人牵连受到降级处分的有13人。高履行贬永州刺史。于志宁贬荣州刺史（今四川荣县），而于氏受贬者9人。

看得出来，高宗对于长孙一派人马采取了最严厉的斩草除根政策。于志宁是个“骑墙派”，立场并不坚定，但是唐高宗没有对他采取拉拢政策，而是严厉打击政策。主要的当事人，只有来济活在遥远的庭州。看来，对于来济已经算是网开一面了。是什么促使唐高宗最后采取了这样严酷的手段，至今看不到合理的解释。采取肉体消灭的办法，当然是解决政治纷争最彻底的办法，但是这种办法往往后遗症严重。唐高宗显然不在乎这些后遗症，十分坚决地使用了极端手段。

那么为什么高宗开始还是要明说自己不能杀长孙无忌呢？看看后来的手段，很怀疑开始的说法不过是烟幕弹。他担心矛盾激化，所以给对方留下了一条活路，虽然遭受打击，但是没有死亡之忧。三个月以后，高宗发现对方根本就没有反击能力，所以大开杀戒。这是一种可能。但是，对方没有反击能力，那就可以网开一面啊，为什么反而加大了打击力度，杀死那么多人呢？仅仅为了一绝后患？难道还会有什么后患？

历史被重重迷雾锁住，令人百思不得其解。

显庆四年（659）的四月到七月，发生的重要事件很少，只有六月公布了《显庆姓氏录》。这是由政府颁布的士族等第的权威名录，从此以后，皇后家族为第一等，然后根据任官品位、职位高低决定其家族的士族等第。传统的老牌士族，如果不在朝廷任高官，那么家族的等第只能降低。武则天、李义府这般新贵，一夜之间都成了士族中高级家族的代表。这是依靠政治修改社会规则的一次行动，贞观时期曾经尝试但没有成功，这一次才把唐太宗提倡的原则贯彻起来。魏晋以来，士族社会形成了一整套自身的规则，士族的等第要经过多少代人的努力才有可能发生改变。现在，士族等第直接等同于官员等级，这对于那些老牌士族而言，是完全不能接受的。但是，他们的抗议也没有意义，他们无法对抗政府，但是他们内心的抵触情绪是可想而知的。

但是，这事与后来对长孙无忌等人采取绝杀政策会有什么联系吗？千年以后，我在这里绞尽脑汁也不能明白。会不会是那些新上来的士族新贵，在他们大权在握的时候，担心长孙无忌等老牌士族卷土重来？于是他们就簇拥着唐高宗采取更严酷的绝杀政策？或许，皇帝也担心这些人死灰复燃，于是决定斩草除根？还是等待新资料或者高人为我们指点迷津吧。

至此，废王立武之争中长孙无忌一派的主要人物（来济除外）都已死去。

从永徽五年（654））到显庆四年（659），对长孙无忌的处置，用了6年的时间。这是高宗统治时期最重大的事件，对于唐朝政治有着深远影响。长孙无忌没有谋反是确实的，欲加之罪，何患无辞。如果长孙无忌谋反，为什么还在黔州享受一品待遇？但皇帝还是感到担心。长孙无忌没有谋反，但是皇帝真的担心长孙无忌谋反。

为什么选择在这个时候下手呢？永徽六年（655）宣布武则天当皇后，应该说废王立武已经完成，为什么那个时候不下手处置长孙无忌等人呢？为什么选择在显庆四年（659）最后处理呢？我认为，显庆三年最后平定了阿史那贺鲁的叛乱，应该是一个重要原因。至于韦季方案件，不过是一个借口而已。为什么看重叛乱的问题呢？因为国家处在局部战争状态时，皇帝当然要集中注意力。如果处置长孙无忌，引发政治动荡，那么就会不利于战争，国家遭受的损害会很大。李治是皇帝，这些问题必须多方考虑。

考虑适当的时机才动手，这更能说明一个问题：长孙无忌案件，是在唐高宗的完全掌握之中的。这跟打击韩瑗、来济不同。那次打击，皇帝有反击的味道。这次处理长孙无忌，则是主动发起进攻的。

陈寅恪先生研究这个问题时指出，废王立武标志着长期统治中国的关陇贵族集团退出了历史舞台，废王立武的历史意义比武则天称帝还重大。所以，我们分析历史问题的时候，不仅要就事论事，还要透过具体事实观察它的意义。对历史学家来说，搞清楚事件的真实性只是工作的一部分；发掘历史意义，发现历史对未来的影响，那也是重要的工作内容。陈寅恪先生之所以受人爱戴，就是因为他的史学见识十分高超，能够看到别人看不到的意义。

废王立武虽然是一个政治事件，但是社会意义远远超出了政治的范围。就在显庆四年（659）的六月，处理长孙无忌案件的同时，唐高宗颁布了《显庆姓氏录》。这是国家颁发全国的一部典籍，内容是界定谁家是什么等级的士族。这个士族族谱的权威书籍，一改以往的编纂原则，不再以家族多少代为标准，而是以当代为标准，只要当官进了五品，就可以进入这个族谱中来。魏晋以来的士族传统，只保留了一个名称而已，他们很抵触这个新的规则，称《显庆姓氏录》为“勋谱”。从此以后，虽然士族的说法依然存在，但是要搞清士族的种种含义，已经很艰难了。

那么又该怎么理解废王立武对于唐高宗的意义呢？你只要理解玄武门之变对于唐太宗的意义，就能理解废王立武对于唐高宗的意义。没有废王立武，就没有唐高宗的真正掌权，就没有唐高宗后来的一切。

从长孙无忌的立场看，长孙家族遭受到前所未有的打击，长孙无忌本身竟然被逼自杀。这让我们忽然想起，唐高宗的亲生母亲长孙皇后。她生前多次阻止长孙无忌当大官，而且念念不忘外戚干政的恶果。难道，她在很多年以前，就有什么预感吗？

# 第十一讲　悲剧渊源

外戚干政是太宗和长孙皇后的隐忧。太宗临终托孤时留了一手，给李治预备了两套班底。李勣就是制衡长孙无忌的力量，他最终在皇帝夺权时出手了。长孙之败，渊源有自。

长孙无忌的下场很悲惨。他是唐朝建国的功臣，是贞观之治的重要角色，是唐太宗最倚重的大臣。尤其重要的是，长孙无忌是支持李治当上太子的最重要力量，如果没有太子的身份，哪里会有什么唐高宗李治呢？但是，长孙无忌最后的结局，却是在遥远而荒凉的黔州被逼自杀。不仅他本人，与他关系密切的亲戚朋友，很少有不受牵连的，长孙家族几乎就是“家破人亡”。

这一切是怎么发生的，难道事先没有一点兆头吗？其实，一切都是渊源有自，那些非要到来的灾难，防都防不住。这究竟是个人的悲剧、性格的悲剧，还是时代的悲剧呢？

## 一　长孙皇后　其忧也远

长孙无忌的最后结局，让我们自然地想到一个人，那就是唐太宗的长孙皇后。长孙皇后有一个长久的担忧，就是外戚干政。

长孙皇后生前总是强调外戚不能干政，三番五次地这样对唐太宗讲。当时，包括唐太宗在内，大概所有的人都会感到奇怪：在唐太宗的时代，怎么会有外戚干政的可能性呢？

贞观元年（627）七月，经过长时间的争取，唐太宗终于让长孙无忌做了右仆射。唐代三省制，在贞观时期尚书省的长官是诸位宰相的首脑。尚书省的名义长官是尚书令，但是唐代基本上就不设尚书令，所以原来尚书省的副长官左右仆射就成了实际的长官。唐代尚左，左右并称左为大。唐太宗与长孙无忌原来关系就密切，早年是朋友，加上他功劳巨大又是皇后的哥哥，所以唐太宗多次想让长孙无忌出任宰相，但是长孙皇后就是不同意。她的态度很坚定，史书一般用“固”字来表示。她说：“妾托体紫宫，尊贵已极，不愿私亲更据权于朝。汉之吕、霍，可以为诫。”（《新唐书》卷六七《长孙皇后传》）她的意思是因为自己身为皇后，长孙家贵宠已极，所以不愿自己的兄弟再当权，汉朝的吕后、霍光都是前车之鉴。

长孙皇后一贯的作风是不干朝政，但是在哥哥的任职上，她却特别坚持。想一想她的举例，真是令人不寒而栗。吕后当权是在刘邦去世之后，她动员了诸吕分别担任重要职务，但是后来功臣联合起来，在吕后刚刚去世就灭吕救刘，吕氏家族基本上被灭绝。这当然是巨大悲剧。霍光在汉武帝之后当权，废立皇帝出自霍光，虽然屡有大功，但是子孙还是不能保，霍氏不用说，仅是连坐诛灭者就有几千家，这才是大悲剧。但是，历史上的这些情景，真的可能在唐朝出现吗？皇后的说法是不是过于危言耸听呢？唐太宗一定如此认为，还是坚持让长孙无忌出任右仆射。

长孙无忌担任右仆射时间很短，到贞观二年（628）正月，不过半年左右，这个右仆射的职务就免除了。为什么要免除呢？原来有人告发长孙无忌“权宠过盛”。这是一个秘密报告，唐太宗认为自己与长孙无忌不能产生隔阂，于是把密表给长孙无忌看。究竟长孙无忌有什么行为，让人告发权宠过盛呢？还有一种记载，说他是“权太盛”，结合起来考虑，其实就是长孙无忌依靠皇帝的宠信，揽权过度。当时的左仆射是房玄龄，根据房玄龄的性格，通常会忍让长孙无忌的。是房玄龄真的受不了了，还是别人看不下去了？不清楚，反正唐太宗获知长孙揽权的事实。皇后听说此事，严厉要求哥哥必须辞职，长孙无忌随后也请辞，皇帝虽然表示了亲密无间的意思，但还是同意了。这从一个角度证明，唐太宗对于长孙揽权的事情也是不喜欢的。

贞观十年（636），长孙皇后去世之前，作为遗嘱的一部分，再次提到不要自家掌握权柄。“妾家以恩泽进，无德而禄，易以取祸，无属枢柄，以外戚奉朝请足矣。”（《新唐书·长孙皇后传》）长孙皇后这一次说得比较清楚，她最担心的是“取祸”。取祸不就是惹祸吗？长孙皇后去世的时候，只有36岁，她对于家族取祸的担心，究竟是读书过程中产生的，还是有更具体的原因呢？联系长孙无忌个人的事情，我们不能不怀疑，皇后的考虑有针对长孙无忌个人的动机。

很多年过去了，当长孙无忌冤死黔州的时候，我们忽然明白当年长孙皇后的担心所在。她其实一直担心的就是皇帝重用长孙无忌，一直担心长孙无忌权力过大导致严重后果。在中国，我们知道外戚干政的后果都不好，会给朝廷政治秩序造成混乱，而外戚的结局往往更糟，要么被就地正法，要么被秋后算账。长孙皇后的心结就在这里。她不希望自己的家族因为外戚干政而破败。

那么，长孙皇后为什么担心长孙无忌呢？史料没有交代。运用一般的经验推导，这个世界上，没有谁比长孙皇后更了解长孙无忌。早年的破落和不幸，大概让长孙无忌燃起权力的欲火，发誓要掌控权力，享受权力。他的这些念头，别人不知道，但是妹妹最了解。所以，作为妹妹必须阻拦哥哥，尤其在贞观时期，在皇上十分信任皇后、信任长孙无忌的背景下，皇后必须千方百计加以阻拦。

但是，皇后的阻拦总是用暗示的方式来进行，这导致唐太宗的理解出现困难，于是皇帝和皇后在使用长孙无忌的问题上经常陷于冲突。皇后为什么不明白无误地说出真相呢？不能。为什么？在权力的顶峰，长孙皇后当然知道，如果说出真相，后果也不堪设想。如果皇后说长孙无忌权力欲望太强，一旦重用，就会酿成严重后果，那么唐太宗会怎么反应呢？很可能唐太宗就会对长孙无忌加强防范。而一旦皇帝有了这样的念头，悲剧就可能随时发生。在中国历史上，因为皇帝防范之心过强，导致大臣无端被杀的例证太多了。皇后读书勤奋，当然很明白这一点。所以，她想做到两全其美，既不要让长孙无忌掌握大权，又不让皇帝对长孙无忌产生猜忌。

皇后的想法很好，但是唐太宗完全理解吗？贞观之初，唐太宗与皇后关于重用长孙无忌问题发生冲突，虽然太宗违背了皇后的意志，重用了长孙无忌，让他担任尚书右仆射，但是结果却不出皇后的预料，长孙无忌果然出现揽权的问题。皇后乘机让他辞职，他也只好辞职。唐太宗公开替长孙无忌辩护，但是毕竟同意他辞职，说明太宗认同长孙皇后对长孙无忌的观点。

到了贞观后期，唐太宗对于长孙无忌的倚重十分明显，特别是在太子之争的过程中，长孙无忌发挥了那么大的作用，是与唐太宗对他的高度信任分不开的。不仅如此，李治的太子地位确立以后，围绕新太子，唐太宗建立的基本班底是以长孙无忌为核心的，贞观末期和永徽初期，长孙无忌担任三省领袖，其实就是唐太宗安排的。

难道说，这个时候的唐太宗忘记了长孙皇后的政治遗嘱了吗？忘记了皇后一再强调的不要出现外戚干政的叮嘱了吗？我在讲《从玄武门之变到贞观之治》的时候，就是这样认为的，认为唐太宗没有听懂长孙皇后的话，因为过分相信长孙无忌的忠诚而赋予他太大的权力。

经过一段时间的反复研究，现在知道，我那个判断是错误的。现在看来，一切都在唐太宗的预料和安排之中。我是从哪里获得这个新的认识的呢？从唐太宗托孤事件中发现的。从根本上来说，唐太宗托孤跟其他皇帝托孤没有什么不同，无非是让大臣们好好辅助新皇帝，治理好天下，所以托孤常常是要大臣更放心地工作。但是，唐太宗的托孤不同，虽然有要求大臣的一面，但是也有提醒的一面，更加特殊的是唐太宗的托孤是安排了两套人马。

这是怎么回事呢？我们必须仔细分析。

## 二　太宗托孤　两套班底

唐太宗给李治留下的班底，以舅舅长孙无忌为首。贞观二十三年（649）五月二十六，太宗临终前，把长孙无忌和褚遂良召到卧榻前，当然太子李治也在场。

唐太宗说："朕今悉以后事付公辈。太子仁孝，公辈所知，善辅导之！"对太子说："无忌、遂良在，汝勿忧天下！"又对褚遂良说："无忌尽忠于我，我有天下，多其力也。我死，勿令谗人间之。"于是让褚遂良写遗嘱。（《资治通鉴》卷一九九）

唐太宗这段临终的话，是遗嘱的主要内容。这个遗嘱有三层含义，实际上是三句话，而三句话的表达却是面对不同的人。第一，先说给长孙无忌和褚遂良，让长孙无忌、褚遂良好好辅佐李治。这是所有托孤的必有内容。正是因为新皇帝还年轻，缺乏经验，所以才会嘱托有经验可信任的大臣辅佐新皇帝。所以，这句话没有什么特殊之处，是托孤的老生常谈。第二，说给太子，让李治好好倚重长孙无忌和褚遂良。新皇帝是否信任托孤大臣，会成为后来政局的关键所在。唐太宗在这里是鼓励李治，只要依靠两位大臣，就不会有什么问题发生。前两句话，其实是要未来的君臣相互信任，相互支持。都是可以理解的通常道理。第三，面对褚遂良说长孙无忌，是这个托孤言辞中最难理解的一句话。让褚遂良保护长孙无忌，不要让人离间了长孙无忌和李治的关系。这是一句很奇怪的话，为什么唐太宗会担心有人离间长孙无忌呢？为什么唐太宗把这件事情看得如此重要呢？

这个遗嘱大有深意，证明唐太宗对未来有一些担心，表达了唐太宗一些不太明显的想法。比如，唐太宗为什么不防止褚遂良被人离间呢？一定是褚遂良没有这个可能。为什么呢？有一次唐太宗评论褚遂良说："褚遂良学问稍长，性亦坚正，既写忠诚，甚亲附于朕，譬如飞鸟依人，自加怜爱。"（《旧唐书·长孙无忌传》）褚遂良虽然在立太子这个问题上表现出色，但他是一个南方士族，在北方没有什么根基，这就决定了他在根本上是不能独立的，唐太宗在世的时候依附唐太宗，后来依附长孙无忌，因为长孙无忌是关陇贵族的代表，是唐太宗最信任的人。所以，唐太宗不担心褚遂良被人离间。这层意思还可以有另外的表达，即褚遂良被离间并不是严重问题，长孙无忌被离间才是严重问题。为什么？在当时，态势很清楚，在长孙无忌和褚遂良之间，长孙无忌才是领袖。如果褚遂良出问题，只要长孙无忌在，他自然会保护褚遂良。但是，如果长孙无忌被离间，褚遂良能够承担起保护的责任吗？显然不能。这个判断我们还真的遇到了实例。永徽初，褚遂良因为强买下属的房产，被御史告发，结果案件还没有审查清楚，褚遂良就被调到同州当刺史。研究者就有人认为，这是长孙无忌在保护褚遂良。那么后来长孙无忌出问题的时候，褚遂良在哪里？早就先行一步被处置了。

唐太宗说不要让人离间长孙无忌，这话实在太费解，也大有深意。被人离间，就要有被离间的前提，那么这个前提是什么？前提是长孙无忌和李治之间存在被离间的可能性。但是，李治当皇帝，长孙无忌出力最多、功劳最大，从李治方面说，应该满怀感激之情，怎么会怀疑长孙无忌呢？那么唐太宗这话的含义到底是什么呢？

唐太宗的这个遗嘱，让我忽然想到了另外一个遗嘱。那是贞观十年（636）长孙皇后去世前的遗嘱。那个遗嘱的核心内容之一也是关于长孙无忌的。皇后的意思是不要重用长孙无忌，不要出现外戚专权的现象，否则可能会出现灾祸。联系到长孙皇后的遗嘱，理解唐太宗的遗嘱就豁然开朗。现在看来，唐太宗跟长孙皇后真正是心心相印，他当然理解皇后的良苦用心。

原来，这句话有两层意思。

第一层含义，是说给长孙无忌听的。“太子仁孝，公辈所知”，这句话一定要注意，这暗示着一个重要问题，那就是太子与无忌之间如果出现矛盾，不应该是太子的责任。被离间，一定有被离间的理由。太宗的话，核心含义是让长孙无忌注意，不要给别人留下离间的可能，更清楚一点说，全力辅佐太子，但是要注意分寸，千万不能过分，否则就可能被离间。这里的所谓离间，就是长孙无忌与李治发生矛盾冲突。想想古往今来的离间事件，不都是发生在君臣之间吗？对于长孙无忌这样的大人物，皇帝以外的人士，离间不离间当然没有意义。那么，唐太宗担心长孙无忌什么呢？还记得贞观二年（628），长孙无忌从右仆射位置上下来的往事吗？开始，皇后不希望长孙无忌担任这个职位，皇帝不听，还是任命了长孙无忌。后来，有人告发长孙无忌揽权。皇后乘机劝无忌主动请辞。皇帝李世民虽然在朝堂之上为长孙无忌辩护，但是辩护的是长孙无忌的忠诚，并没有辩护他揽权，而且最后还是接受长孙无忌的辞职。对于长孙无忌，贞观年间，唐太宗还表扬过他，说他善避嫌疑。是什么事情呢？还是辞职那件事。说明那件事不论是唐太宗还是长孙无忌，大家都没有忘记。现在，唐太宗临终前再次提醒，意义重大。因为在未来的世界里，显然长孙无忌和李治的关系是最核心的关系，政治舞台是否和谐，这两个人的关系决定着一切。长孙无忌要想不被离间，就不要犯过去曾经犯过的错误，即不揽权，就应该安然无恙。这话应该说得很明确，长孙无忌应该听得清楚。

注意唐太宗提醒长孙无忌的方式，不是直言不讳，而是暗示。为什么不直接说呢？这跟长孙皇后提醒唐太宗的方式是一样的。暗示最能表达事情的复杂性。如果直接说出来，可能直接给长孙无忌和李治的冲突埋下隐患。

另一层含义是说给褚遂良听的。表面上看，是要褚遂良保护长孙无忌，角度是不要让人离间了长孙无忌和皇帝的关系。但是，我们已经说过，其实长孙无忌是不需要褚遂良保护的。那么皇帝为什么这么说呢？所以这里有深层的含义。唐太宗希望在长孙无忌和李治之间，褚遂良要保持独立的立场。很明显，如果不是独立的立场，他如何完成这个任务呢？他属于任何一方，都不能从中调解、斡旋。皇帝没有明说，但意思清楚，褚遂良你不能跟长孙无忌完全一致。设想一下，如果长孙无忌和皇帝真的发生冲突，按照唐太宗的这句话，他是希望褚遂良站在什么立场上？他难道会希望褚遂良帮助长孙无忌一起与皇帝对抗吗？显然不会。所以，对于褚遂良而言，唐太宗这句遗嘱最核心的含义是注意保持与长孙无忌的距离。

然而，我们上文已经涉及，褚遂良性格很勇猛，但是他在北方没有根基，他缺乏的是社会性格。唐太宗这些很隐晦的说法，褚遂良和长孙无忌如果都没有听进去，那该怎么办呢？既然唐太宗认定长孙无忌跟李治的冲突存在可能性，既然认为褚遂良“小鸟依人”难以独立，那么，万一长孙无忌不按照太宗的安排去做，万一长孙无忌揽权的老毛病再次发作，那又该怎么办呢？唐太宗是否想到这种情况下应该怎么办呢？经过研究发现，唐太宗其实还留下了另外一条暗线，为防备万一李治难以应付，唐太宗为李治还留下了另外一条道路。那是什么？不是什么，是一个重要人物，他就是李勣（原名李世勣）。

## 三　托孤之二　权力制衡

唐太宗并没有把一切权力都交给长孙无忌。唐太宗毕竟是英明的，他其实有多种准备，多个预案。为什么这么说呢？因为唐太宗有两次托孤行动。另外一次托孤的对象是将军李世勣。唐太宗通过托孤的方式，给未来皇帝李治安排大臣，有正副两个班底。一个是长孙无忌，另外一个是李世勣。

仔细分析，其中也是充满玄机。

首先，唐太宗曾经表示，把李治交给李世勣。有一次，李世勣生病了，唐太宗表现得十分亲切周到。

> 李世勣尝得暴疾，方云“须灰可疗”；上自剪须，为之和药。世勣顿首出血泣谢。上曰：“为社稷，非为卿也，何谢之有！”世勣尝侍宴，上从容谓曰：“朕求群臣可托幼孤者，无以逾公，公往不负李密，岂负朕哉！”世勣流涕辞谢，啮指出血，因饮沉醉；上解御服以覆之。（《资治通鉴》卷一九九）

李世勣忽然得了重病，药方中有一味药是胡须。唐太宗于是剪下自己的胡须，为李世勣配药。李世勣感动啊，磕头都磕出了血。唐太宗安慰他说，这是为了国家，不是为你，不用谢。后来一次宴会，唐太宗很从容地对李世勣说：我在群臣中寻找可以托孤的人，发现没有人比你更出色。你从前对得起李密，以后也不会对不住我的。李世勣拼命表示客气，把手指都咬出了血。他后来喝了太多的酒，沉沉睡去，唐太宗竟然脱下自己的衣服给他盖上。多亏这是在唐朝，要是在宋朝，这岂不是又一个“黄袍加身”？在唐太宗的话语中，李世勣的位置是最高的，因为可以托孤者，“无以逾公”，显然是说李世勣独一无二，最堪此任。既然是“无以逾公”，肯定包括了长孙无忌等人。看李世勣的反应呢，先是“流泪辞谢”，表示客气，表示感谢，然后“啮指出血”，这个动作的含义不清楚，可能是表示责任重大，也可能表示绝不辜负。最后是“因饮沉醉”，干脆喝醉了，心理压力太大还是有意糊涂，都不能确定。但是皇帝的话语是清晰的，李世勣当然也听得清晰。但是，他没有用信誓旦旦的方式表示接受，仅仅是表示受宠若惊。

有长孙无忌在，唐太宗为什么要对李世勣表示“可托幼孤者，无以逾公”呢？既然是在宴会上，一定还有其他人在场。李世勣的回答含混不清，你无法弄清楚他的那些动作到底是什么意思。他反正没有大义凛然地应承下来。这是李世勣向来的低调还是担心别人嫉恨？那么别人会如何反应呢？这确实是一个谜。

但是，在唐太宗去世的10天前，唐太宗忽然做出一个特殊动作。贞观二十三（649）年五月十五日，唐太宗忽然专门安排了李世勣，史书有如下记录：

> 上谓太子曰：“李世勣才智有余，然汝与之无恩，恐不能怀服。我今黜之，若其即行，俟我死，汝于后用为仆射，亲任之；若徘徊顾望，当杀之耳。”（《资治通鉴》卷一九九）

唐太宗对太子李治说，李世勣这个人聪明智慧，是个人才。但是，你对他没有什么恩情，所以可能用起来不方便。我现在把他贬官外放，如果他立刻上路，等我死后，你可以让他当仆射，亲自任命他，这样你对他就有恩德了。如果他徘徊不走，应该杀了他。结果呢？当宣布以同中书门下三品李世勣为叠州都督的时候，李世勣受诏，连家都不回，直接上路。通常，大家都认为唐太宗这是在临死前对李世勣做的最后一次考验，既然是考验，那么前提就是不信任。如果李世勣通过了考验，就让李治亲自任命他担任仆射，如果没有通过考验，那么就立刻杀了他。

唐太宗对李世勣的这个考验，是通过中书、门下省下发命令的，所以这个考验是一个公开的考验。这就意味着，长孙无忌等人是知道的。更奇怪的是，李世勣如同知道答案一样，反应十分迅速。唐太宗的答案是看李世勣听到命令后的反应，是立刻动身还是徘徊观望。叠州，在陇右道，现在属于甘肃甘南藏族自治州。从长安出发到叠州，还是属于出远门的，但是李世勣如同了解答案一样，根本不做准备，连家都没有回，立刻上路赴任。

李世勣的反应，可以推测出两个原因。一是李世勣聪明绝顶，知道皇帝快不行了，朝廷不希望他这个时候留在京城。他没有犯任何错误，一个宰相忽然贬官为边州都督，背后一定有问题，所以也不犹豫，立刻动身赴任。另外一种可能：李世勣了解这个游戏本身，知道谜底，所以反应迅速。

联系唐太宗曾经对李世勣托孤的事实，我以为对于李世勣的所谓考验，是唐太宗做给长孙无忌看的。唐太宗对于李世勣也是信任的，但是担心长孙无忌不容李世勣，担心未来长孙无忌不让李世勣当宰相，所以搞了一次考验游戏。一方面告诉长孙无忌，唐太宗对李世勣也不太信任，另一方面告诉长孙无忌，李世勣当仆射，是唐太宗生前任命的。名义上是新皇帝李治的任命，实际上是老皇帝任命的。这样，即使长孙无忌讨厌李世勣，也要考虑唐太宗的生前安排。



唐太宗很不容易，对于未来的江山社稷，真是煞费苦心。那么，唐太宗提醒长孙无忌不要过分，长孙无忌后来是怎么做的呢？唐太宗另一方面安排的李世勣这一力量，后来到底发挥作用没有呢？

## 四　太宗布局　高宗用武

永徽政治，权力二元对立，皇帝有名，而长孙无忌据实。皇帝开始是忍耐的，但是皇帝很早就开始有所行动。就在房遗爱案件执行不久，李治突然有一个人事任命：晋升李勣为司空。李勣，原名李世勣。唐太宗李世民驾崩以后，高宗为了表示孝道，忌讳父名，李世勣就去掉了名字中的“世”字，称为李勣。按照唐朝的制度，司空虽然没有具体职权，但是品阶很高，与太尉、司徒一样，都是正一品。长孙无忌是太尉，刚刚赐死的李元景是司徒，吴王李恪是司空。李勣显然取代了李恪的司空位置。

在长孙无忌的核心阵营中，李勣是圈子外面的冷眼旁观者。李勣虽然没有文化，但是绝顶聪明。一方面，他也受到过唐太宗的托孤，另一方面他又受到长孙无忌的排挤。他采取小心谨慎的政策，采取一切不问的态度，这样就不像薛万彻那样容易被人抓住把柄。所以，长孙无忌虽然很讨厌他，但是没有把柄，也无可奈何。他如此小心，很低调，很谦让，完全一副对别人没有威胁的姿态，这个策略，应该也让长孙无忌阵营比较满意，可能认为他已经屈服。

但是，皇帝李治却把吴王恪刚刚取消的司空头衔封给李勣，这件事情确实耐人寻味。皇帝到底要干什么呢？

司空仅仅是个名誉头衔，没有实际权力。这样的头衔，虽然也不是没有意义，但是毕竟跟实际的权力没有直接联系，长孙无忌也不好阻拦，因为没有适当的理据。皇帝也可以比较坚持。如果是有实际权力的职务，皇帝就必须征求长孙无忌的意见，长孙无忌也可以提出各种理由，比如人际关系，比如机构合作，等等。既然如此，皇帝为什么要拜李勣为司空呢？我们看看具体情形，或许就比较清楚了。

根据《李勣墓志》，当时高宗为李勣晋升司空，专门请人给李勣画像，皇帝亲自动手为画像题词，其中有“朕以绮纨之岁，先朝特以委公，故知知哲之明，所寄斯重。……茂德旧臣，惟公而已”。丹青画像，第一次在贞观十七年（643），即所谓凌烟阁二十四功臣图。现在，功臣之中，除了李勣之外，在世的还有尉迟敬德、唐俭、程知节（咬金）和长孙无忌。为什么唐高宗给李勣的赞词中，竟然不顾他人的存在，说什么“茂德旧臣，惟公而已”呢？其实，必须联系上下文一起考虑。这里，首先说先帝的托孤，然后说“惟公而已”。总的含义是，当今旧臣之中，受到先帝托孤重托，受到我倚重的人“惟公而已”。在李勣没有实权的时候，唐高宗再次提到唐太宗托孤的话题，一方面这是唐高宗明确无误地交心，另一方面是在提醒李勣应有的责任。而更重要的是，唐太宗向李勣托孤，高宗李治是清清楚楚的，“先朝特以委公”饱含信息量。关于这些，除了表面文章以外，那些深层次的问题，相信唐太宗跟李治一定会有很详细的交代。对于这些大臣以及大臣之间的问题，唐太宗也不可能不跟李治仔细交底。



唐高宗李治对于李勣说的这些话，不过是继承了唐太宗李世民安排好的计划而已。很明显地是在向李勣求援，高宗希望李勣支持自己，不仅是因为现在皇帝对他特别需要，也是因为先帝有重托在先。在唐高宗的这盘棋中，李勣显然是最重要的棋子，是皇帝必须倚重的力量。李勣当时的反应我们不得而知，但是后来的事情证明，李勣在关键时刻还是帮助了唐高宗。所以，唐太宗设置的李勣这颗重要棋子，在后来的历史进程中确实发挥了关键作用。

废王立武事件，以高宗的胜利而告结束。研究这个事件，历来有一个很重要的观点，就是李勣关键时刻的关键性表态。李勣有两个身份特征最重要：第一，他也是托孤大臣之一，同样具有老一代革命家的资格，具有一定的合法性；第二，他是现存最有权威的将军，某种程度上代表着军队。而军队，当然是政治实力的一部分。

唐高宗与长孙无忌的冲突，是唐太宗当年最不愿意看到的，所以有种种安排。那么到底是谁背离了唐太宗的遗嘱呢？这么复杂的政治斗争，不能简单地加以判断。但是，正如我们前面几讲已经涉及的问题，永徽时期，二元权力结构是出问题的关键。辅佐皇帝不是代替皇帝，长孙无忌忘记了回避嫌疑的问题。皇帝唐高宗要自己掌权是合理合法的，但是长孙无忌不知道及时避让。另外，褚遂良也忘记了唐太宗的交代，让他不要让人离间了长孙无忌和皇帝，意思是说要他站在皇帝和长孙无忌中间，起到一种平衡作用，而后来的褚遂良完全站在长孙无忌一边。

在皇帝与长孙无忌冲突的最后时刻，李勣表态支持皇帝。现在我们看到，李勣的这种表态是有根源的，一开始就是唐太宗布置好的，而唐高宗也明白李勣的作用。所以，某种意义上说，后来的局面唐太宗都有考虑，最终皇帝与李勣联合收拾长孙无忌，也是唐太宗安排的结局之一。然而，历史上，关于李勣的认识却有很大问题，甚至主流的观点都是认为李勣帮助了武则天，是他背叛了唐太宗。其实，在废王立武的时刻，没有人会神仙般地知道以后武则天会当皇帝，而李勣帮助的首先是皇帝李治，武则天最多是因此受益而已。

我们如此分析，会让人觉得唐太宗太神奇了，这样分析有没有可能失实？这里，我们可以再提供一些佐证。唐太宗晚年，心力交瘁的时候，心中最大的情结是什么？其实就是后世问题。他说过，生子如狼畏如羊，希望自己的儿子能够担当重任，能够独立支撑大局。刘洎之死，也能证明李世民这种心态。太宗生病，刘洎前往看望，回来以后褚遂良、马周很关心皇帝的病情，就向刘洎询问。刘洎说，皇上病情堪忧。可是等到皇帝病愈，褚遂良却向皇帝报告，说当时刘洎说：皇帝病情堪忧，不过也没有什么了不得，到时候新皇帝即位，我们就如同周公、霍光一样辅佐皇帝，有不安分者就杀掉，天下不会乱的。唐太宗一听，这还得了，于是展开调查。刘洎当然说自己没有这样说，并请马周作证。马周也出面证明刘洎确实没有这样说。而褚遂良坚持不变。唐太宗最后还是决定杀掉刘洎。过去我们分析刘洎之死，认为唐太宗要在大臣班底里选择，他只能选择长孙无忌和褚遂良，不可能选择刘洎，所以刘洎虽然冤枉也只好杀掉他。这是政治选择，不是道德选择。现在我们可以多一个维度来看待这件事：杀了刘洎可以警示褚遂良，皇帝最讨厌的就是后世出现霍光这种人物。仅仅被人诬告说了这种话就被皇帝杀掉，那么做出类似事的人呢？皇帝难道会放过吗？所以说，唐太宗的种种安排，是有他的根据的。而长孙无忌走向悲剧，也是有缘由的。

长孙无忌作为托孤大臣，核心使命是完成权力过渡，帮助新皇帝掌控好朝廷，然后自己功成身退。但长孙无忌犯了古今所有权臣犯下的错误，在他眼中，皇帝似乎永远不成熟，朝廷永远需要自己的经验和人脉。当皇帝需要一点皇帝的尊严，比如在挚爱的女人面前说话算数的时候，长孙无忌竟然全然不顾。朝廷的事情已经交给元舅了，后宫的事情自己也不能做主，甚至皇帝愿意妥协，只给武则天一个宸妃名号，还是惨遭拒绝。废王立武原本可以不发生，但长孙无忌太过强硬，没有给高宗留下应有的余地。高宗没有办法，只好全面决战。合法的皇帝与权臣之间，毕竟皇帝可以动用的资源更多。矛盾一旦挑明，朝廷的大臣选边站就在所难免，权臣的劣势于是暴露无遗。

按照古代中国的政治伦理，皇帝与权臣之间发生斗争，史家通常是站在皇帝一边的。但在废王立武事件中，我们看到的却是，史书几乎都是长孙无忌的同情者，即使有人指出长孙无忌在房遗爱案件中的前恶，也依然是同情长孙无忌的。是因为他们改换了政治伦理了吗？当然不是。史家知道废王立武之后的武则天之祸，把废王立武看作是武则天称帝的前因，而武则天称帝是废王立武的恶果，批评废王立武的判断就此形成。虽然历史学难免“事后诸葛亮”，但在废王立武的时候，武则天之祸是无法判断的，即使我们如同唐人一样把武则天看成是一个祸端。

皇帝向大臣夺权，这不是第一次。但是后来出现一个武则天，把这个过程的本质也湮没了。人们在追究武则天“篡权”的时候，记住了长孙无忌反对的态度，却忘记了长孙无忌对待皇帝的态度。历史本来是前事影响后事，然而历史学家最容易被后事左右，用“事后诸葛亮”的立场对前事进行自以为是的偏见观察。武则天当皇后确实是她当皇帝的重要前提，但是如果没有武则天诞生，更不会有武则天当皇帝的事情。这样的“如果”推理其实是没有任何意义的。武则天是历史的偶然，是造物主的灵光一现，推动武则天走向皇帝宝座的绝不是当上皇后这一件事，研究到底哪些因素推动了女皇的诞生，远比贬高宗抬长孙更有价值。

陈寅恪先生研究这段历史，认为废王立武影响深远，甚至比武则天当皇帝影响更大。为什么呢？因为皇后废立虽然已经完成，长孙无忌虽然已经死亡，但此事的影响依然在继续。具体来说，还有什么影响呢？

# 第十二讲　唐高宗的功臣们

三位支持高宗李治掌握大权的功臣，在高宗一朝命运各异。李义府贬官流放，病死边地。许敬宗私德有亏，死后也没有善名。李勣倒是一生功名赫赫，但在后世却也一样被大加贬斥。这些到底说明了什么？

在废王立武之争中，唐高宗取得彻底胜利，长孙无忌一派纷纷败亡。这让我们再次感到皇帝制度下政治斗争的残酷。

支持皇帝取得斗争胜利的，当然都成了功臣。没有武则天的皇后生涯，她日后的称帝是无法想象的。所以，当了皇帝以后的武则天，曾经在如意元年（692），即称帝以后的第三年，对当初支持自己当皇后的六位功臣进行追加赏赐，这就是李义府、许敬宗、御史大夫崔义玄、中书舍人王德俭、大理正侯善业、大理丞袁公瑜等六人。（《旧唐书》卷八二《李义府传》）这是后话。

其实，在废王立武事件中，发挥巨大作用的是三个人，李义府、许敬宗和李勣。他们三人情况不同，但都是唐高宗废王立武的大功臣。在反对派纷纷败亡以后，他们的情况怎么样呢？我们可以通过这三个人的宦海沉浮，了解高宗朝廷的政治环境。

## 一　得志便猖狂　李义府被劾

因为事先得到王德俭的通报，李义府关键时刻抓住了废王立武这件事，全面力挺唐高宗，所以本来被长孙无忌外贬的李义府，得到了唐高宗的重用。永徽六年（655），废王立武事件结束，转年改元显庆，李义府已经成为中书侍郎、同中书门下三品，是诸位宰相之一。

唐高宗的心理我们基本上可以理解，经过如此大的政治动荡，高宗希望朝廷回归平静。他的希望是停止斗争，和平共处。于是才有新任皇后武则天的上表，表彰韩瑗和来济。但是，政治波澜并没有沿着皇帝的思路波动。显庆元年（656）八月，朝廷发生了一件不大不小的事件，表明朝廷的政治动向依然复杂。皇帝全面控制朝廷没有问题，但是并不容易。这是什么事件呢？就是弹劾李义府事件。

### 弹劾李义府

李义府是中书侍郎，同中书门下三品，是宰相之一。有一位洛州妇人淳于氏，应该是一个闻名于世的美人，犯法被关进大理寺监狱。李义府喜欢此女，利用职权，要求大理寺丞毕正义枉法把美人放出来，计划纳之为妾。这个事情被大理卿段宝玄发现，于是上奏皇帝。唐高宗命令给事中刘仁轨等人审问调查，李义府害怕真相泄露，逼毕正义自缢于狱中。皇上知道了这个情况，决定放李义府一马，不予追究。

侍御史王义方虽然知道了皇帝的决定，还是决定弹劾李义府。他的表现，可以说是大义凛然。回家先跟自己的母亲说明原委和危险性：“义方为御史，视奸臣不纠则不忠，纠之则身危而忧及于亲为不孝，二者不能自决，奈何?”作为御史，发现奸臣不弹劾就是不忠诚，但是弹劾的话就会导致自身陷于危险，还担心殃及母亲，那就是不孝。忠孝之间不能两全，应该怎么办呢?他的母亲真是伟大的母亲，她回答自己的儿子说：“汝能尽忠以事君，吾死不恨!”你能尽忠，我虽死无憾，给自己的儿子以绝对的鼓励。为什么纠弹奸臣反而会发生危险呢?道理很清楚，因为这个奸臣背后有强大的靠山，那就是皇帝。他母亲的说法虽然依然是忠君的意思，但是，他们言论中的君主，已经不是唐高宗这个具体的皇帝，而是观念形态的皇帝。在这里，把君主转换为国家来理解应该更恰当。

得到了母亲的支持，王义方没有了后顾之忧，于是上告朝廷。王义方乃奏称：“（李义府）擅杀六品寺丞……生杀之威，不由上出，渐不可长。”（《资治通鉴》卷二〇〇）毕正义是大理寺丞，正六品，王义方的要求是继续调查，因为李义府杀害六品大臣，是擅自篡夺了本应属于皇帝的权力，罪行严重。御史弹劾官员，当事人不能在场。但是李义府不想离开，他应该是有所担心的。于是王义方大声申斥，李义府才不得已退出。

李义府犯法在前，皇帝已经决定不予追究。王义方在皇帝决定之后，还是出来弹劾李义府，虽然大义凛然，但是皇帝在王义方的弹劾中，处于什么位置呢?皇帝袒护李义府，简单明了。对此，王义方不是不知道。知道而坚持弹劾，皇帝感受如何呢?当然是不好受。因为这证明，皇帝的面子不够大。所谓打狗看主人，现在人家专门打你的狗，你身为皇帝，感觉能怎么样？

王义方在弹劾李义府的时候，说了很难听的话。说李义府有今天，不是因为才能，而是因为他的男色倾向，原来推荐他的人都是因为跟他有那种关系。李义府一副白面书生的样子，温文尔雅，未言先笑。有人给李义府起了一个外号，叫"李猫"，说他阴柔害人。这个外号，真是让猫也蒙受了不白之冤。但是，王义方在两个方面出了问题：第一，太不给皇帝面子；第二，涉及人身攻击。所以，这次皇帝一点儿都没有客气，说王义方毁辱大臣，言辞不逊。毁辱大臣是针对李义府，言辞不逊是对皇上。最后贬官外地，到莱州（今山东胶东半岛中部）当司户参军去了。

弹劾李义府事件表明，虽然皇帝以李义府为自己的大功臣，但是朝廷上很多人并不买账。李义府行为不检点，给皇帝添麻烦，但是皇帝更生气的是自己的地位，竟然如此不被看重。这说明，唐高宗虽然夺得大权，但是真正的权威还是没有树立起来。唐高宗不应该不知道李义府犯法在前，但是他却片面追究王义方。这里虽然有明显的袒护李义府的动机，但是他要打击对皇上不敬的行为，应该是更重要的动机。

李义府小人得志，成了皇帝麻烦的制造者。但是，他并没有就此罢休。他可能还是权力至上观念太浓，以为有皇帝为靠山，谁也奈何不了他。

### 李义府贬官

显庆元年（656），李义府确实因为皇帝的袒护，侥幸逃脱。显庆二年三月，与上次事件相距八个月以后，唐高宗提升李义府为中书令。唐高宗这是在示威，向那些还不服帖的大臣示威，不信你们不买账。

李义府确实是一个小人，一旦得志，便忘乎所以。既不能审时度势，又不能替主人分忧。以为曾经为皇帝立功，就可以横行一辈子。显庆三年（658）十一月，李义府和杜正伦两个中书令争权。杜正伦是贞观时期的大臣，是原来太子承乾的东宫官员。太子承乾出事以后，杜正伦也就被弃置不用。到唐太宗晚年，开始起用杜正伦，高宗当皇帝后让他当中书令。杜正伦在一班新官员面前属于老资格，大概也很习惯摆老资格。唐高宗这个时候应该有人才荒芜的感觉。一班有经验的大臣，多跟长孙无忌有关，他现在必须任用另外一批人。或者在废王立武过程中拥戴皇帝的，那就是许敬宗、李义府和李勣这些人；或者是在此事上没有什么表现，但跟长孙无忌无关的官员，杜正伦正是这种人。

李义府是新贵，是皇帝最新的功臣，他觉得自己立功很大，所以不服杜正伦，于是两个人在朝堂之上经常冲突不断，有的时候，还要请皇帝评理。皇帝烦透了，认为大臣之间不能和谐相处，两人都有问题。这一年的十一月，两人同时贬官外出，杜正伦为横州（今广西横县）刺史，李义府为普州（今四川安岳）刺史。不久，杜正伦就死在横州。

这个时候的李义府，贪得无厌，卖官鬻狱。史载："中书令李义府有宠于上，诸子孩抱者并列清贵。而义府贪冒无厌，母、妻及诸子、女婿，卖官鬻狱，其门如市，多树朋党，倾动朝野。"（《资治通鉴》卷二〇〇）皇帝宠信李义府，所以李义府一家满门富贵，甚至连怀里抱着的孩子都是高品。而李义府自己更是趁机贪污腐败，他的母亲、妻子、儿子和女婿们，都成了他卖官鬻爵的重要帮手。他们的家如同集市炒卖，纷纷攘攘，不论是朝廷还是民间，都大受影响。小人得志，猖狂已极。杜正伦之所以敢于跟皇帝的宠臣发生冲突，应该也与这些事情有关。皇帝两个人都处分，既有警告李义府的一面，也有维护李义府的一面。与李义府第一次受到的弹劾相比，皇帝给出的警告显然是严重了。这件事说明，皇帝也可能处分李义府，李义府所依靠的过去的功劳是不稳定的。

这次李义府贬官，让恨他的人大大出了一口气，也让原来巴结他的人想乘机脱离他。那是一个讲究门第出身的时代，士族出身的人在社会上拥有很强的优越感。李义府出身不是名门，因此很是自卑。他想到一个办法，就是跟其他有门第的李氏拉近关系。当时的李氏，一个是陇西李氏最有名，唐太宗李世民的家族就自称陇西李氏。另外就是赵郡李氏。李义府于是跟赵郡的李氏代表给事中李崇德打得火热，其实也是李崇德要巴结有权势的李义府。他们如何拉近关系呢？就是一同编写家谱，把两家写成了一家。这样一来，李崇德通过接纳李义府进入自己的家族，跟李义府建立了良好的关系。这种做法，一定为人所不齿，大家既笑话李义府，没有家世何必强求？也笑话李崇德，如此巴结权贵，不是辱没祖宗吗？所以，看到李义府被贬出，李崇德觉得自己的买卖亏了，于是从家谱中把李义府给开除了。这也是当时士族丧失品位的一个例证，人家有势力就写入自己的家谱，看到人家失势了，又开除人家。李义府得到了这个消息，心里那个气啊！

显庆四年（659）八月，李义府在普州当刺史不到一年，又被唐高宗调回朝廷，担任吏部尚书同中书门下三品，再次当了宰相。大家的笑声还在空中回响，面对如此政治变化，只好戛然而止冻结在空中。李义府恢复宰相职务之后的第一件事就是报复李崇德，让人告发他有什么罪，逮捕入狱。李崇德知道自己熬不过去，在狱中自杀了。



### 李义府之死

4年以后的龙朔三年（663）正月，李义府再次出任中书令，当时称作“右相”，主持选官事务。选官，就是任命官员，是很大的一种权力，很多人希望通过贿赂李义府升官，这也是可以想象的。于是李义府充分利用现有的权力和机会，卖官鬻爵，大捞特捞。《资治通鉴》卷二〇一对此有如下记录：

> 右相河间郡公李义府典选，恃中宫之势，专以卖官为事，铨综无次，怨盈路，上颇闻之，从容谓义府曰：“卿子及婿颇不谨，多为非法。我尚为卿掩覆，卿宜戒之！”义府勃然变色，颈颊俱张，曰：“谁告陛下？”上曰：“但我言如是，何必就我索其所从得邪！”义府殊不引咎，缓步而去。上由是不悦。

这个记载说，李义府凭恃着“中宫”（指武则天），卖官鬻爵，选举不公。唐高宗对李义府的事情很清楚，于是态度和缓地劝告李义府说，你的儿子和女婿行为不谨慎，干了许多违法的事情。我还在为你掩盖，你应该劝诫他们。我们要注意，皇帝的说法是和风细雨的，动机也是为李义府好。可是，李义府的反应呢？勃然变色，脖子也变粗了、脸也涨红了，十分不客气地说：是谁告诉陛下的？唐高宗说：如果我说得没错，何必追问我的消息来源呢？李义府也不道歉，缓步离开。从此以后，皇帝开始对李义府不高兴了。

这段文字，非常文学化，描写也十分生动。在对比皇帝的宽容和李义府的勃然作色以后，给人以鲜明的印象。大家自然而然就会加以分析：一个大臣，凭什么敢跟皇帝这样耍性子呢？因为前文有一句“恃中宫之势”，让人很自然地联想到，李义府背后一定有武则天的支持。

其实，这都是文学暗示，让你有意无意地向武则天方向思考。李义府卖官，是因为武则天支持吗？那么武则天为什么会支持？难道武则天要跟李义府分钱？武则天支持贪官，对武则天有什么好处？有利于良好名声的传扬？有利于自己控制朝纲？显然都不是。事实上，李义府卖官是因为他掌握了选官这个权力，而这个权力是皇帝给予的。皇帝对李义府的追问表明，皇帝也不喜欢他成为贪官。

那么，李义府为什么会对皇帝耍性子呢？只有一个可能，那是性格和认识问题。所有的贪官都认为，贪污本身不是问题，别人告发才是问题，所以都会跟李义府一样，事情有所暴露，他不会从自身寻找原因，而是追究消息是从哪里泄露的。同时，他也知道皇帝了解此事的严重性，他其实想申诉的是有人要整治自己，而不是自己有问题。他是不能承认有问题的，所以态度比较强硬。

至于皇帝表示的为自己好，他是不是真的相信呢？恐怕是半信半疑的。因为后来，李义府一方面变本加厉，另一方面也预感不妙。

于是，事情继续向前发展。

在李义府对皇帝摸不着头脑的时候，有一个名叫杜元纪的算命先生及时出现了。他告诉李义府，不祥之兆啊，你家的居所有问题，有气象显示，你家将有牢狱之灾。李义府一想，对啊，皇帝那么问我，让我入狱还不容易！那怎么办呢？李义府可能很慌张，就这样问算命者。算命者通常都是这样，你的回答一旦证实了他的猜测，那么他对付你的办法就源源不断了。算命者煞有介事地说，要压住这个牢狱之灾，需要二十万缗钱。一千文是一缗，二十万缗就是两亿文钱。一匹马是两万文左右，两亿文钱，可以买一万匹马。李义府家看来也没有这么多钱，只好继续聚敛，拼命捞钱。长孙无忌的孙子长孙延，给了李义府七百缗钱，李义府给他一个司津监的官职。这个官职，正五品上。李义府的母亲去世大约也在这个时候，朝廷给李义府放了孝假，李义府就利用这个假期，与杜元纪一起出城东，登上乱坟堆，观察气色。于是，有人告发李义府，窥视天象，怀有异图。与此同时，卖官给长孙延的事情也被揭发出来，两项罪名同时出现。

唐高宗命令刑部刘祥道主审此案，命令司空李勣监督。调查属实，于是龙朔三年（663）四月，皇帝发布命令，李义府除名流放到巂州（今四川西昌市），他的儿子和女婿，也被除名流放庭州（今新疆吉木萨尔）。前一年，庭州刺史来济战死沙场，转年李义府的儿子、女婿就流放此地。这个地点的巧合，不知道是否考虑了来济的因素。

我们看到，李义府遇到危险，不是寻找武则天的帮助，而是与算命先生共同奋斗。唐高宗对于李义府的处理，这次很坚决果断。李义府流放，长安城举城庆祝，大家认为刘祥道消灭了一个大贼，有人还专门撰写了“露布”（这种文体用于战争取得胜利的时候，相当于报捷文告），说是“河间道行军元帅刘祥道破铜山大贼李义府”，一时间大快人心。三年以后的乾封元年（666）正月，皇帝到泰山举行封禅大典，大赦天下。但是，大赦文中规定，李义府这样的长流的罪犯，不在赦免范围之内。李义府也许一直抱着希望，这次大赦之后，李义府绝望之极，一命呜呼，年龄不过50多岁。其实，很多人确实担心李义府东山再起，这次李义府病死他乡，大家才一块石头落了地。

李义府是废王立武的大功臣，唐高宗开始也是对他很关照。但是李义府自以为功劳大，忘乎所以，加上贪婪之心太重，无所顾忌，终于成为皇帝的麻烦制造者而遭到抛弃。一切都是咎由自取，罪有应得。李义府在朝执政七年左右的时间。贬官一年，流放三年，最后病发而死。李义府死得不冤，冤的是武则天。非要说李义府是武则天的人，不是冤枉武则天吗？在李义府危难的时候，武则天根本没有出手营救，李义府宁可求助于算命先生，也没有去找武则天。李义府帮过武则天的忙，但主要是帮唐高宗的忙。李义府在唐高宗还是晋王的时候，就是晋王府的官员，唐高宗即位，李义府又成为中书省的官员。李义府跟唐高宗的渊源深厚，跟武则天没有单独的关系。所以，说李义府是武则天的人，是为了减少唐高宗的罪过，增加武则天的罪过。

把李义府这样的奸臣说成是武则天的人，实际上也是妖魔化武则天的手法之一。因为人们普遍相信，人以群分，物以类聚，坏人肯定跟坏人在一起，坏君主肯定重用奸臣。李义府这样的奸臣，是人所共知的，把他说成是武则天的人，有利于妖魔化武则天。

## 二　功臣许敬宗　私德亦有亏

不论是《旧唐书》还是《新唐书》，许敬宗都跟李义府同传，那么许敬宗情况怎么样呢？在唐高宗发动的废王立武斗争中，许敬宗比李义府了解情况更早，功劳也更大。在此后的政治生涯中，许敬宗一直比较平稳，没有李义府那样的大起大落。

许敬宗的功劳大概有如下诸项：

其一，赞成废王立武。与长孙无忌有过面对面的斗争，在发动朝臣赞成废王立武的过程中立过功。

其二，废王立武之后，首先提出换太子，废黜太子李忠而立李弘。

其三，打击韩瑗、来济，与李义府联名告发。

其四，打击长孙无忌，许敬宗是第一主力，也是第一功臣。

其五，打击宰相上官仪，他也是第一主力，此事回头再讲。

许敬宗一直是文臣，读书很多，文章写得漂亮。他在贞观的时候，已经是中书省的中书侍郎（中书省副长官）。唐高宗当上太子，他出任太子右庶子，是太子最重要的大臣。太子东宫官员，比拟朝廷的话，詹事府相当于尚书省，左右春坊相当于中书和门下两省。右庶子正四品，是右春坊的长官。所以他的情况与李义府相似，较早就跟唐高宗有比较密切的关系。加上后来多所立功，所以唐高宗对他十分信任，史称“任遇之重，当朝莫比”。

可以说，许敬宗是忠于皇帝的代表，但是，这个人在饮食男女方面问题很多，于是这方面成为他最麻烦的问题。

## 远嫁女儿

这个事情是唐高宗即位不久发生的，许敬宗把女儿嫁给了冯盎的儿子。冯盎是岭南首领，地方势力很大。他在隋朝末年适时地投靠唐朝，唐朝允许冯盎在岭南地方享有很大的权力。许敬宗把女儿嫁给冯盎的儿子，要了很多彩礼。当时，许敬宗是礼部尚书，相关礼仪应该了解，大概因为财迷心窍，才如此作为。结果，遭到弹劾，贬官到郑州当刺史。

这样的事情在我们今天已经不算什么了，我们甚至不能理解为什么许敬宗会遭到弹劾。婚姻是双方自愿的，嫁给远方的少数民族有什么关系呢？那个时代，是士族文化占统治地位的时代，士族家里讲究的礼仪规范，社会上也很受尊重。嫁给少数民族，远离故乡父母，会被大家看作是违背人情的行为，而为了金钱让女儿如此受罪，更是不可原谅的。所以许敬宗被弹劾，朝廷也给予他贬官处分。

## 父子争风

许敬宗跟他儿子的关系，比起远嫁女儿的事情来，更具有戏剧性，更令人不齿。许敬宗的夫人裴氏，有一个侍女，长得漂亮。许敬宗的长子叫许昂，也有才华。许昂跟母亲的侍女关系很好，是地下情人。许敬宗的夫人去世以后，许敬宗也看上了这位侍女，给她改成“虞”姓，然后结婚。按照法律规定，许敬宗娶夫人的婢女是非法的，不过这事没有人追究也就算了。但是，许昂对父亲的新婚看来很不满意，于是继续与这位继母暗地往来。历史记载说“不绝”。许敬宗很生气，不追究你们以往的事情已经很客气了，现在竟然如此不在乎我的感受。于是，许敬宗与这位虞氏离婚，然后以许昂不孝为名，要求朝廷处置许昂。最后许昂被流放岭南。几年以后，虽然他又打报告要求儿子返回中原，但是许昂回来没有多久就一命呜呼了。家庭丑闻，不堪入目。



## 贪生怕死

许敬宗早年还有一件事，也广为人知。他的父亲许善心是隋朝礼部侍郎。扬州事变隋炀帝被杀，宇文化及也要杀许善心。当时许敬宗在场，表现十分差劲，向政变者求媚，不顾父亲死活，只求保留自己的性命。而同时在场的虞世南，为了换得哥哥虞世基不被杀害，情愿自己替哥哥去死。这个故事广为流传，令人对许敬宗很不耻。

许敬宗这些故事，都是家里私人的故事。他做官，没有贪赃枉法的记录。他在打击长孙无忌的时候，也是枉法，但不是为了个人私利，那是皇帝的事业。所以跟李义府大有不同。不过，以往史书记载许敬宗的时候，更主要的是突出他的恶劣之处。史书记载龙朔二年（662）的一件事，涉及许敬宗的时候，也是为了突出他的人品恶劣。

左相（这一年正月刚刚改的官名，原来的门下省长官侍中）许圉师的儿子许自然，领人围猎践踏了别人的田园。田主当然愤怒，但是许自然竟然用鸣镝射杀田主。许圉师把儿子许自然杖一百，但是隐而不报。田主家到有关部门报告，但是御史台的领导人杨德裔不受理。很明显，这是官官相护，不能还百姓以公道。中书舍人袁公瑜了解这件事情后，暗中派人匿名向皇帝报告。唐高宗自然很恼火说：“许圉师身为宰相，儿子如此侵陵百姓，自己却匿而不言，这不是作威作福吗！”许圉师向皇帝道歉说：“臣作为宰相，以直道事陛下，不能周全所以得罪了人，现在被人攻击。至于作威作福，应该是手握兵权，或者身居重镇的人，臣是文吏，奉事圣明，唯知闭门自守，何敢作威福！”这个辩护实在蹩脚，一是强调受人攻击，儿子杀人怎么是别人攻击呢？二是计较皇帝“作威作福”一词的使用不当，这不是节外生枝吗！于是皇帝大怒，说道：“怎么，你恨自己没有兵权吗！”皇帝真发火，许圉师也就没词了。许敬宗认为许圉师太过分，对皇帝说：“人臣如此，罪不容诛。”于是皇帝命令让许圉师离开朝廷，后来许圉师被免相贬官到外地当刺史，史书记载他在地方上表现优异。

许圉师的父亲是唐初有名的许绍，是高祖的同学，受到高祖的重用，但是没有等到统一天下就病故了。许圉师进士出身，显庆二年（657）的时候迁黄门侍郎、同中书门下三品，成为宰相并兼修国史。他的履历显示，他应该是与许敬宗拥戴不同的派别，也不是长孙无忌一派的人。他儿子杀人御史台不受理，是袁公瑜派人告发的，而袁公瑜正是逼杀长孙无忌的人，是后来武则天公开感谢的人物之一。许圉师有错在先，跟皇帝辩护又不得要领，引发皇帝愤怒。许敬宗乘机说话，认为他罪不容诛。其实，后来皇帝把他外放贬官，并没有真的杀他。那么他与许敬宗一派的矛盾应该是存在的，但是他还有御史大夫帮忙，看来也有自己的亲近官员。许敬宗的发言，给人以落井下石的印象，如果考虑两派的不同调，加上皇帝当时的心情，如此说法也没有什么。

许敬宗以读书见长，长期担任修撰史书的工作。从《旧唐书·许敬宗传》开始，就认为许敬宗编纂的史书大有问题，说他肆意歪曲事实，跟自己关系好的人就在史书上说好话，甚至不惜张冠李戴。这些说法，现在已经很难证实，但是他可以为了打击别人枉法行事，被人说史书撰写不能实事求是也能理解。而且史书的撰写，为胜利的一方歌功颂德是常见现象，许敬宗大概走得更远。

许敬宗生前波澜不惊，但在死了以后却出现了一阵波澜。咸亨元年（670），许敬宗请求退休被批准，仍加特进，俸禄待遇不变。咸亨三年（672）薨，年81岁。高宗为之举哀，废朝三日，诏文武百官就第赴哭，册赠开府仪同三司、扬州大都督，陪葬昭陵。高宗给予许敬宗的荣誉是很大的，但是在讨论给许敬宗谥号的时候，却发生了很激烈的争执。太常博士袁思古，紧紧抓住许敬宗对待儿女的问题不放，“弃长子于荒徼，嫁少女于夷落”，虽然有才能、有地位，却名实不符。他认为许敬宗的地位是名，对待子女问题是实际，所以建议用“缪”为谥。许敬宗的孙子太子舍人许彦伯不胜其耻，称袁思古与许家过去有过节，所以有意为难。户部尚书戴至德问太常博士王福，王回答说，许敬宗忠孝不如何曾，饮食男女之累，超过何曾，而当时何曾就获得了“缪丑”的谥号。

古代给政治人物一个谥号，那就是盖棺论定的一种评价，关系到对此人的最终定位问题。我们看到，虽然许敬宗很受皇帝重用，说他对皇帝忠诚也是可以成立的。但是，太常（礼院）并不买账，他们还是抓住他的私德有亏不放。其中一个重要的参照系就是何曾。礼官认为何曾忠孝可称，只是奢侈而已。其实不然。何曾在魏晋替代之际，参与阴谋，所以对西晋可以为忠，对于曹魏则不能为忠。西晋时定何曾谥号为“缪丑”的是太常博士秦秀，也正是这个秦秀，给当时的贾充定谥号为“荒”。虽然秦秀的两个谥号都没有被批准，何曾最后定谥号为“孝”，贾充定谥号为“武”，但在唐朝这却成了典故。典故其实并不重要，重要的是高宗时期的官场生态。所以，在唐朝礼院定大臣谥号的时候，特别当他们援引西晋的例证时，很容易让人联想到政治的态度和立场。这些礼官他们不知道许敬宗在皇帝那里很吃香吗？当然知道。但是，他们为什么不用正面的谥号呢？他们其实针对的就是许敬宗的政治作为。许敬宗甘心做皇帝的走狗，疯狂咬人，身前当然有皇帝的庇护没有问题，但是身后的评价却很难说。这给我们一个启示，即使在顺境的时候，也要留有余地，做人要有分寸感。但是，这依然是很难的，因为在政治斗争发生的时候，不允许留有余地，否则就是立场不稳。

在这里，我们必须指出的是，其实许敬宗也不是武则天的人。在唐高宗和武则天之间，有大臣会放弃皇帝，专门一心听候皇后的指示吗？不会。当皇帝与皇后一体的时候，其实，没有必要区分一个人属于皇帝还是皇后。那么，为什么史籍的记载却总是强调许敬宗属于武则天呢？从道德的立场看，许敬宗也不是好人，把他跟武则天联络起来，这是妖魔化武则天的又一个证据。

## 三　李勣得善终　生前身后名

在废王立武的斗争中，对于唐高宗而言，代表性的功臣主要有三位，李勣、许敬宗和李义府。李义府、许敬宗的历史评价都甚低，那么李勣的情况呢？

李勣在废王立武中，是皇帝倚重的力量，功劳巨大无比。同时，李勣是当时最著名的将军，此后虽然地位最为显赫，但是同样为国出征，不辞辛苦。特别是总章元年（668）九月，他以75岁的高龄统帅军队进攻高句丽，刘仁轨、薛仁贵都是他的手下大将，最后占领平壤，俘虏高句丽王。高句丽是隋唐几代皇帝的心病，多次出击都铩羽而归，隋朝的灭亡都与此关系密切。唐高宗虽然给了李勣尽可能多的荣誉和很高的地位，但是改变不了自然规律。公元669年，76岁的李勣去世。李勣的一生，为唐朝领兵出外作战无数，很多关键性战役他都扮演了重要角色。贞观四年（630）的东突厥之战，贞观九年的吐谷浑之战，贞观十九年的辽东之战，贞观二十年的漠北薛延陀战役等，都有李勣的身影。高宗时期，李勣成为头等重要的元帅，辽东战场的多次战役，都是李勣担任最高指挥。在他生命的最后一年，他还完成了高句丽战役，至少为唐高宗的皇帝虚荣心，献上了最耀眼的鲜花。

对于李勣的评价，新、旧《唐书》有很大的不同。《旧唐书》没有记录李勣支持唐高宗废王立武的事情，对于李勣的战功、谦逊、仗义，几乎满篇都是赞誉之词。但是，到了《新唐书》，虽然对于李勣的战功也多有赞誉，不过，作者更关心李勣在废王立武中的作用，并且大加斥责。《新唐书》卷九三的赞语说，李勣"私己畏祸，从而导之，武氏奋而唐之宗属几歼焉"。说李勣差一点"一言以丧邦"。所以，请大家注意，从宋代人开始，评价李勣，最看重的事件是李勣支持废王立武。

李勣这个人，在个人道德方面，很少有瑕疵。他本是李密的部下，李密投降唐朝的时候，李勣独自防守一方。后来听了魏徵的话，决心投唐。他派使者到达长安，带着地图和人口数字资料。但是，来人没有直接到唐朝投降，而是找到李密，由李密上交这些资料，让李密来立功。当时唐朝就深受感动，认为李勣能够不忘故主，情深意厚。这就是唐太宗说李勣以前不负李密的典故。李勣作战，善于谋划，胜利之后，总是把功劳推给属下，战利品也一概分给士兵，与此同时却是军纪严格，所以战士乐为之用。

李勣的家庭也很和睦，家风严谨，当时就很有名声。李勣的儿子李震，先于李勣去世，李震的儿子李敬业继承了李勣的爵位英国公。李勣临死，有一番遗嘱，除了薄葬以外，特别强调门风严谨。他对弟弟李弼说，如果子孙结交非类，不能慎言谨行的，立刻榜杀然后上奏，不要让后世笑话。他说，他看到房玄龄、杜如晦一生的门户被后代轻而易举地摧毁，深有感触。

与李义府、许敬宗比较起来，李勣在私德上堪称典范，但是宋人邵博《邵氏闻见后录》卷十评论说："何能虑其家，不能虑其国也！真鄙夫也哉！"《新唐书·李传》赞语也说："惜其不通学术，昧夫临大节不可夺之谊，反与许、李同科，可不戒哉！"这是说，李勣可惜了，私德上可以说很是完美，但是不懂得大节坚守，所以最后落得一个跟许敬宗、李义府这样小人一样的地位。至于邵博的骂声更加响亮，认为李勣如此关心自己的小家，却不能关心国家，是一个真正的可鄙之人。

三个支持高宗废王立武的重要人物，我们看到的历史评价是越来越低。其实三个人除了支持废王立武以外，几乎没有共同之处。李义府是个彻头彻尾的小人，许敬宗没有贪赃枉法的记录，李勣道德上差不多是一个完人。可是，为什么他们还是被评价到一起了？可见，政治立场才是历史评价的最为重视的要素。

从中，我们可以得出两个重要结论。

第一，政治立场与私德没有必然联系，在政治立场的选择上，不是坏人一个立场、好人一个立场。虽然传统史学重视道德因素，但是在实际的政治运行中，情况是错综复杂的。

第二，历史评价中最难避免的就是“事后诸葛亮”。为什么李勣跟李义府一样被骂呢？因为他们都支持废王立武。为什么支持武则天当皇后就该被骂呢？因为如果武则天不当皇后就不会称帝。关键还在于武则天称帝。那么，李义府也好，李勣也好，他们支持武则天当皇后就等于支持武则天取代唐朝吗？当然不是。但是，后来的历史学家偏偏如此看待，把两者混同为一件事。立武则天为皇后，与武则天当皇帝，确实有密切关系。但是，李勣是当事人，没有谁真的能预知未来。他们当初与其说是支持武则天，不如说是支持唐高宗。邵博是宋人，是“事后诸葛亮”。因此而痛骂李勣，因后事而看前事，虽然聪明，但是并不恰当。

所有这些评价问题，我们一定要回到关键因素上去。谁是关键因素呢？武则天。武则天在唐代的历史上横空出世，确实是一个很壮观的历史现象，但是就旧史学而言，妖魔化武则天，则是唐史上最大的一个黑幕。受到武则天牵连的，其实远远不止李勣，就连唐高宗也不得不背上好大的一口黑锅。

唐高宗与武则天的关系，我们到底应该怎么看呢？

# 第十三讲　帝后一家

废王立武之后，李治挖空心思为她扬名立望，而武则天也默契配合。尽管中间闹过小风波，但仍可以说，这是一对比较完美的夫妻档。高宗是真正的权力掌握者，武则天也安其本分。

废王立武事件，因为牵涉当时基本的权力结构，所以惊动很大，影响深远。对于唐高宗而言，废王立武就是他的玄武门事变。胜利虽然是胜利了，但是善后的任务同样繁重。这一年，永徽六年（655），唐高宗28岁，武则天32岁。他们还年轻，但任务并不轻松。

## 一　高宗急务　自我证明

废王立武，是皇帝全面夺取权力的一次战役，但这毕竟是围绕着皇后的废立展开的，皇后仍然是政治视觉的焦点。胜利之后，唐高宗想让已经激化的矛盾消解，所以采取了和解政策。唐高宗很想像父亲一样，玄武门事变之后，立刻宣布天下和解，在全国推动和解政策。但是从李义府被弹劾以及韩瑗继续为褚遂良辩护这两件事情上，唐高宗感觉到，自己的和解政策对方并不领情。于是，善后变成了打击和追击。先把韩瑗和来济赶出朝廷，接着对长孙无忌大开杀戒。矛盾是用肉体消灭的办法来解决的，而这种解决方式留下的后遗症在政治上更大。看起来好像是因为没有道理说服人家，才采取最野蛮的方式，结果虽然是人人三缄其口，但是人家心里服吗？肯定不服。

反对派当初反对武则天为皇后，可不是从皇帝权力这一点进行申诉的，他们申诉的重点是武则天本身。武则天的问题有两点被人抓住：第一，曾经是先皇的女人；第二，出身不高。褚遂良当初就说了，王皇后没有错误不应被废，即使皇帝非要换皇后，也应该找一个好人家的女儿，为什么要找武则天呢？这对高宗来说，刺激是很大很久的。前者，唐高宗用先皇赐给来解释，虽然谁都知道这是撒谎，但是没有人会去追问，唐高宗也不可能纠缠这一点。所以，为武则天辩护其实就是为自己的行为辩护，就是证明废王立武的正确性。唐高宗的工作重点是辩护武则天出身问题，这是自我证明。

出身是既定的，这要如何辩护呢？

魏晋南北朝时期，是中国历史上的一个特殊时期，这个时代就是所谓的门阀政治时代。那些世家大族把握政治、经济特权，特别是在当官这个问题上，有九品中正制，专门为他们服务。出身高，很容易当官，并且容易当大官。平流进取，坐至公卿。如果出身不高，即使有才能，也没戏。有诗人对此表示不满，说这就像山涧里高大的青松和山顶上的小草一样，青松当然高过小草，但是因为你出身不高，绝对的海拔高度就是没有小草高。（西晋诗人左思《咏史·其二·郁郁涧底松》）不合理是不合理，但是当时的人没有办法。隋唐时代，取消了九品中正制，但是士族门阀的观念依然存在。在社会上，出身士族之家的人，依然自我欣赏，依然瞧不起其他人。朝廷之上，也是这种风气占据主流。所以，褚遂良他们可以公然地看不起武则天的出身。

唐高宗如何进行工作呢？我们总结出了两条。第一，利用现有权力，充分表达对武则天的尊重，不是皇帝自己的尊重，而是满朝大臣、天下臣民对皇后的尊重。这种仪式性质的举动，也许对于少数人是无所谓的，他们可以在心中依然表示抗议和不承认，但是对于多数人而言，仪式的意义是重大的，是能够说明一切的。第二，就是运用国家的权力，提高皇后家族的地位，包括重新制定士族的等级。你们不是重视家族出身吗？你们不是说皇后出身不高吗？好，我重新制定并向全国颁发新的士族等级规定和名单，不信动用国家的力量还抗衡不过你们的士族传统。唐高宗想干什么？唐高宗的这些行动，我们可以用时髦一点的概念表达：考虑到武则天当皇后的困难，唐高宗为了证明自己正确，他要运用一切资源，捧红武则天。一个丈夫，要想保护好自己的妻子，在当时的条件下，唐高宗尽了最大的努力。

## 二　调动资源　努力自证

### 表现皇后的宽大为怀

永徽六年（655）十月十三日，皇帝下诏废王皇后、萧淑妃为庶人，宣布立武则天为皇后。同月二十一日，大赦天下。就在大赦天下的那一天，武则天上表给皇帝，说当初韩瑗、来济反对任命自己为宸妃，敢于面争廷谏，是一种真正为国的表现，希望皇帝给予嘉奖。现任皇后的上表，皇帝怎么处理的呢？皇帝拿给两个当事人看。“上以表示瑗等，瑗等弥忧惧，屡请去位，上不许。”韩瑗、来济很快作出了反应，他们的反应是担忧，是恐惧。以为这是正话反说，以为这是在秋后算账，所以要求辞职，皇帝当然不肯。因为皇帝想和解，想休战。后来，果然皇帝很平和地对待两人。

皇帝要和解，为什么要武则天上表提出呢？是武则天独出心裁，没有经过高宗就擅自提出这个建议吗？根本不可能。如果皇帝不同意，皇后哪里敢自己提出这么一个建议呢？退一步说，即使皇后提出，如果皇帝不同意，别人也无法知道真相。所以，这其实是皇帝要和解，而让皇后来当好人。这个上表，当然不是猫玩老鼠，而是要表达武则天宽大的胸怀以及一切以国家为重的精神。皇后的宽宏大量，就是皇后品质的一个表现，这是高宗希望天下、希望原来的反对派看到的。拥有了权势，不去计较，不去报复，这当然是美好品质。

寻找机会，显示新皇后的高尚风格，让天下人看到，高宗选中武则天没有错。母仪天下，就应该宽宏大量，就应该以天下为己任。即使是原来的冤家都不去计较，从一般意义上说确实令人钦佩。从武则天的视角说，这是正面表现。从唐高宗的立场看，这是自我正确的证明。国家虽然是权力本位，但是道德立场主持舆论，没有道德的支持，权力就不能变成权威。唐高宗需要建立自己的权威，既然从皇后开始，就要从皇后发展，要把因为立皇后产生的消极后果通过皇后的正面表现消除干净，甚至建立更加正面的形象。用今天的话来说，高宗是希望通过捧红武则天，来证明自己。

## 举国尊重皇后

本来高宗想私下里解决皇后废立问题，但是长孙无忌他们不同意。而当李义府上书要求废立皇后以后，局面发生改观，唐高宗获得了部分大臣的支持，而废立皇后的事情也不能再保密了。于是，高宗索性把这件事情放大，让全体朝臣都来尊重皇后。

永徽六年（655）十月十九日，百官上表，请求立武则天为皇后。看上去，问题好像是在百官的强烈要求下，皇帝只好尊重大家的意愿，下诏命令立武则天为皇后。立武则天为皇后本来就是唐高宗的心愿，但是，他的确立武则天诏书竟然好像是在响应百官的要求。充分利用百官来表达民意，看来唐高宗很有心得。他在表面上获得了多数支持，至于百官内心如何，皇帝未见得重视。

值得注意的是，废王立武是经过斗争才实现的，主要大臣是反对的。唐高宗充分运用手中的权力，最后形成的局面是百官集体要求武则天当皇后。而唐高宗确定武则天当皇后的诏书，竟然变成不得不答应百官的请求。这就是皇帝制度下的以群众名义办事，一切都是上面安排好的，而群众本来是被动接受者，却要做出一副积极主动的样子。因为百官上表请立皇后在前，而皇帝下诏批准在后。

于是皇帝进一步提出要求，要百官拜见皇后。永徽六年（655）十一月，一切册立皇后的手续全部完成，司空李勣和于志宁亲自受命向武后颁发皇后证书。同一天，百官在肃义门朝见新立的武皇后。具体朝见的情形不清楚，应该是皇后站在肃义门上，百官在下面拜见。根据《新唐书·武后传》的说法，这开创了一个新的礼仪，从此以后，百官朝见皇后成为定礼。说是百官，还有各民族代表。同时举行的一个礼仪是内外命妇谒见新皇后。百官朝见皇后，言下之意就是正式承认。至于内外命妇谒见，是拜见正式领导人。所谓母仪天下，内含的一个意思是天下女性的领导。

一般情况下，皇帝主持外朝，皇后主管内宫。皇帝有众多的夫人，皇后为首脑。其他大臣的夫人，也有册封给名号的，那叫作外命妇制。皇后通常都是这些内外命妇的首脑。现在，不仅命妇来朝见皇后，连百官也来朝见，皇后超越后宫范围进入前朝，这种仪式也是有意义的。皇帝命令百官来朝见皇后，虽然此前没有这个礼仪，但是还有谁会抵抗不出席呢？当初反对武则天为皇后的大臣们，现在既然皇帝已经宣布了新皇后的任命，那么他们会不会出席朝见呢？一千年以后，我们在这里揣摩，不出席即是抗拒命令，但出席的话心中的滋味一定苦涩无比。

皇帝在充分利用手中的皇权，那是无法比拟的利器。强迫百官来朝见新皇后，原来反对派的屈辱感不可避免，而利用皇权为新皇后树立威信的动机也算是路人皆知了。对抗合法权力的结果已经显现，很有一点自取其辱的感觉。唐高宗运用权力，也能看出老辣来：不用大发雷霆，无声无息中让你明确感到阵阵压力，不可抗拒，难以拒绝，如果有气有苦，只能自我消化。

根据唐代的制度，新皇后初立，在京的百官要朝见，天下各州的刺史，不在京的五品京官，要专门写贺表祝贺，这些贺表交给尚书省的礼部，然后通过中书省上奏皇上。这让人想到远在潭州（今长沙）担任刺史的褚遂良，他也要书写贺表，祝贺武则天册立为皇后。大书法家褚遂良，他在书写这封贺表的时候，书法是否依旧隽永潇洒呢？

## 高抬皇后家的政治地位

在皇帝发布的册立武则天为皇后的诏书中，已经指出武则天的出身是“门著勋庸，地华缨黻”，意思是说她们家是功臣之家。武则天的父亲武士彟是太原起兵的功臣，是李唐建国的老一代革命家。玄武门政变以后，武士彟就一直在外地任官，可以推断唐太宗对他不是很满意。后来武士彟去世，李世民娶武则天进宫，似乎也有向老一代革命家示好的意思。但是，到了武则天当皇后，武家才真正扬眉吐气起来。高宗很快就向不在世的老丈人表示孝敬，追赠武士彟为司徒，爵号为周国公，武则天的母亲也被封为代国夫人。

追赠的官职是有实际意义的，武士彟的子孙可以因此享受很多朝廷规定的好处。可以荫官，可以升学，可以免劳役等。在当时，政治地位拥有的好处都是国家制度规定的，大家享受政治带来的相关利益是光明正大的。所谓“一人得道，鸡犬升天”，一点都不夸张，而因此发生的惨烈争夺也在情理之中。

当然，读者可以心领神会，后来武则天正是利用了唐高宗给武士彟的爵号，给自己的国家命名为周的。武则天作为一个女人，走得这么远，神仙也无法预测。因此而完全怪罪唐高宗也是不公平的。

## 重新编修士族谱

魏晋南北朝时期，因为处在门阀士族的环境中，所以士族之家最重视谱牒。不论是当官还是婚姻，都要依靠谱牒来确定关系，所以专门兴起了谱牒之学。魏晋以后只要几代人连续做大官，你们家的谱系就会得到修改，等级就会上升。所以，说到底，谱牒地位还是由做官大小决定的，是由家族政治地位决定的。士族们讲究门阀，到隋唐时期依然如此。但唐太宗在他的时代就很看不惯，曾由政府出面进行限制和打击。

到了高宗时期，情况与贞观时期又有所不同，这种门第观念不仅在社会上盛行，而且直接影响了政治格局。武则天因为门第不高，而成为对方反对她成为皇后的重要根据。于是，在最终当上皇后以后，许敬宗、李义府等再次出面，要求皇帝修改以往的谱牒，具体来说就是修改《贞观氏族志》，修改的原则是不论几代以前的官品高下，只论当朝冠冕，五品官以上，都可以入谱。这个规矩，本来是唐太宗规定的，但是贞观的时候实行不了，最后太宗只好妥协。现在，高宗把太宗的未竟事业继承下来，终于实现了法律上的确定。显庆四年（659）六月，新谱牒修成之后正式颁布天下。这就是《显庆姓氏录》。

《显庆姓氏录》一共收录了245个姓，287家。皇后家族成为第一等，文武二品官和职事官三品为第二等。如许敬宗、李义府，都成了第二等。传统的大士族如崔卢李郑王，一概不论，只要家里有官品高的，士族等第才高。修撰《显庆姓氏录》，以往认为是由于武则天在起主导作用，其实与废王立武事件的联系更为密切。反对武则天为皇后的，以传统士族为主，而拥戴的多为没有士族地位的山东（崤山以东）豪族。李义府、李勣就是代表。当然，这样说是大略之说，并不十分严谨。

废王立武问题之所以影响深远，原因之一就是因为它关系到社会和家族等级。过去，陈寅恪先生通过地域关系研究废王立武事件，认为这个事件标志着关陇集团告别政治舞台，而山东豪杰开始发达起来。所谓关陇集团，也是士族的一部分，而山东豪杰，多不是士族。所以，通过废王立武的斗争，导致了政治舞台上，一个统治中国上百年的集团，告别了统治舞台，而新兴的一批人物粉墨登场。

### 让武则天参与朝政

唐高宗最初发动废王立武，几乎是孤军奋战，每日能够商量的人只有武则天，所以后来唐高宗患病的时候，让武则天帮助参与处理朝政，也最顺理成章。什么时候武则天开始参与朝政呢？对此，诸书记载大体一致，《旧唐书》认为是显庆以后，稍微有些笼统，而《唐会要》和《资治通鉴》都确定在显庆五年（660）十月以后。

《唐会要》卷三：

> 显庆五年（660）十月以后，上苦风眩，表奏时令皇后详决，至此参预朝政。

《资治通鉴》卷二〇〇：

> 显庆五年（660）冬，十月，上初苦风眩头重，目不能视，百司奏事，上或使皇后决之。后性明敏，涉猎文史，处事皆称旨。由是始委以政事，权与人主侔矣。

对于这个事情，我们需要有明确的认识。

其一，武则天参与朝政处理，是高宗允许的，因为是在一种特殊情况下的应急处理，所以只是临时状况，或者叫作“偶一为之”。对此，《唐会要》用“时”字表示，而《资治通鉴》用“或”表示，都是一个意思：因为皇帝患病，有的时候政事决策就请皇后参与。但是根据《资治通鉴》随后的说明，因为皇后聪明，涉猎文史，所以提出的处理意见都很符合皇帝的意思。这里的主次关系很清楚，是否让皇后参与，完全看皇帝的身体状况和想法。

其二，处理朝政的意见，最后的决断，还是取决于唐高宗。《资治通鉴》接下去的评价是自我矛盾的，说什么从此两人的权力就差不多一样大了。

其三，高宗让武后参与谋议，时间是有限的。显庆五年是公元660年。两年以后的龙朔二年（662）六月一日，他们的第四个儿子李旦诞生。所以，显庆五年以后，武则天的身体状况也不容许她经常参与朝政。史书记载武则天参与朝政的时候，都是从显庆五年开始，但是这只是表达一个偶然参政的开始。据《册府元龟》卷四十记载，显庆五年十二月，高宗在长社的安乐川打猎，并和侍臣、藩臣夜宴，而且赋诗纪事。能打猎、夜宴、赋诗，证明高宗身体已经复原了。让武则天参政，最多只有两个月时间。

通过以上五项具体活动，我们可以看到，唐高宗对于武则天的信任毫无问题，甚至可以说唐高宗处心积虑地在捧红武则天。让她抛头露面、出人头地，让她深入接触朝政，让她春风得意，让她的家族等第升高，让她享受荣华富贵。这一系列活动，大约持续了8年。唐高宗这么做，一个重要目的就是给反对派看的，就是要让百官都明白，他在竭力证明自己当初废王立武的正确性。

然而，后来发生了一次巨大风波，唐高宗竟然要废掉武则天的皇后位置。这又是怎么一回事呢？我们今天应该怎样看待呢？

## 三　突发事件　废后风波

麟德元年（664）年底，唐高宗的朝廷忽然发生了一起严重事件。唐高宗和武则天的关系出现问题，废后风波骤然而起——唐高宗要废去武则天的皇后地位。

这到底是怎么回事呢？

先说原因。根据《资治通鉴》的说法，情况是这样的：首先，深远的背景是皇后参与朝政以后，专作威福，皇帝也受制于皇后，不胜其忿。其次，导火索是道士郭行真出入禁中与皇后为厌胜之术被宦官王伏胜告发。皇上于是大怒，召来宰相上官仪。上官仪说皇后专横，人民很愤怒，废了她算了。皇帝说正合朕意，立刻命令上官仪起草诏书。可是，皇帝没有想到，自己身边的人都是皇后的密探，密探们一看，这还得了，大家于是拼命往后宫奔跑告诉了皇后。皇后立刻到皇帝身边亲自辩护。皇上一看皇后来了，起草的诏书就在当场，被皇后抓了一个现行，立刻吓破了胆，缩了回去，不敢宣布废黜皇后。可是，皇帝怕皇后怨恨自己啊，只好把责任推给上官仪，说是上官仪教自己的，自己开始可是没有这个心思的。结果呢？大家可想而知，上官仪成了替罪羊。不仅如此，他们发现上官仪跟王伏胜有过一样的经历，就是都伺候过废太子李忠，于是他们的政治动机就昭然若揭。最后，把他们和曾经伺候过的主子，一起打成谋反集团，李忠赐死，上官仪等杀掉。

这个事情，来得很突然，几乎没有任何先兆。所以，我们要找出背后的真相，还是要费一番周折的。

我们能够看到几个问题。首先，唐高宗要废皇后，不是深思熟虑的结果，是临时决定。其次，唐高宗不敢面对皇后武则天，而武则天能够从容自我申辩，说明两人之间还是唐高宗方面心虚。如果是因为武则天专横，高宗要废也算是理由充足。如果确实因为长期以来武则天专横跋扈，那么高宗也可以仔细安排，从容废黜她，为什么会如此仓促呢？按理说，唐高宗经历过废王立武事件，应该懂得废去皇后不是一件小事，而这么多年辛苦抬举武则天，如果这么一废，不是自己打了自己的耳光吗？另外，到底为什么唐高宗如此心虚呢？

这让人不得不产生很多怀疑，而《资治通鉴》的这段记载竟然没有认真交代。《资治通鉴》这样的记载不是独自发明的，它是来自《新唐书》。但是，即使《新唐书》也没有给出合理的解释。它们使用的统一口径是唐高宗性格有问题，面对真理不敢坚持。究竟是唐高宗的性格有问题，还是另有隐情呢？

显庆元年（656）十一月初五，武后生第三子李显于长安，龙朔二年（662）六月初一，武则天为唐高宗生了第四个儿子李旦。皇帝与皇后之间，到底发生了什么事情呢？如果说是皇后专横，那么史书为什么一件具体的事情都没有记载呢？皇帝和皇后的冲突到底是什么原因呢？这么重要的事情，不可能一点线索都没有留下吧？

对于很多女人而言，皇帝这个人就是一块大肥肉，能够跟皇帝有所亲近，大约就是女人最成功的人生境界。武则天当了皇后以后，后宫的事情可以自己说了算，所以就把自己的姐姐引入宫中。高宗很高兴，封了他的姐姐为韩国夫人。韩国夫人生有一男一女，正在家里守寡，得到高宗的欣赏，一定心里高兴。请注意，这个欣赏不是一般意义上的，这里说的可是发生了床笫关系的那种。这是不是武则天原来的心愿呢？我们也没有办法证明。也许，肥水不流外人田，唐高宗喜欢的都是武则天的亲戚，唐高宗说不定还可以解释说这是给武则天的面子啊。这个韩国夫人呢，运气也是有限，享福没有几年就去世了。但是，令韩国夫人感到欣慰的是，她的位置有了可靠的接班人，那就是自己的亲生女儿。他们武家的女人就这样把皇帝承包了。看起来，唐高宗更喜欢这位年轻人，还给她一个封号叫作魏国夫人，武则天似乎也没有什么反对的动作。说不定，武则天也暗自高兴，看看你这个皇帝还是跳不出我的手心。

不过，事情渐渐发生了变化，而且正在向武则天无法控制的方向发展。什么动向呢？唐高宗很想给魏国夫人一个正式的内命妇名号。这有区别吗？当然有。所谓的魏国夫人是外命妇，在制度上并非属于皇帝的女人，从这个意义上说，唐高宗跟魏国夫人的关系是非法的，某种意义上是武则天恩赏的，因为武则天不反对，别人似乎也无法反对。而所谓的正式名号，就是嫔妃一类的内命妇，内命妇的一个简称就是“内职”，那就是皇帝的合法女人。如果真的给魏国夫人一个正式的内职，那么这个小外甥女跟皇帝的关系就成了合法的。不仅如此，她跟自己的姨母武则天就成了名正言顺地二女共一夫了。这样一来，对于武则天而言，心里的别扭是可想而知的。甚至于，武则天还意识到了某种危险性。也许她的外甥女跟武则天有天生的同质性，拥有非凡的诱惑能力，反正这让武则天出现了当年王皇后式的恐惧。所以，她坚决反对高宗给魏国夫人正式身份。

《资治通鉴》卷二〇一在废后风波几年以后才提到这个事情，但是并不提与废后风波的关系，看起来很不想让人了解这个事情的真相似的。它记载到："上欲以魏国为内职，心难后，未决，后恶之。"看来，皇帝跟自己的外甥女两人发生肉体关系武则天并不反对，但是要给一个正式的名号，武则天则坚决反对。唐高宗呢，假戏真做，希望向这个方向发展，但是遭遇了武则天的强力反对。没有记载说魏国夫人是什么态度，猜测起来，应该是站在背后支持皇帝。她是武则天的外甥女，武则天又是皇后，无法绕过去啊！

这成了唐高宗最大的心病。武则天呢，应该有一点后悔。自己忙着给皇帝生儿子，怕皇上寂寞无聊，招惹是非，所以引入姐姐和外甥女。肥水倒是没有外流，但是引狼入室，导致自身出现危机。实在没有想到皇帝太投入，竟然假戏真做，要给外甥女一个正式的名号，这不就成了内部的竞争吗？皇帝也冤啊。魏国夫人不是你介绍的吗，我给她一个封号你应该高兴啊。是啊，武则天为什么不高兴呢？当然是怕引起竞争。平起平坐展开竞争，武则天是不是小外甥女的对手呢？害怕的应该是武则天。

皇帝与皇后在这件事上发生了争执，可能有一段时间沟通困难。皇帝心想：我给你的够多了，干吗还这么管我呢？皇后心想：我们今天的幸福来之不易，你应该居安思危啊！那么，所谓皇帝受到皇后的限制，到底是些什么事情呢？现在能找到的就是此事。

再看告密者王伏胜的情况。宦官王伏胜，一定是发现了皇帝和皇后之间发生了问题，所以才敢于在郭行真道士入宫以后去告发。内宫有和尚、道士往来，那是常事。如果不是皇帝和皇后之间出现问题，王伏胜打死也不敢告发。皇帝正在郁闷，心旌动摇，为什么不乘机废了皇后呢？说不定这个时候皇帝还想到，干脆让魏国夫人当皇后也不错啊。于是找来上官仪商量。

上官仪是一个风流才子，在长安是著名的帅哥明星。夕阳里，上官仪穿长衫、戴方巾，一会儿低头沉思，一会儿仰天长啸，让崇拜者远远地看见，惊叹不已，都说是仙人下凡。他写的诗，更是长安的时尚风向标，每一首出来，立刻被传抄。两天以后你才知道上官仪的新诗，一定会被笑话的，太土了，太跟不上形势了。这里有一点儿我的想象。总之，上官仪是个才子，写诗作文比较拿手，而政治谋划还是一个新手。

这位时尚才子，贞观时期的进士，他的诗歌被称作“上官体”。但是，文学水平跟政治是两码事。善于作诗，并不等于善于谋事。见皇帝要废皇后，赶紧表态支持，也没有考虑一下，皇帝此时的想法，究竟是深思熟虑呢，还是一时的冲动。也不想想，如果废皇后，要不要废太子。当时的太子李弘已经两次监国了。当初废皇后，搞得天翻地覆，现在废皇后，会有哪些问题，会产生哪些后果，严重的后果应该怎样预防，等等。反正，这些他都没有考虑，当场表态支持，也一定把理由使劲夸大一番，如同又作一首新诗。

于是，一时冲动的皇帝，遇到了诗兴大发的诗人，两人兴冲冲地过家家，连身边的人都觉得太儿戏。结果，当皇后急匆匆赶来问个究竟的时候，连皇帝本人都傻了眼。没有办法解释啊。其实，换另外一个人，也会劝劝皇上，废皇后不是小事，皇上应该仔细想想清楚。那样，皇上也许不会如此。但是，偏偏是上官仪。皇上冲动，他比皇上还冲动。于是，一切后果只好由他来承担。

上官仪是原来太子李忠的属官，可巧王伏胜也服侍过李忠。后来，他们三人被打成谋反集团，牵连到远在黔州的李忠，竟然被赐死。在赞成皇帝废后的时候，上官仪是否想到过借机报答前太子李忠呢？如果想到了那就不算太冤。如果没有想到，那就是当了皇帝的替死鬼。有人当了替死鬼，风波也就过去了。对于唐高宗和武皇后来说，这次争风吃醋的风波闹得有点儿大，所以也应该巴不得快点过去，而且肯定是谁也不愿再提起。武皇后允许皇帝占外甥女的便宜，皇帝偷食，皇后睁一眼闭一眼，没有想到皇帝还动了真情，还要跟皇后离婚！这走得就有点儿远了，超出了双方可以容忍的界限，武皇后坚决反抗，理所当然。

另外一位当事人魏国夫人，又与唐高宗恢复了原状，没有正式身份，但保持着旧日的暧昧关系。这种关系又维持了两年，乾封元年（666）八月，魏国夫人被武则天毒死。当时皇帝、皇后完成封禅泰山，返回了西京长安。武则天的哥哥始州刺史武惟良、淄州刺史武怀运与天下诸州刺史一道陪同皇帝登泰山，然后又一道陪驾回京师。武惟良等献食，皇后偷偷在食物中放了毒药，结果魏国夫人食而暴卒。武皇后与自己的哥哥有仇，这些异母哥哥曾经在武士彟逝世后欺负武则天孤儿寡母，武则天当上皇后，他们被升官却不领情，所以要嫁祸并除掉他们。这一次一箭双雕，收拾掉了哥哥，又干掉了小情敌。

这是《资治通鉴》的记载。而诸书的记载，并不完全相同。

《旧唐书》卷一八三外戚列传《武承嗣传》介绍武家事迹为：“时韩国夫人女贺兰氏在宫中，颇承恩宠。则天意欲除之，讽高宗幸其母宅，因惟良等献食，则天密令人以毒药贮贺兰氏食中，贺兰氏食之，暴卒。归罪于惟良、怀运。”《新唐书》的《武则天传》记载又有不同：“韩国出入禁中，一女国姝，帝皆宠之。韩国卒，女封魏国夫人，欲以备嫔职，难于后，未决。后内忌甚，会封泰山，惟良、怀运以岳牧来集，从还京师。后毒杀魏国，归罪惟良等，尽杀之。”《资治通鉴》的写法，有自己的考虑，自我解释说，没有采纳《旧唐书》的说法，而是采纳《实录》的记载。那么，魏国夫人毒死的事，肯定是发生在长安，具体是在宫廷之内还是武则天母亲荣国夫人宅第却有两种说法。

始州刺史武惟良和淄州刺史武怀运，是武则天的堂兄，并不是亲兄弟，大约是大家族同居，否则他们不会有机会恶待杨氏夫人和武则天。始州后来改名为剑州，治剑阁，距长安不算太远。淄州，在今山东淄博市南，距离泰山比较近。地方首长为皇帝献食，通常是在经过当地的时候。现在武惟良和武怀运在京师向皇帝献食，不知道如何完成。他们不应该携带食品从泰山回来，封禅大典是正月的事情，准备的时间更长。两位武氏刺史既然陪同皇帝前往泰山，从各自的州到泰山去，应该在去年年底的时候出发的。那么，回到长安以后，他们的献食举动就有一点不正常，除非他们各自的州又有人前来。《旧唐书》那样的说法，应该还有一点道理，既然到了武则天母亲家里，这些哥哥出来献食还有一点可能性。然而，这个家里的主人是武则天的母亲，所谓杨氏宅能够说明一切。那么，在这里下毒也不利于杨老夫人。大概在司马光的时候，已经无法弄清楚这次投毒事件到底发生在什么地方了，面对不同的说法只好选择一个充数。可是，回到宫廷里，还有问题，即使武氏兄弟献食来，他们献食的对象就应该是皇帝，而皇帝和皇帝身边的人进食不该如此随意啊，想吃就吃，没有检查。但是，唐朝其实有这样的机构，专门负责皇帝的饮食，似乎也包括嫔妃们的饮食，这个机构设置在内侍省，叫作“尚食局”。根据《唐六典》的记载，这个机构不仅负责皇帝饮食的制作，而且负责宫人的饮食，特别值得注意的是“凡进食，先尝之”。按理推测，即使是地方刺史献食，这个机构也应该负责品尝，怎么还是让武则天找到了投毒的机会呢？现在的历史记载，异口同声指向武则天，在没有新资料的情况下，存疑也只能存疑，试图破解还是太困难了。

总之，这些很快都成了过眼云烟。一切都恢复原来状态，高宗和武则天依然是恩爱夫妻。高宗和武则天的感情还不至于如此脆弱。但是这个事情确实是一次考验，高宗一定产生了深深地歉疚。史书记载，从此以后，皇帝允许皇后垂帘听政，武则天的政治地位再次提高，这可以看作是皇帝对废后风波表达的歉意。至于两人被称作“二圣”的说法，其实是一个夸大性的说辞，表达武则天的越礼行为。

## 四　武氏听政　大权在握?

《资治通鉴》说：“自是上每视事，则后垂帘于后，政无大小皆与闻之。天下大权，悉归中宫，黜陟、生杀，决于其口，天子拱手而已，中外谓之‘二圣’。”这段文字，描写高宗拱手让权，而武则天独揽大权。事实果真如此吗？真相到底如何呢？此事，涉及全面正确认识唐高宗，我们不能不设一辩。

旧史学一般把武则天描写成一个阴险狠毒、睚眦必报的人。在废王立武的过程中有支持和反对两个派别。按理说，在武则天得势以后，所有两派的人都应该出现截然相反的两种命运才对。然而，事实上并不如此。对此，我们可以裴行俭和袁公瑜两人对比说明。

根据《资治通鉴》的记载，永徽六年（655），正在废王立武的关键时刻，长安令裴行俭与长孙无忌、褚遂良等一同议论朝廷大事，裴行俭认为如果让武则天当了皇后，天下永无宁日。他们的这个秘密会议，被御史丞袁公瑜侦察发现，于是辗转报告了武则天和唐高宗，唐高宗就把裴行俭发送到西州当长史。西州即今日新疆吐鲁番，当时属于边远州，是当官的人不愿意就职的一个地方。

袁公瑜在废王立武过程中是支持一派，裴行俭是反对派，派系清晰，无可疑问。在武则天掌权的时代，两个人的官运应该有天壤之别才属正常，然而事实恰恰相反。根据《袁公瑜墓志》，他在逼死长孙无忌的时候，官任中书舍人。在这个位置上，龙朔二年（662），他与许敬宗一起收拾宰相许圉师。之后，官职又有提升，成为刑部侍郎（当时称作司刑少常伯，是刑部的副长官），然而接下去就开始倒霉。墓志说是因为他耿直，先是外出做代州长史，接着就到西州任长史。非常凑巧，这正好是裴行俭当年的职官。接着，到庭州当刺史，这是当初来济战死的职务。后来，又升迁为安西副都护。袁公瑜什么时候外放的呢？学者考证应该是在上元元年（674）九月以后的事。这个时期，唐高宗给了长孙无忌类似平反昭雪的待遇，“追复长孙无忌官爵，仍以其曾孙翼袭封赵国公，许归葬昭陵先造之坟”。长孙无忌以谋反罪冤死，既然已经平反，那么当年迫害长孙无忌的袁公瑜如何还能够在朝廷立足呢？没有直接证据证明长孙无忌的平反跟袁公瑜的贬官有联系，但是袁公瑜从此开始倒霉却是事实。

按照《袁公瑜墓志》的说法，他在安西副都护的位置上干的还是不错的，不知道为什么在“永隆岁”，忽然给流放到振州。永隆年号只有两年，这个“永隆岁”，或者是680年或者是681年。振州，正是韩瑗贬官之所，位于海南岛南端崖城，但是韩瑗死的时候毕竟还是当地长官，而袁公瑜是流放到这里来的，是犯人，情形更惨是可想而知的。很久以后，袁公瑜遇赦，可以回到老家（陈州扶乐人，今河南太康县），但是“权臣舞法，阴奉有司，又徙居白州”，直到垂拱元年（685）死于白州，终年73岁。白州在今广西博白县。

袁公瑜从中央贬官地方是他人生的一次大滑坡，从安西副都护流放到振州是第二次大滑坡。至于从振州到白州不过异地维持原来的流放状态而已。那么，永隆年，安西副都护袁公瑜，因为什么忽然被流放到南方的振州呢？对此，连他的墓志也没有说明。然而，当时一件重要的事情，正发生在西域。而主人公呢，无巧不成书，正是原来袁公瑜的冤家对头裴行俭。

根据张说《赠太尉裴公神道碑》的记载，裴行俭显庆年间外放西域，经历西州长史、金山副都护和安西大都护等职，在西域历官七八年，在乾封岁调回中央，后来官为吏部侍郎。从上元年间开始，裴行俭开始领兵出征。调露元年（679），西域发生西突厥叛乱，唐高宗支持裴行俭的建议，派裴行俭为安抚大使，护送波斯王子泥涅师回国，在西域采取突然袭击，一举俘获西突厥叛乱首领阿史那都支和李遮匐。然后，裴行俭把副使留在当地修筑碎叶城，任检校安西都护，这位副使就是王方翼。裴行俭回朝后，高宗特赐慰劳宴会，拜裴行俭为礼部尚书、检校右卫大将军。

王方翼也是有来历的人物。他是高宗前皇后的族兄，是长孙诠的外甥，与长孙家有亲戚关系。同时，他还是韩瑗的姨侄。显庆四年（659）长孙无忌被告谋反的时候，连带许多人受到处罚，凉州刺史赵持满是长孙诠的外甥，也被诬为同长孙无忌谋反，在长安被杀。尸体就放在长安城西，亲友都不敢去看视，担心也被株连。这个时候，王方翼出现了，作为死者的朋友，王方翼从容安葬了赵持满。一定有人把这事上报给了皇帝，唐高宗没有因此归罪于他。后来，他成为裴行俭的重要将官，在唐高宗一朝，多有立功。

袭击西突厥叛乱首领阿史那都支和李遮匐，是裴行俭最重要的功劳之一。但是，就在他大立功劳的地方，仇人袁公瑜也在当地为官。可巧，当裴行俭凯旋的同时，袁公瑜却因罪流放远方。这不该是巧合的结果。或许是袁公瑜配合不积极，犯有严重错误，或许是裴行俭趁机报复，或许是二者兼而有之，反正袁公瑜的被流放，应该与裴行俭关系密切。

我们看到的情形是裴行俭春风得意，而袁公瑜流放远方。裴行俭寿终正寝，于永淳元年（682）四月二十八日，享年64。朝廷极具哀荣之事。相形之下，袁公瑜要悲惨得多。遇赦不能返乡，直到永昌元年（689）他的尸骨才运回老家。如意元年（692），武则天正式称帝的第三年，才追赠袁公瑜为相州刺史。

就算裴行俭伺机报复也没有什么奇怪，关键是皇帝、皇后的态度。真如史书《资治通鉴》等那样记载的话，一切权力都操在武则天手里，而唐高宗不过拱手而已，那么如何理解袁公瑜与裴行俭的不同命运呢？不是说武则天早就大权独揽了吗？不是说武则天睚眦必报吗？为什么放任老仇人裴行俭官运亨通？为什么听任大恩人袁公瑜困死边疆？你绝不能说武则天已经忘记了袁公瑜，因为后来很多年她确确实实还记得袁公瑜的功劳。

这具体的事例，远比《资治通鉴》那样的概括更有说服力。真相只能有一个，唐高宗仍然是真正的皇帝，武则天并没有掌握权力，更没有独揽权力。唐高宗和武则天还是一家人，国家权力并没有变成武则天的私人利器。废后风波之后，唐高宗和武则天又重归于好。

何以证明？太平公主可以证明。麟德元年（664）发生废后风波，总章元年（668）他们生下了最后一个孩子——太平公主。夫妻之间，吵吵架是难免的，争风吃醋证明还有感情。高宗和武则天，夫妻之间，发生过一些误会和风波，但是总体上还是一对感情很好的夫妻。

在太平公主出生的时候，她的亲大哥李弘殿下已经17岁，二哥李贤已经15岁。但是，这两位哥哥的运气实在不怎么好，他们也成为唐高宗和武则天历史上的又一个谜团。到底怎么回事呢？

# 第十四讲 高宗的太子们

太子弘是高宗和武则天的掌上明珠，因肺结核病死，武则天枉担了毒杀之名。太子贤举动失措，有谋反之嫌，被高宗废为庶人。高宗死后，已经准备自己当皇帝的武则天最后出手，逼迫李贤自杀。

## 一 太子李弘 死亡之谜

永徽三年（652），唐高宗与武则天生下第一个儿子，起名叫李弘。这可不是一个随随便便的命名。隋末唐初，李弘是民间传说的大人物，说是要从天而降拯救民众的真命天子。李弘降生的时候，朝廷上还是高宗的长孙舅舅当家。我们能够想象，唐高宗和武则天为新生儿的命名，肯定是寄托了很多希望的。后来，经过父母的努力，武则天当上了皇后，李弘也就顺理成章地成为太子。

长子成为父母的掌上明珠，是一点都不奇怪的。高宗李治也许兴奋程度没那么高，因为这位父亲已经跟其他后妃有了好几个儿女；武则天呢，一定是满怀希望的。说不定，在唐高宗拼命推动武则天当皇后的时候，就有李弘存在的功劳呢。

显庆四年（659）的时候，太子只有8岁，皇帝、皇后去东都洛阳，第一次让太子监国。监国就是坐镇京师，名义上管理国家。其实，大权还在皇帝手上，重要的大臣都会跟随皇帝去办公，而监国更重要的含义应该是看守京师。8岁的孩子，太想父母，“思慕不已”，应该是不适应与父母的分离，哭闹不已。皇帝听说以后，只好让太子从后面赶上来，一同到达东都。史书在记载这个事情的时候，要说明的是太子的仁孝，舍不得离开父母，我们今天更应该从孩子的正常生活来理解。在一帮大臣的前呼后拥中，看起来好像十分尊重、十分威风，但是对于一个8岁的孩子来说，太不自在，远不如跟在父母身边。

太子12岁的时候，高宗皇帝已经在有意识地培养他了。皇帝命令，每隔5天，让太子来观看各个衙门上奏，有的小事就请太子裁决。这就是政治训练。高宗很重视皇子们的培养，这件事可以作为代表。

太子16岁的时候，皇帝命令他在京师监国，原因是皇帝的病情严重，总是不见好转。太子20岁的时候，再次在京师监国，而皇帝和皇后去东都。这是咸亨二年（671）的事情。太子监国的时候，身体虚弱已经显现，有记载说，当时戴至德等大臣辅佐太子，因为太子多疾病，事情都由戴至德他们决定。

有的大臣可能不了解情况，发现太子监国的时候，不是很勤奋，比如很少接见大臣，有一个叫作邢文伟的大臣专门上书给太子，要求太子勤勉一些。太子一定很无奈，他亲自给邢文伟写了回信，说一定要接受他的建议，而此前没有做到是因为身体确实“多疾”。

总章元年（668），皇帝有命令。鉴于高句丽前线军情紧急，如果征兵有逃亡者要严惩不贷，到了期限不能自首的人抓住斩首，妻子没为官奴。太子于是上表，认为逃兵的情况很复杂，很多是客观原因造成的，这样太严酷了，如果确实逃亡，也不应该殃及妻子。皇帝认为太子的说法有道理，宣布改正。这证明，太子很有爱民之心。太子看来人格方面很理想，既孝敬父母，又爱护百姓。谁都知道，这正是一个好皇帝应该具有的品格。

咸亨四年（673），太子22岁。这一年的八月，皇帝得了疟疾，于是让太子管理庶政，听从各个衙门上奏。管理庶政，其实就是处理国家的日常事务，太子既然从小就进行这方面的训练，相信反映还不错。

然而，方方面面都被看好的太子，两年以后（上元二年，675），仅仅24岁就死掉了。皇帝肯定以为自己会先行一步，没有想到最后成了白发人送黑发人。这一年，唐高宗也只有48岁。唐高宗十分悲痛，亲自为自己的儿子撰写了碑文。皇帝伤心已极，下令给李弘以皇帝待遇，谥号就是孝敬皇帝。李弘的墓号就是恭陵。

但是，关于李弘之死，后来有一种说法流传甚广，那就是所谓的武则天毒死李弘说。那么，李弘究竟是因病自然死亡，还是被武则天毒死的呢？这个案件的水落石出，不仅涉及历史真相，也涉及对武则天的评价。

有关李弘被毒死的说法，核心内容有两个方面。第一，是基本原因。太子李弘人品好，人望高，成了武则天图谋天下的障碍。这是基本原因。第二，是具体导火索。因为萧淑妃生的两个公主，年高未嫁，太子知道后上奏皇上，因此得罪武则天，于是被武则天毒死。

《新唐书·武则天传》比较有代表性，是这样记载的：

> 萧妃女义阳、宣城公主幽掖廷，几四十不嫁，太子弘言于帝，后怒，鸩杀弘。

《资治通鉴》卷二〇二的文字是这样记述的：

> 太子弘仁孝谦谨，上甚爱之；礼接士大夫，中外属心。天后方逞其志，太子奏请，数迕旨，由是失爱于天后。义阳、宣城二公主，萧淑妃之女也，坐母得罪，幽于掖庭，年逾三十不嫁。太子见之惊恻，遽奏请出降，上许之。天后怒，即日以公主配当上翊卫权毅、王遂古。己亥，太子薨于合璧宫，时人以为天后鸩之也。

《资治通鉴》比《新唐书》的写法稍微缓和一点，但是倾向性是一致的。因为当年萧淑妃的原因，两位公主得罪了武皇后（当时皇帝称“天皇”，皇后称“天后”），所以虽然年纪很大，但是就是不让她们出嫁。太子不明就里，发现以后立刻报告，认为应该把姐姐嫁出去，打破了武则天的计划。于是母子关系激化，武则天一怒之下毒死了太子李弘。

首先，太子弘去世的时候，唐高宗48岁。按理说，武则天要实现称帝野心，最大的障碍应该是唐高宗才对。为什么要先对儿子下手呢？如果杀儿子，当时的太子跟皇后是分开居住的，如果有往来，往往也会成为受到重视的事，武则天如何动手呢？如果杀太子，皇帝的存在不需要考虑吗？万一激起皇帝的愤怒怎么办，不会弄巧成拙吗？所以，这个说法按照逻辑是大有问题的。

其次，关于两位公主出嫁的问题。在萧淑妃两个公主出嫁和自己亲生儿子的生死问题上，武则天如果真是这样选择的，那么武则天是什么人啊，典型的杀人狂魔嘛！按照《新唐书》的这种说法，武则天本来有一个让两位公主老死宫中的恶毒计划，没有想到被太子弘发现并揭发，恼怒之下给太子下了毒。武则天好像是一个老毒物，就是喜欢下毒，看见太子破坏自己的计划，当然就要下毒。

事实上，《新唐书》这些说法都很晚。这个说法最早是唐肃宗时李泌的说法，当时肃宗受到张良娣的影响，怀疑自己儿子，先赐死一个儿子建宁王，又想危及太子。李泌所以劝说肃宗，希望他记取武则天的教训，于是说武则天厌恶太子聪明，鸩杀太子李弘。李泌当时的说法，是个政治说辞，针对的是政治而不是历史。但是，这个说法被《唐历》这部书吸纳，从此开始有此说法流传。到《新唐书》，影响更大。

《新唐书》这么写，宋朝就有人表示反对，认为是《新唐书》的一个荒谬之处。吴缜在《新唐书》问世不久，就写成《新唐书纠谬》一书，而对于两个公主出嫁问题，专门发了一通议论，认为当时唐高宗也就48岁，哪里会有40岁的公主。那么，《新唐书》为什么会犯这样简单的常识错误呢？吴缜不认为这是无心之过，而是认为更有深层原因。他说："推原其意，盖欲甚武氏之恶云尔。然殊不顾事过其实，剧书于史，后之秉笔者，又不能推穷其实，止袭其误而载之。自吴兢、刘知几修纂以来，迨今已数百年，而《新书》又不为讨论详究，绌其信实，但从而粉泽文饰之，岂修史之意哉。”

从文献学的立场分析，我还是愿意举证骆宾王的《讨武檄》。所谓毒杀太子的说法很晚才有，而骆宾王的这篇檄文才是早期的资料。檄文中说武则天“杀姊屠兄，弑君鸩母”，又说，“君之爱子，幽之于别宫”。没有一句谈到鸩杀太子弘的事情。所谓“君之爱子，幽之于别宫”是指睿宗。连囚禁睿宗这样的事情都愿意提出来，如果当时确实有武则天鸩毒太子弘的事情，从骆宾王起兵反抗武则天的立场来说，是不可能不揭发的。

以下，我们可以从两个方面证明，太子弘不是武则天所杀。第一，从反面说，《讨武檄文》，根本没有谈到这个事情，说明当时没有这个说法。那么，有没有正面资料，证明太子弘的去世呢？当然有，这就是我们的第二个证明。

太子弘去世的时候，皇帝专门下了诏书，还给太子弘写了碑文。皇帝的诏书中，说明太子弘长期有病在身，那病魔最终夺取了他的生命。什么病呢？就是肺结核。这个病，当时叫作“瘵”。肺结核在当时是绝症。在皇帝下达的诏书中，提到太子李弘从小得了肺结核，一个很仁厚的人，病情加重，终于不治。

所谓太子弘是武则天毒杀的说法，是众多妖魔化武则天说法中的一个。这是后来才有的说法，特别是经过《新唐书》的宣传，影响巨大。但是，我们今天已经没有了古人的那种借鉴需要，他们担心武则天这样的人和事再次出现，所以不惜把真实的武则天妖魔化，而我们今天担心出现武则天吗？不担心。所以，我们可以心平气和地对待武则天。

## 二　太子李贤　废为庶人

太子弘病逝以后，唐高宗立刻宣布他与武则天所生的第二个儿子李贤为太子。李贤，永徽五年（654）出生，比哥哥李弘小两岁。所以，上元二年（675）成为太子的时候，年龄已经是22岁。

### 太子贤的良好表现

太子贤小时候很聪明，读书也勤奋。高宗对他的读书情况很了解，又高兴又自豪。高宗曾经对李勣表扬过李贤，说他读书很好，尤其对《论语》中一句话“贤贤易色”最为喜爱。其实呢，就是“见贤思齐”，是好学的一种体现。

李贤当上太子以后，表现很好。让他监国，处理事务，清晰而审慎，这让皇帝倍感欣慰。仪凤元年（676）的时候，皇帝亲自给太子写下了手敕，专门予以表扬，说到“家国之寄，深副所怀”。皇帝这里表达的是对太子将来担当大任的信心。

李贤在太子位上，一边留心国事，一边不断学习，他集合一批学者，为《后汉书》作注，后世很是称赞。

### 危机

但是，好景不长，太子李贤的位置出现了危机。危机的来源，是从谣言开始的。后宫特别盛产谣言，闲人众多，无事生非。但是考虑到很可能牵涉重大利益，又不能等闲视之，因为后宫同样是重大阴谋的温床。

谣言一。说太子贤不是武则天所生，是武则天姐姐韩国夫人所生。这个谣言主要在宫中流传，大概宫女、宦官们都在口耳相传。

太子贤的哥哥李弘，出生在永徽三年（652），太子贤出生在永徽五年十二月。中间，还曾经有过一个夭折的公主。当时，武则天跟高宗年轻而亲密，生育有些紧凑是可以理解的。尤其是，当时的武则天还不是皇后，他的姐姐是否已经进宫，是否已经跟皇帝搞在一起，都很不清楚。假设说，李贤确实不是武皇后所生，那么完全可以在李弘去世以后不让他当太子啊。所以，这是一个谣言毫无问题。但是，这个说法却可能产生政治作用。事实上，也产生了这样的作用。因为太子听到这个说法以后，立刻警觉起来，他怀疑背后有政治动作，是针对自己的政治动作。他当然最担心的就是父母，是父母开始不满自己。是不是李贤过于紧张了呢？也不是。宫中是利益集中的地方，围绕权力的斗争向来不曾停止，小心谨慎无大错。

如果说，对于这个谣言李贤的警惕还是一种小心，那么听到下面的说法，李贤已经坐不住了。因为比较起来，这种说法，不能算谣言。

什么说法呢？

说现在的太子不行，难以继承大统。又说太子的弟弟，“英王貌类太宗”。又说太子的另外一个弟弟“相王相最贵”。这个说法，显然具有更大的政治杀伤力，而且来源清楚，是偃师人明崇俨。这个明崇俨是正谏大夫，擅长符咒幻术，大约有一点道教的修炼，会变魔术，《旧唐书》他的传里面还说他能够驱使鬼神。

而这个大嘴巴呢，偏偏皇上和皇后都很看重他。他有一个特权，“令入阁供奉”，因为他擅长治病，所以他的这个特权应该跟高宗的病情有关。他看来是一个关心时政的医生，“颇陈时政得失，帝深加允纳”。皇帝对他的器重，恐怕很大理由是他的医术。皇帝现在受困于病情，多少缓解一点总会高兴的。但是，正因为明崇俨深得皇帝的器重，所以从他口里说出来的话，更令太子紧张。

前边一个谣言，后面一个说法，都跟太子有关，太子本来就够紧张的。正在这时，皇后对太子的要求也更加严格。武则天曾经让人撰写《少阳正范》及《孝子传》以赐太子。皇后自己也曾经亲自写信教育太子，对于太子有些做法提出批评。如此一来，太子更加紧张。史书说“太子愈不自安”。

## 高宗的皇子教育

太子处在危机之中，而这种危机在想象中会更加严重。高宗和武后，对于皇子的教育可以说一直很严格。有两件事，太子应该还有记忆。

太子贤6岁的时候（龙朔元年，661），封为沛王。当时他的弟弟李显封为周王。著名文人王勃在沛王府担任过修撰。几个皇子斗鸡，王勃曾写了一篇游戏性质的文章，叫作《檄周王鸡文》。唐高宗一见大怒，说：“这是恶斗的苗头。”于是把王勃赶出沛王府。唐高宗担心什么？担心皇子之间的矛盾斗争从这种游戏中酝酿出来，所以才有如此激烈的表现。

上元元年（674），距离斗鸡那件事已经过去了13年。这一年的九月，皇上在含元殿举行大酒会，观赏音乐。音乐人员分成东西两拨，当时叫作“东西两朋”，互相比赛，看哪一朋的节目更精彩，而东西两朋的领导，一为李贤，一为周王李显。这种音乐比赛，在长安是经常性节目，西市里面，经常有这样的音乐比赛。这次唐高宗高兴，搞欣赏酒会，应该是一次向民间学习的实践。比赛大概还没有开始，宰相郝处俊谏曰：“二王还年轻，志趣都没有确定，现在应该学习的是推梨让枣，相亲如一。现在分作两派，相互竞争，那些下面的人，言辞无度，真怕他们因此争强好胜，一发不可收拾。”唐高宗马上警觉起来，说道：“你确有远见，是别人无法比的。”立刻下令制止。是制止了这次演出，还是制止了让两个皇子领衔，史书没有细说。但是，担心皇子之间的斗争引发长期的问题，皇帝和大臣的心思都是一样的。

但是，现在太子贤所遭遇的问题，不就是斗争的一种吗？为什么会说我不是皇后亲生的呢？为什么会说别人更像太宗皇帝呢？这种问题追问下去，真是越问越发毛，越问越感到危机重重。

那么，太子应该怎么办呢？他有什么良好的对策呢？

## 太子应对

太子李贤决定不能束手就擒，他要努力奋斗。他是怎么应对的呢？他派人把那位皇帝和皇后都很器重，但是嘴巴比较大的明崇俨给杀了。明崇俨虽然是以旁门左道受到重用，但是毕竟是皇帝、皇后亲近的大臣，也是朝廷五品命官。案件发生在调露元年（679）五月，朝廷努力了，御史台抓了很多人，案子也没有破，只好以“盗杀”结案。这大概让朝廷很丢脸，皇上只好给明崇俨一个高级赠官——门下省长官侍中。

这是《实录》的说法。唐朝在正常的岁月，皇帝们都有自己的实录撰写，这里的实录应该就是《高宗实录》。然而，《御史台记》一书，则是另外一种说法，它的主人公是郑仁恭。郑仁恭是荥阳人，从检察官迁升到刑部郎中，是刑部的中级官员，从五品。仪凤年中（应该是四年，也就是调露元年），明崇俨以奇术承恩宠，夜遇刺客，敕三司紧急审查，结果很多人紧张，胡乱牵扯，致使很多人受到牵连。高宗发怒，要求立刻行刑。郑仁恭认为，这些人既然承认，必死无疑，不在乎延长几日。皇帝反问："你以为他们冤枉吗？"郑仁恭说："臣见识短浅，并不是肯定冤枉，但是怕万一不符实际，会产生怨气的。"皇帝于是同意延缓几日，结果十几天以后，果然抓住了凶手，朝廷一致赞扬郑仁恭。

《资治通鉴》认为《御史台记》的说法不可靠，这个判断是正确的，因为后来才获得真正的凶手，当时即使认为抓住了凶手，肯定也是误判。但是《御史台记》的文字，也透露出一些重要信息。那就是皇帝对于明崇俨很看重，对于案件的发生十分震怒，而对明崇俨的所谓恩宠也是来自皇帝的恩宠。

李贤太子的对策，让人联想起贞观时期的承乾太子。太子地位问题，向来取决于皇上，而承乾不能讨好唐太宗，一心一意地跟魏王李泰火拼，甚至想着用政变的方法对付皇上。不论过去的李承乾还是现在的李贤，这些对策都可以说是治标不治本，南辕北辙，大错特错。为什么要这么说呢？

太子的位置不是天生的，而是皇帝给予的。太子要保位，唯一的做法就是取得皇帝的信任。从来太子受到怀疑，保位的办法只有一个，即忍辱负重，不声明，不辩白。这样的办法为什么是唯一的？因为这个办法是以充分相信皇帝为前提的，而所有皇帝担心的问题正在这里。什么也不做，让皇帝决定。看唐朝此前此后的太子危机，要么铤而走险，谋反以取最高权力；要么忍气吞声，一切听从皇帝安排。而反抗者，失败的多，成功的少。

太子李贤，不仅政治上很不成熟，生活上也是毛病很多。他有一个男性的情人叫赵道生，大概因为自己是太子，两人的关系似乎也不怎么避讳。他给赵道生很多财物，人所共知。同性恋这样的事情，今天的看法也许宽容较多，但在古代一直被当作丑闻。唐太宗贞观时期，太子承乾也有这方面的问题，对于他自己的地位危机实际上是起到了推波助澜作用的。现在，同样是太子的李贤，再次重蹈覆辙。于是他与赵道生的关系成为被告发的理由，审查的结果，赵道生全部招认，不仅招认与太子的关系，而且承认明崇俨就是赵道生杀的，时间是永隆元年（680）的八月，此时距离明崇俨死不过一年多一点的时间。调查的结果，不仅是同性恋和杀害明崇俨的问题，在太子的马坊里还发现了几百副盔甲，是为谋反预备的。

于是，现在我们能够看到，太子李贤的问题有三：

一、同性恋，虽然不一定可以判罪，但是至少生活不检点。

二、私自杀害大臣。

三、在审讯时于东宫的马坊里发现了盔甲几百副，于是罪行升级，谋反罪名因此成立。

最后，太子废为庶人，党羽伏诛，那些盔甲在洛阳的天津桥上焚毁示众。

现在我们看到的历史记载，李贤的结局总是被写作是武则天有意造成的。比如明崇俨被太子所杀，是武则天怀疑的。太子与赵道生的案件，是武则天让人告发的。审理案件的人也是皇后的党羽。更重要的是，皇帝对于这个案件的看法似乎与武则天不同。但是，这段文字，《旧唐书》的《李贤传》并没有。《新唐书》的《李贤传》开始有了类似的文字：

帝素爱贤，薄其罪，后曰："贤怀逆，大义灭亲，不可赦。"乃废为庶人。

《资治通鉴》卷二〇二继承《新唐书》，于是有下文的写法：

上素爱太子，迟回欲宥之，天后曰："为人子怀逆谋，天地所不容；大义灭亲，何可赦也！"

《新唐书》和《资治通鉴》的写法，虽然不完全相同，但是要表达的意思还是明确的。很明显，这些文字凸显了皇帝与皇后的性格、观念的冲突。而这样的写法，让人容易同情高宗，同时会认为武则天缺少人情味。为什么读者会有如此感想呢？这和中国的政治传统有关。在人情与法律之间，中国的传统是考虑两者平衡的，中国传统认为法律应该以人情为必要基础，如果发生冲突，也不贸然站在法律一边。所以，孔子面对父盗羊儿子告发的时候，认为是儿子有错。这是一个经典的故事，对后世影响巨大。而一味看重政治的人，会被认为丧失了人性。杀妻求将的战国时代人物吴起，就因此成为野心家的代表。在李贤的问题上，虽然高宗与武后的冲突是后起的说法，但是这个说法更能突出武后的野心家性格，她在以冠冕堂皇的理由（如大义灭亲）清除对手，实现自己的野心。总之，凸显高宗和武后的冲突，是到《新唐书》才有的，而《资治通鉴》在这一点上继承了《新唐书》的写法。我们发现，《新唐书》在妖魔化武则天的问题上，居功至伟。这里，可以再添一个证据。

因为历史的记载比较简单，我们要深入追究有许多困难。但是，逻辑推论仍然是有力量的。首先，太子李贤在什么地方得罪过武则天吗？没有记载。太子的行为不会百分百令人满意，这是正常的。皇后写信教育太子，也在正常的范围之内。那么，皇后一心一意要清除太子李贤有什么目的呢？难道还是那个遥远的皇帝野心？那样的话，对于太子李弘的分析在这里依然有用，有可能阻挡武则天称帝野心的应该是唐高宗，为什么着急先除掉儿子呢？

其次，太子的行为是否构成严重犯罪。答案是肯定的。杀明崇俨是严重的犯罪。你可以反感明崇俨，但是不能动手杀人。尤其是，明崇俨是皇帝信任的大臣，还给父皇治病。你如何可以杀人呢？我们还记得李义府被告发的案件，李义府暗中逼迫毕正义自杀，还不是李义府派人杀害，御史的控告就是李义府使用了不属于他自己而属于皇帝的权力，因为从法理上讲，只有皇帝拥有杀人权力，而侵犯皇帝的权力当然是严重的犯罪。太子李贤杀害明崇俨，仅仅表明他是仇恨明崇俨的吗？这表明他不敢公开用合法的方式与明崇俨斗争，或许他认为皇帝、皇后会站到明崇俨一边，但如此则性质更为严重。从一定的意义上说，太子杀明崇俨是为了对抗皇帝、皇后。

太子杀人以后，性质发生变化，与朝廷对抗显然已经开始。所以为了准备最后的危机，太子准备盔甲，阴谋展开最后的对抗是完全可能的。东宫是有军队的，平时也有守护的军队。但是，盔甲是战时用品，平时的治安守卫是用不到的。另外，既然说明是在马坊发现的，就不是在军队中发现的，而平时守护安全的军队，是不能进入东宫内部的。后来，这些盔甲在四通八达的天津桥焚毁，证明这些盔甲不是子虚乌有。

唐代储君从武德时期开始，就处于不稳定的状态，围绕储君的斗争因为往往牵涉皇帝，所以形形色色，从来不曾停止。储君为了维护自己的未来权力，有可能采取极端手段，这虽然是从李承乾开始的，但在某种意义上说，玄武门事变已经开创了这个罪恶的先例。另一方面，防范太子，对于皇帝也成为一个重要课题。唐玄宗开元二十四年（736），太子李瑛和另外两位王子，仅仅因为自己的母亲被皇帝疏远，私下有些怨言，唐玄宗就十分警惕，并且动了废太子的念头。转年，太子瑛等被废，其实还是没有什么确实的罪行。与他们比较起来，李贤被废一点都不冤枉，他的私生活且不论，单以私杀大臣和私备甲胄两项，就足以论罪。唐朝太子出现政治危机的时候，习惯于反抗，铤而走险这不是第一次，也不是最后一次。太子贤免为庶人的处分，不能说太过分。

太子李贤被废为庶人，“党羽皆伏诛”，但是到底杀了多少人，数字没有明确记录。请注意，这里的“党羽”，可不是属官。杀了明崇俨之后，太子至少进行了谋反的准备，因为这个谋反并没有确实发动，情况如同当年的李承乾。但是，肯定是有知情者，有参与者，所以才有“党羽”这样的群体。

东宫官员，看来很多人不知情，所以都受到皇帝的宽大处理。但是有两个受到处分。左庶子、中书门下三品张大安，外贬为普州刺史（今四川安岳，当年李义府也曾贬任此官），罪名是阿附太子。太子洗马刘纳言，曾经撰写了一部《俳谐集》（幽默玩笑之类的故事集），进献给太子，也被搜查出来。高宗大怒，说：用儒家的《六经》教育人，还担心没有效果，用这种无聊的东西，怎么能够辅导好呢？于是把刘纳言流放到振州（海南岛的南部）。东宫官员，应该有辅导太子的任务，太子出了这么大的问题，有过错的官员也只好受到处罚。

不久，亲王中两位跟太子关系密切的也受到处分。苏州刺史曹王李明，降封为零陵郡王，发黔州安置。李明是唐太宗跟杨妃所生之子，而杨妃原来是齐王李元吉的妃子。蒋王李炜，是唐太宗第七子李恽的儿子，蒋王爵位也是从父亲那里继承来的，李炜是高宗的侄子。担任沂州刺史，受到除名处分，发道州安置。道州，在今湖南南部道县。亲王是皇帝儿子们的爵位，皇帝的侄子才会封为郡王。李明遭受降级处分，而所谓黔州安置就是移居黔州。黔州历来是安排重要政治犯的地方。唐朝的时候，黔州属于黔中道，位于今日重庆市彭水苗族土家自治县一带。这实际上是有名分的流放，虽然享受郡王的名号，但是也没有了郡王的待遇。李炜更惨，遭受除名，连尊号也没有了，等于平民流放。他们两人的处分是案发两个月以后宣布的，应该是案情继续调查的结果。之所以处分不同，肯定是参与程度不同，而李炜一定是参与得很深。

东宫府还有一位官员名字叫高政，职位是太子典膳丞，是东宫典膳局的副官，主管太子的饮食，不过是正八品的官。显然，他跟太子的关系很特殊，这与他的家世背景有关。他的父亲是左卫将军高真行，高真行是当年参与玄武门事变的重要人物高士廉的儿子。而高士廉是长孙皇后的舅舅。那么，高政就是唐高宗表兄弟。唐高宗很可能看着这一层关系，决定不对高政进行处置，而是交给他父亲高真行带回家教育。高政被释放回家，然而谁也想不到，他的家里给他准备了什么。他刚刚进家门，一句话还没有来得及说，他的父亲高真行上前一刀刺中他的喉咙，他的伯父户部侍郎高审行用刀刺进他的腹部，他的侄子高璇上前一刀砍断他的脖子。然后，大家把他的尸体丢在道路上。

亲人残杀，惨绝人寰。但是，为什么会发生如此人间惨剧？仔细分析，可以发现，这是一次有计划的谋杀行动，而动机呢？是恐惧。高政参与了太子的阴谋，皇帝叫父亲管教，也就是家里处理，但是可怜的高真行和他的家里人，其实不懂皇帝为什么要这样做。最后，家里讨论的结果是，他们认为皇帝要考验他们，考验他们是否能够跟高政划清界线。于是，他们决定杀死高政以示他们整体上与高政的界线分明，也能间接地表现对朝廷的忠诚。但是，杀死高政，真的是皇帝的意思吗？对此，他们也不能真切了解。所以，不管如何，他们来了一个集体行动，祸福未定，反正共同承担。所以，动手杀人的，都是高政的至亲，父亲、伯父和侄子，各家都有分工，都有责任。如果杀高政会得到皇帝的奖赏，那么他们都有功劳。万一琢磨错了，三家共同承担责任。

不得不承认，作出这样的悲惨决定，过程一定是痛苦万分的，然而如此痛苦的决定能够付诸实施，背后的压力显然巨大无比。高政参与的是谋反案件，如果认真按照法律处理，这三家其实都在辐射的范围之内。保护大家，最后成为首选，即使万一错了成为道德耻笑的对象，也只好认了。根据他们的政治经验，对待朝廷的罪人，自己表现得缺少人性总比受到牵连、受到朝廷的制裁要好。这一幕人间悲剧，就这样发生了。高政本来受到皇帝的宽大处理，没有想到却得到了最悲惨的结局。

高家令人发指的行为，让皇帝的恩情化为泡影。高真行和高审行都被贬官外地。这出震惊当时的案件，即使千年以后想来，也很难让人平静。从这些现象反观太子李贤，他的谋反计划一定是确实的，即使关于案件的细节史书留下的笔墨并不多。只有这样才可以理解那么多人受到牵连，而高家竟然用如此残忍的手段预防被牵连。

李贤自己呢？他被废为庶人。弟弟英王李哲代替哥哥成为皇太子。李贤先是被扣押在京师，第二年迁往巴州居住，其实就是监视居住，永久丧失了自由。681年，他到巴州，一直到文明元年（684）。那是高宗死后的第二年，中宗李显被废，由睿宗李旦出任皇帝，而一切大权掌握在武则天手里，她正在为亲自当皇帝做种种准备。武则天意识到原来被废的太子李贤还有政治威胁力，于是派将军丘神勣前往巴州，逼迫李贤自杀。李贤之死，发生在三月份，半年以后李敬业扬州起兵反对武则天，也拿李贤做文章，说李贤未死，要大家一起拥戴反对武则天。民间一定是有李贤冤死的传闻，所以李敬业才会加以利用。

李贤即使谋反在先，也可以不死，此前李承乾就是例证。武则天当皇帝困难更多，她要消灭一切障碍。后来的中宗和睿宗，这些当过皇帝的儿子也在武则天的严密监视之下。武则天在通往皇帝之路上，忍心杀掉儿子，再一次证明权力斗争的残酷性。然而，这一切的发生都是在唐高宗去世之后。武则天或者从前隐忍，或者刚刚发现机会，总之，都是在高宗去世之后。李贤之死，并不能证明李贤太子之废是不合理的。

李贤的冤情，不在于是不是继续当太子，而在于被逼自杀。但是，从唐朝开始，就有一种扩大李贤冤情的说法，其中有关《黄台瓜辞》的传说最形象。《黄台瓜辞》的内容是这样的："种瓜黄台下，瓜熟子离离。一摘使瓜好，再摘令瓜稀，三摘犹尚可，四摘抱蔓归。"据说，这个歌辞的作者就是太子李贤。当时，李贤的哥哥李弘已经被天后武则天毒死，李贤虽然立为皇太子，但是内心不安，担心被废，于是让乐工唱此歌，希望皇后听到后有所醒悟。结果呢，最后太子李贤还是被天后逐出，死在巴州。这个黄台瓜辞，用四个瓜暗喻武则天和高宗生的四个孩子，而用意是希望不要除掉孩子。但是，这里的疑问太多，李贤在位的时候，只有李弘已经去世，他还有两个弟弟在，而且后来中宗、睿宗还是得以保全，三摘、四摘的说法根本就无从说起，何况李贤更不能对后来的事情有了解。此外，如果这么暗示，也不合理，因为人毕竟不是瓜，一摘也受不了，怎么会一摘使瓜好呢？总之，这是一个经不起推敲的故事。那么，这个说法来自什么人呢？原来是肃宗时期的李泌，是李泌对肃宗说，他从小就听说过这个歌辞，并且听说是李贤所作。李泌为什么要这么说呢？原来李泌并不是历史学家，他是一个政治家，而当时肃宗正跟自己的太子过不去，有可能要废黜太子。于是，李泌出来劝阻肃宗，把所谓李贤的瓜辞拿出来，用作劝阻肃宗的材料。所以，李泌的目的在于现实政治，历史成了他影响现实的工具。而且，他引证的材料，也是来自传说，并不能当作历史证据的。后来的历史资料集如《册府元龟》，就不采用李泌的家传，认为这样的作品太多虚构，所以摒弃不用。

其实，李贤的命运应该说不是最差的。唐玄宗的太子李瑛、鄂王李瑶和光王李琚开元二十五年（737）四月同一天被废为庶人，同一天流放外地，但是在半路上同一天被赐死。他们的罪名是有异谋，即谋反，来自别人的告发。唐玄宗召集宰相讨论，据说是李林甫的一句话让皇帝下定了决心。李林甫说，“此陛下家事，非臣等所宜豫”。但是，李林甫的同一句话也可以另外考虑，虽然是皇帝儿子们的事情，是否谋反，就不能简单说成家事。李林甫的话，也可以理解为是否谋反不重要，重要的是皇帝的心思。唐玄宗为什么会处死太子李瑛？当然是为了防患于未然。最高权力的争夺，关涉甚多，所以会有如此残忍的防范手段。

李贤比起李瑛来，还是多了几分幸运。睿宗再次即位以后，追赠李贤为章怀太子。然而，章怀太子后来虽然被平反，但就当时的斗争形势而言，他的太子地位被高宗取缔，他个人还是有责任的。总之，太子李贤被废，主要责任在李贤自身。后来史家归罪于武则天是另有动机。高宗在这个问题上也受到武则天的牵连，为了证明武则天险恶，只好说唐高宗软弱。

因为历史的记载如此，唐高宗的历史被罩上了很重的武则天影子，以至于我们要想公平地考察唐高宗的历史功绩，不得不花费大量的时间讨论武则天。其实，在很多方面，唐高宗都有很大功绩。

# 第十五讲　亲密战友

后世为了抹黑篡位的武则天，连带把高宗也说成了懦弱无能的傀儡式帝王。实际上，高宗决策果断，敢作敢为，而高宗在世时的武则天，也是真正的贤内助，跟高宗一唱一和，配合紧密。

在唐高宗和武则天之间，现有的流行史书的基本描写是高宗柔弱甚至窝囊。武则天则是动物凶猛、步步进逼。一切都是武则天做主，高宗如同一个没有骨头的老人，最多在一边求求情，可怜兮兮。这种关系，在他们对待孩子的问题上，尤其表现突出。然而，这一切都不是历史真相，这是旧史学努力营造的结果，武则天是被妖魔化了，唐高宗呢，则被弱智化。

那么，高宗与武则天夫妻两人的关系，真相到底如何呢？

## 一　高宗为主　武后为辅

现在，我们努力寻找说明唐高宗性格的新资料，寻找能够证明唐高宗和武则天关系的新资料，就是为了复原历史的原本状况。

麟德元年（664），河北的魏州刺史出了问题：贪赃。用现在的说法就是贪污。案情严重，肯定是贪污数额巨大。但是，这个人不是一般人，他是郇国公李孝协，皇帝的叔叔，属于皇室成员。皇室成员的问题一般由宗正寺负责，于是宗正寺就提出，按照法律，李孝协应该处死，但是，他的父亲为国家捐躯，他本人也没有兄弟，如果处死，就会绝嗣。所谓绝嗣，就是绝户，没有了后人。通常，这种情况是要给予认真考虑的。但是，唐高宗很坚决，回答说："画一之法，不以亲疏异制，苟害百姓，虽皇太子亦所不赦。孝协有一子，何忧乏祀乎！"（《资治通鉴》卷二〇一）他的意思是：法律讲究的是一致对待，不能因为亲疏关系而发生变化，如果侵害百姓，就是皇太子也不能赦免。何况李孝协有儿子，哪里存在绝嗣问题。最后还是下令，使李孝协在家中自尽。

这件事，原本宗正寺是要从中袒护李孝协，把没有兄弟说成是绝嗣，而绝嗣的真正含义是没有后代。宗正寺含糊其辞，指望皇帝一马虎，那么李孝协就可以保住性命了。哪里想到，皇帝一点不含糊，概念清晰，法制观念也不淡薄，干净利索地把李孝协处置了。十分坚定地维护法律，即使是皇亲国戚也一律法办，这是唐高宗内心世界的一种真实显现，是唐高宗性格的充分展现。从这里我们看到的唐高宗是态度鲜明，意志坚定，处事果敢。这跟我们一般对唐高宗的印象很不一致。

哪一个唐高宗才是真实的呢？

让我们再看一个事例。显庆五年（660），房州刺史梁王李忠被废为庶人。《黜梁王忠庶人诏》列举了梁王李忠的一系列罪状，如为反对派说情，派人侦察两宫动静，说梦见什么什么，又私下跟巫师占卜等，总之根据他的罪行，"考之大义，应从极刑"。这就是说本来要处以死刑的。但是为什么最后没有这么办，而是免为庶人呢？这是因为皇后武则天的请求。诏书中这样写道："皇后情在哀矜，兴言垂涕，再三陈请，特希全宥。"（《唐大诏令集》）

在这里，我们对于唐高宗和武则天都得到了不同以往的印象。通常给我们的印象是武则天对于高宗这些亲戚，都是赶尽杀绝而后快。通常，唐高宗对于武则天的决策或者袖手旁观，或者无能为力。幸亏这个原始文件被保存下来，我们才知道对于李忠，唐高宗是主张杀的，而武则天是说情的。唐高宗是坚决的，而武则天是多情的。武则天是流着眼泪，再三陈请。于是，我们又得到了一个不同的武则天形象。以往，我们会认为武则天是一个整天凶巴巴的女毒物，不是杀这个就是杀那个。现在，我们可以看到，在唐高宗的身边，一边流泪、一边陈述的武则天。本来主张坚决处理的唐高宗，面对武则天的不断求情，只好妥协，保全了这个皇子的性命。

那么，唐高宗和武则天两人的关系呢？在这里，我们看到的是高宗为主，武则天为辅的基本关系。高宗在世的时候，究竟哪个武则天形象更令人信服呢？联系唐高宗对于李孝协的处置，我们可以相信，这样的资料透露出来的信息应该是更可靠的。

## 二　夫妻搭档　亲密战友

唐高宗力排众议确立武则天为皇后，因为阻力太大，在清除了所有的阻力以后，为了自我证明，唐高宗竭尽全力树立武则天的威信。让武则天抛头露面，让武则天参与朝政。部分因素，就是要表演给世人看：你们越是否定武则天，我就越发抬举武则天。武则天威信的树立，最有功劳的人当然就是唐高宗。

为了树立武则天的威信，唐高宗与武则天配合默契。

### 废王立武之后的和解，用武则天上表的方式昭示给世人

高宗永徽六年（655）十月十三日，皇帝下诏废王皇后、萧淑妃为庶人，宣布立武则天为皇后。同月二十一日大赦天下。就在大赦天下的那一天，武则天上表给皇帝，说当初韩瑗、来济反对任命自己为宸妃，敢于面争廷谏，是一种真正为国的表现，希望皇帝给予嘉奖。

《资治通鉴》卷二〇〇的记载是：

> 丁巳，赦天下。是日，皇后上表称："陛下前以妾为宸妃，韩瑗、来济面折廷争，此既事之极难，岂非深情为国！乞加褒赏。"上以表示瑗等，瑗等弥忧惧，屡请去位，上不许。

前面，我们提到过这件事，说这是为了表达皇后的宽宏大量。仅仅如此吗？当然不是。经过废王立武的事件，朝廷经过了剧烈的动荡，如果继续斗争下去，只能对政局发生更严重的破坏。这就如同经过玄武门之变，国家受到极大的伤害，唐太宗所以在控制局面以后立刻实行全面和解一样，唐高宗如今也有和解的需要。但是，这个和解政策，却不是由唐高宗提出的，而是由新皇后武则天提出的。可以相信，武则天这个原谅韩瑗、来济的

上表，绝不会是擅自做主，一定是与高宗商量之后才提出的。

那么，为什么由皇后提出，而不是皇帝提出呢？

第一，提出的问题不是关键问题。在废王立武的过程中，关键的问题是长孙无忌为首的反对派反对武则天当皇后。在看到反对派势力强大以后，高宗与武则天有所退缩，退而求其次，于是提出不当皇后当宸妃的要求。结果，遭到韩瑗、来济的反对，没有成功。高宗与武则天不得已继续要求废王立武，让武则天当皇后，而最后终于成功。所以，从某种意义上说，如果韩瑗、来济当初不反对武则天当宸妃的话，那么武则天就不会当上皇后。所以从当皇后的意义上说，韩瑗、来济是有正面作用的。所以，提出表彰韩瑗、来济是有道理的。设想，高宗和武则天会表彰韩瑗、来济他们反对武则天当皇后吗？不会。所以，他们选择的是一个非关键问题。

第二，提出表彰韩瑗、来济，其实也有拉拢两人，瓦解长孙无忌阵营的意义。一方面，给天下人看看，皇上和皇后不计前嫌，宽宏大量。如果韩瑗、来济不接受，那就是典型的敬酒不吃。

第三，这个政策要和解，要拉拢，如果由皇帝提出不是更好吗？不。因为对方的心理还不清楚，如果皇上被人拒绝，那就难以收场，而皇后提出，即使被拒绝，也可以由皇帝收场。

后来的事实证明，和解也好，宽容也好，对方都没有接受。不久以后，韩瑗上书，为褚遂良求情，认为褚遂良没有错。如果褚遂良不错，那就是皇帝错了。所以和解不成。唐高宗开始有步骤地打击对手，先把韩瑗、来济贬出朝廷，然后再收拾长孙无忌。这些，在第十讲，讲废王立武的对立派下场的时候已经讲过。

皇后的身份特殊，既不等于皇帝，又能代表皇帝。正确的就算作是皇帝的，需要修正的则是皇后的建议而已。从此以后，唐高宗和皇后武则天经常以这样的方式，用不同的态度发表意见，使得皇帝治理天下的灵活性有了充分的体现，弹性变得很大。有的时候，用皇后的名义宣布政策，有的时候，以皇帝的名义宣布政策。然后，或者是皇帝，或者是皇后，再进行第二步行动，从而使得整个政策进退有余，伸缩自由。皇帝与皇后的配合，亲密无间，十分融洽。

**皇帝要御驾亲征，皇后阻拦**

高宗时期，朝鲜半岛上的新罗奉行亲唐政策，百济与日本关系密切。高宗显庆五年（660），百济倚仗高句丽的支持，加紧进攻新罗，侵占新罗多座城市。新罗再次派使者，请求唐朝出兵。唐高宗派出苏定方大将军统兵十多万，水陆并进，攻打百济。四月出兵，八月传来捷报，在新罗的配合下，苏定方一举攻克百济首都，俘虏百济国王。十一月，献俘仪式在洛阳举行。十二月，高宗作出决定，要乘势攻取高句丽并且御驾亲征。

转年是公元661年，高宗年号是龙朔元年。《新唐书·东夷传》的记载比较笼统，说“龙朔元年，大募兵，拜置诸将，天子欲自行”，高宗继续在全国招兵，并且继续坚持御驾亲征。

到了四月，35万大军已经集合，各路将军已经选派，主要的分工和基本的战略都已经部署完毕。与此同时，唐高宗宣布，亲自率领大军在诸将的后面跟进。可见，进军的部署和自身的位置，都已经安排停当。

整个战争的部署都已经完成，当天也没有见到武则天说什么。好几个月的准备期间，也没有见到武则天说什么。但是，当这些命令宣布14天以后，皇后武则天突然发言了。《资治通鉴》卷二〇〇记载："皇后抗表谏亲征高丽。"结果呢？大家都知道了，如《新唐书·东夷传》的记载："武后苦邀，帝乃止。"

皇帝御驾亲征，唐太宗已经有前车之鉴。连能征惯战的唐太宗，尚且不能打赢一切战争，对于战争没有任何经验的唐高宗如果亲临前线的话，恐怕只能成为将军们的拖累。如果失败，对于皇帝的损失，也是很清楚的。其一，是身体的损害不可避免。即使是皇帝，也要表达跟战士们同甘共苦的姿态，身体当然吃不消。当初李世勣亲征高句丽，就严重地损害了身体。其二，精神上的损失也不可避免。因为是皇帝决策，牵动方面很多，影响会更大，皇上为此承担的后果也是可想而知的。

但是，这些因素，并非事到临头才可以想到啊，为什么高宗还是提出御驾亲征呢？我以为，皇帝亲征有利于提高士气，可以加大动员力度，可以诱发群众的参战热情。这应该就是皇帝提出亲征的动机。

动员完毕，皇帝其实是不能真的到前线去的。可是，皇帝能够自己再提出不去吗？不能。那样会给人以懦弱的感觉，临阵脱逃。而皇后提出就比较恰当。皇后比别人更了解皇帝的龙体状况，皇帝的心情可以理解，但是现在的身体不容许亲临前线等，反正皇后一番义正辞严的坚持，皇帝就不再坚持了。这是什么？这就是政治上的双簧演出，只有皇帝和皇后配合最有利，这样的戏码皇帝是不能跟大臣合演的，否则会让大臣看扁。皇帝御驾亲征泡汤了，将军们应该更高兴，否则陪着皇帝打仗，负担一定更重。士兵们大概不希望如此，有皇帝参战，政府投入应该更大，为鼓舞士气一定更花本钱。但是，已经集合起来的战士和队伍，能够因为皇帝变卦了就退出吗？当然不能。

这是一次皇帝、皇后的密切配合。相信说他们配合默契，大家应该没有异议。

**建言十二事，是谁的战略?**

唐高宗的统治，可以大体区分为两个阶段。前20年，高宗励精图治，发愤图强，几乎是四面出击。好在天公作美，风调雨顺，农业丰收。军事上，将军努力，四海安逸，东西进攻都成功。从高宗即位，到总章三年（670），唐高宗的治理达到高峰。

但是，从咸亨年间开始，出现了问题。咸亨元年（670），天下大旱，为了这个旱灾，高宗特意把年号改作咸亨。接下去，吐蕃迅速崛起，侵占吐谷浑的地盘（青海），咸亨三年（672），唐朝的军队与吐蕃大战，结果全军覆没。与此同时，东方的朝鲜半岛再出问题，新罗要统一朝鲜，与唐朝发生摩擦。不得已，唐朝在上元元年（674）正月派出军队前往朝鲜半岛。

对于唐高宗而言，面临的问题是选择：是否继续以往的政策？如果继续两线作战，力量不支。比如，咸亨元年（670）的时候，唐朝已经讨论出兵青海，但是因为年收成不好，供应有问题，所以推迟一年才出兵。国家的财政出现了困难，而且是很明显的困难。

如果不坚持，那就必须改变，而改变就意味着收缩，那么官场和社会是否能够理解和支持呢？这也是一个问题。面临重大的政策转变，酝酿和实施必须有一个过程，舆论宣传和说服都是必要的。

这就是武则天所谓“建言十二事”出现的背景。

上元元年（674）十二月，武则天提出“建言十二事”，就是12条重要建议。这12项建议，《新唐书》卷七六《后妃传》的武则天部分有记录：

> 一、劝农桑，薄赋徭；二、给复三辅地；三、息兵，以道德化天下；四、南北中尚禁浮巧；五、省功费力役；六、广言路；七、杜谗口；八、王公以降皆习老子；九、父在为母服齐衰三年；十、上元前勋官已给告身者无追核；十一、京官八品以上益禀入；十二、百官任事久，才高位下者得进阶申滞。帝皆下诏略施行之。

这些建议，可以归纳为几个方面，经济上开源节流（一、二、三、四、五）；政治上纳谏防奸（六、七）；意识形态上提高《老子》和母亲的待遇（八、九）；提高下层官吏的待遇和提升机会（十、十一、十二）。通常大家都是这么看的。尤其很多人喜欢从皇后、皇帝的斗争哲学高度看待这个问题，认为这是武则天独立施展个人政治水准的标志。

其他条款都容易理解。对于第九条，“父在为母服齐衰三年”，通常大家都认为最能代表武则天的女性特色。其实，这样看，仅仅看到了问题的一个方面，而且是一个不重要的方面。我们知道，父亲去世，儿子要守孝三年，这是国家礼仪规定的。那么，什么人都必须如此吗？有没有强制性的措施呢？事实上，这样具体地遵守孝道，适用者有一定的范围，即那些国家官员和读书人。官员在这样的情况下，一般要离职离岗。读书人呢，这期间就不要再去参加科举考试或者官员的推举。对于普通百姓，其实是没有具体要求的。

这条建议，看起来更尊重母亲了，至少把母亲与父亲的地位拉平了。因为此前，母亲去世如果父亲健在的话只要求守孝一年。现在变成三年，多出了两年，这有什么意义呢？除了在观念上提高母亲的待遇以外，最重要的不是在这里，最重要的在于缓解官场上的矛盾。

这是怎么回事呢？

唐高宗的时候，官场上已经存在严重的官多职少的问题。想当官的人、有资格当官的人很多，而官位很少，可以说这是官场的基本矛盾。早在显庆二年（657），吏部侍郎刘祥道就因为入流的官员太多而职位不足，建议朝廷改革。“今选司取士伤滥，每年入流之数，过一千四百，杂色入流，曾不铨简。即日内外文武官一品至九品，凡万三千四百六十五员，约准三十年，则万三千余人略尽矣。若年别入流者五百人，足充所须之数。望有厘革。”（《资治通鉴》卷二〇〇）当时新的官员有1500人，而官场实际需要只有500人，造成等待官职的人严重积压以及官场矛盾。

《资治通鉴》记载总章二年（669），在裴行俭主持下，实行“长名姓历榜”办法，把每个人的历官和官衔的级别详细分等，然后按照资格逐渐升级。“时承平既久，选人益多，是岁，司列少常伯裴行俭始与员外郎张仁，设长名姓历榜，引铨注之法。又定州县升降、官资高下。其后遂为永制，无能革之者。”（《资治通鉴》卷二〇一）这个办法当时评价很高，但是官场的基本矛盾并没有得到解决。因为这个办法是增加了官员升迁的等级，延缓了每个官员升迁的速度，但是不能解决岗位少而待岗官员人多的基本矛盾。

母亲的孝假，从一年变成三年，迫使一部分官员离职，给其他人腾出两年的位置。这样一来，全国官员按照13465名计算，加上父亲去世的孝假，每个官员就有整整6年的时间必须离开岗位。就武则天的建议来说，每个官员增加了两年的孝假，全国官员总共增加了26930年。唐朝的官员4年一个考核期，4年之后考核，考核之后先离岗，然后再任职。那么每人多两年的孝假，等于4年一共多出了6732个岗位。这个建议，母亲是否得到尊重是说不清的，但是肯定缓解了官场上的基本压力，这是确实的。

在我看来，“建言十二事”，最重要的是“息兵，以道德化天下”的具体建议。其实，所谓读《老子》我以为也可以从这个意义上去看待。李唐重视老子，认老子为自家的老祖宗，这是从高祖的时候开始的。这个时候再提出读《老子》，我以为是因为通过《老子》一书，可以阅读出来皇帝要进行政策转移的依据。无为无不为，是《老子》一书中有关辩证思想的多种表述之一。皇帝要战略转移，理论从哪里来呢？从老子这里出发，合理合法。皇帝的战略转移，广泛地说是战略收缩，具体的讲就是放弃东西两线作战的现状，集中力量对付西部。

就在武则天提出“建言十二事”的当年正月，朝鲜半岛又出现问题，唐朝再次派出大军与新罗作战。就在建言提出以后的二月以后，上元二年（675）二月，宰相刘仁轨率领唐朝大军打败新罗，而新罗表现得很乖，立刻承认错误派使求和。一年以后，唐朝撤出所有军队，所有唐人担任的当地官员全部换人。唐朝让新罗顺利统一朝鲜半岛，从而换取双方的和平，而唐朝必须把国家的力量全部用在西部战场上来。唐朝平稳地实现了战略转移。

那么，武则天的“建言十二事”，究竟有什么意义呢？通常，人们总是喜欢从权力斗争的角度看待这件事，说是武则天显示自己政治智慧的宣言书。在我看来，其实这就是唐高宗放弃全面作战路线，战略重点开始由东部转变为西部的舆论宣传。反映的是国家已经没有实力两面作战，什么以道德化天下，不过是美妙的说辞而已。

那么，为什么由皇后提出，由皇帝肯定，而不是干脆由皇帝提出来呢？这其实就是道家主张的君无为、臣有为的观点。由皇后提出，可以试探大家的看法，如果不可以，由皇帝宣布修改或者收回，在确保皇帝权威的基础上，拥有较大的回旋余地。后来，对于武则天的“建言十二事”，结果是“帝皆下诏略施行之”。这个“略施行”，其实就是大略施行，并不是照单全收。这可以证明唐高宗行政方面的谨慎，也证明唐高宗和武则天配合的默契。

## 三　充分理解　极端信任

因为唐高宗跟武则天夫妻感情好，尤其是多年形成的密切合作关系，让唐高宗十分信任武则天。

最信任武则天的表现，就是上元二年（675）唐高宗建议皇后摄政之事。

《资治通鉴》记上元二年（675）三月，高宗因为病情恶化，十分痛苦，所以跟宰相提议让皇后摄知国政。简单地说就是“摄政”，临时性管理国家。在历史上，这往往是通向最高权力的一个过渡，如王莽篡夺西汉的皇权，就有过一个摄政时期。结果，这个建议遭到了宰相明确无误的反对，反对的理由是皇后管理后宫，不能管理天下，陛下如果想传位，应该把帝位传给子孙，不能给皇后，因为皇后是外姓人，而天下是高祖、太宗的天下，皇帝也不能私自传给外人。这个反对意见，不只一个大臣坚持，而且说法有理，高宗最后不再提起。

高宗身体欠安是人所共知的事实，为什么他要皇后摄政，而不是太子监国呢？当时的太子李贤，已经22岁了，完全成人了。

我认为，这件事证明，唐高宗是极端信任武则天的。

第一，高宗治理天下的方式方法，最熟悉、最了解的人非武则天莫属。所以，让武则天摄政，最能继续唐高宗的政策。

第二，武则天的政治能力，只有唐高宗最熟悉、最了解，把天下交给武则天，唐高宗最放心。这两个条件，即使是太子也不具备，所以，高宗很放心武后。

第三，高宗认为武则天没有野心，更不可能会想到她有可能称帝。为什么呢？因为在中国从来没有女人称帝的历史，这样的教训高宗无法吸取。那么吕后那样的事情呢？高宗一定认为武则天也不会做。为什么呢？女人干政，不论西汉还是东汉，都要以外族为靠山，但是武则天对自己的家族，如自己的那些兄弟要求几乎是苛刻的，根本不可能指望他们会联合。再有，武则天比高宗大4岁，这一年武则天已经53岁，这应该是颐养天年的一个年龄了。

武则天后来的作为超出了所有人的想象，当然也超出了唐高宗的想象。后话且不说，就此以前，武则天绝没有给唐高宗留下权力欲望很大的印象，所以他连宰相们都想到的事情也没有去想。在此之前，武则天的做法应该是无可挑剔，是完美无瑕的母仪天下。这就是为什么高宗想要武则天摄政的基本原因。



## 四　丑化武后　借鉴史学

现在我们看到的史书，以《新唐书》和《资治通鉴》为代表，竭力要把武则天描写成一个为了最高权力不择手段的女毒物，其实都是“事后诸葛亮”。他们为了妖魔化武则天，不得不把高宗写得很弱智。其实，高宗没有任何问题，很聪明，很有作为。同时，武则天也没有任何问题，高宗在世的时候，武则天是无可挑剔的。后来强加给武则天的许多罪恶，不仅贬低了武则天，也贬低了唐高宗。如果武则天就是那样不择手段，当世之人哪有那么容易都上当的道理。以高宗的聪明，更不可能毫无觉察。

现在解释武则天的野心或者雄心，要么是隐藏得太深，谁也没有觉察到，要么就是后来突然觉醒的。现在这些妖魔化武则天的史书，其实没有坐实一件事情来证明武则天的野心早就存在。关于武则天逐渐掌握权力的过程，关于武则天强烈的权力欲望等，只见于史家评论，而他们都没有举证出事实。现在的这些主流史书，他们的主要手法是把武则天写成一个罪大恶极的坏人，她没有基本的道德情操，丧尽天良而最后终于达成了她的罪恶目的。这些史书，从《新唐书》到《资治通鉴》，几乎都是同一套逻辑。

为什么这些史书会如此仇恨武则天呢？因为站在唐朝的立场上，武则天最后篡夺了唐朝政权是事实，无法回避。传统史学的核心目标是借鉴史学，从另外一个意义上看，借鉴史学是一种功能性史学，就是为当代政治家提供历史借鉴。而所有的政治家以皇帝为中心，当然不希望篡夺的事件在自己的朝代出现，所以史学家们在相关问题上就会不遗余力。武则天是一个颠覆者，是所有现存皇帝的潜在敌人。历史上的武则天虽然已经过去，但是防范未来可能出现的武则天则是皇帝和皇帝的史学家的神圣使命。妖魔化武则天，既是政治的需要，也是借鉴史学的需要。妖魔化武则天，可以使现在的君主更小心武则天式的人物，也使得有可能充当未来武则天的人知道篡权者的可怕后果。为什么《新唐书》和《资治通鉴》对于武则天的妖魔化更热衷呢？我怀疑，这跟北宋女主政治关系密切。宋真宗的皇后刘娥在仁宗时期垂帘听政，身穿天子服，就曾经很关心武则天的事情。有的大臣还真的有劝进的意思，希望刘娥效仿武则天。《新唐书》开始修纂是仁宗庆历四年（1044），正是刘娥已经去世，宋仁宗全面掌权以后。用妖魔化武则天阻拦后世的女主，正好体现了借鉴史学的政治功能。《资治通鉴》晚于《新唐书》，但在借鉴功能上也有同样的需要。

在历史研究的实事求是与借鉴史学发生冲突的时候，究竟应该如何选择呢？在今天，这已经没有问题，实事求是当然是首选。但是，古代政治背景下，史学家完全可能更重视借鉴功能。《旧唐书》的资料来源主要根据唐朝政府编修的《国史》，而《国史》中当然不能实事求是地记载武则天，理由是能够理解的。因为武则天以后的唐朝，同样把武则天篡唐当作重大政治灾难。到《新唐书》和《资治通鉴》写作的年代，能够参考的历史资料已经减少，再加上他们的借鉴动机，就使得他们走上了妖魔化武则天的道路。既然资料很少，同时又有妖魔化武则天的需要，他们会如何处理呢？我怀疑，除了增加评论以外，也采用一些文学的手法。试以《资治通鉴》为例进行如下说明。

麟德元年（664）年底，朝廷发生废后风波，高宗要废去武则天的皇后地位，但是最后并没有真的执行，而宰相上官仪却承担了一切严重后果。此事，我们在第十三讲已经进行了分析。此后，武则天大权独揽。《资治通鉴》卷二〇一记载道：

> 自是上每视事，则后垂帘于后，政无大小，皆与闻之。天下大权，悉归中宫，黜陟、生杀，决于其口，天子拱手而已，中外谓之二圣。

《资治通鉴》的这个说法，是有来源的，那就是唐朝编的《实录》，按照《资治通鉴》的解释，有些书如《唐历》更是过分，所以并不采用。

上一年武则天刚刚垂帘听政，转年是麟德二年（665），皇帝要封禅泰山，十月出发前往泰山，路经寿张，皇帝专门拜访了张公艺。张公艺一家，“九世同居，齐、隋、唐皆旌表其门。上过寿张，幸其宅，问所以能共居之故，公艺书‘忍’字百余以进。上善之，赐以缣帛。”《资治通鉴》如此记录了皇帝访问张公艺一家的事，还记录了彼此的应答往来。寿张属于郓州，在今山东梁山西北。张公艺家，在北齐和隋朝都受到过表彰，原因就是九世同居，其实就是连续九代人都居住在一起，被历朝看作是家族和睦的典范。高宗对张公艺发问：九世同居是怎么做到的？张公艺似乎没有正面回答，而是书写了一百多个“忍”字给皇上。皇上对他提出表扬，还赏赐了丝绸布帛。

我不知道别人阅读这段文字后的感受，反正我的感觉总是摆脱不了对唐高宗心理的猜测。此前最重要的故事就是武则天掌握大权，皇帝拱手而已，如今看到张公艺百忍，让人禁不住联想到唐高宗。唐高宗为什么要称赞张公艺的忍呢？难道不是因为唐高宗自己也是一忍百忍吗？那么，我的这种读后感受，究竟是自己接受暗示呢？还是《资治通鉴》设置的一个陷阱呢？《资治通鉴》可以自我辩护说，它并没有直接说唐高宗在百忍，它不过是叙述一个故事而已。《资治通鉴》究竟有没有暗示的意思，需要其他读者的感受证明。这里这样说也许有推测的意味，姑且设疑如此，请读者自证之。

在一个和平的时代，一个小人物，如果在道德上存在种种问题，最终还能走到政治的最高领奖台，那是不可能的。

武则天在当时，最大限度地超越了历史。当时人无法想象，后来的史学家站在政治道德的立场上，同样无法想象。他们除了妖魔化武则天，别无他法。后世对唐高宗的评价其实是妖魔化武则天的副产品，他也受到了不应有的对待。

关于唐高宗的具体历史贡献，我们接下来再讲。

# 第十六讲　升平皇帝

高宗的政治手腕一点都不“软”，他的文治武功并不输于太宗皇帝。他为大唐疆域开拓了最为广阔的版图，为中国历史培养的唯一的女皇帝，为开元盛世奠定了基础。

作为唐太宗的继承人，唐高宗22岁继承帝位，56岁离开人间，在位时间34年，比唐太宗的在位时间多出10年以上。弘道元年（683）十二月四日，高宗崩于东都洛阳的贞观殿。

唐高宗的一生，作为唐朝的第三位皇帝，他的功绩到底如何呢？评价一个历史人物，一要看他干了什么，二是看我们如何评价。关于唐高宗的评价，有过一个变化的过程。高宗去世以后，武则天亲自为他撰写哀册文（《全唐文》卷九六），而武则天对他的评价，更集中表现在武则天撰写的《高宗天皇大帝谥议》这篇文字当中。在武则天的评论中，唐高宗就是一个完人。

但是，到《旧唐书·高宗本纪》中，最后的“史臣曰”把他说得一无是处，主要是受到中宫毒害太深，忠良受害，小人得志，导致“盘维尽戮，宗社为虚”；并且说，这就是所谓“一国为一人兴，前贤为后愚废”。这种看法，简直把唐高宗看成了亡国之君，而原因也说得很清楚，就在武则天。

至于《新唐书》的《高宗本纪》，把这个含义变本加厉，不仅高宗本身一无是处，连带唐太宗也一起批评，认为唐太宗没有选好接班人。

如此一来，唐高宗的评价，形成了一面倒的局面。原因何在呢？还在于武则天。武则天最后废唐立周，自己当了皇帝。后世历史学家的评论认为，这事情的责任除武则天之外就在于唐高宗。实事求是地讲，没有唐高宗确实就没有武则天，但是武则天的责任又不该全由唐高宗来负。最重要的，还是如何看待武则天的问题。传统史学立场单纯，就是全面否定。今天，我们如果坚持传统史观，得出相似结论并不困难。那么，如果我们把女皇武则天的出现看作是历史恩赐，从正面看待这一历史现象呢？那么很多传统结论就存在问题了。我们评价唐高宗的时候，不得不涉及唐高宗与武则天的关系。但是，一味地讲两人的关系，其实一定程度上也是在抹杀唐高宗自己的功绩。总之，这是一个复杂的历史问题。好在，我们今天与古人不同，我们不存在现实立场问题，没有政治方面的干扰，可以比较轻松地说明我们的看法。

## 一　文治方面　继承发扬

如同魏徵所说，即使隋炀帝也不是有意追求天下大乱。所有帝王的国家治理，我们都不必从动机上考虑他们的想法。没有稳定的国家，即使君主的位置也很难维持，把国家治理好，是君主的根本利益所在，他们理所当然都是追求天下大治的。因而，与其考虑动机，不如考虑实际效果。

唐高宗在被确立为太子的时候，就被认为是仁孝有闻，是守文之主。高宗当然不是打天下的君主，那么在守文方面，他的功绩如何呢？

我们的概括是：有继承，有发扬。唐太宗时期没有完成的事业，在高宗时期继续巩固发展。

## 统一儒家经典

唐太宗时期，命令孔颖达为首修撰“五经正义”，对《周易》《尚书》《诗经》《春秋》和《礼记》这五部儒家经典进行统一的解释，把以前大家纷乱不清的说法统一在一起。这部重要的著作，能够反映唐初学者对五经的大致看法。但是，书编好以后，有人提出很多意见，唐太宗于是命令重修。最后，这部书的完成是在唐高宗时期。唐高宗命令把这部重要的著作颁行天下，同时下令，以后科举考试，有关五经部分，就用这部书做标准答案。

唐朝的科举考试，是分科选举，所以叫作科举。科目其实有很多，最有名的是明经科和进士科。不论哪科考试，都有“经典”一项。答案不统一，就无法评卷。所以，“五经正义”是跟教科书没有什么区别的。

## 改进科举制

武则天不是要人们读《老子》吗？那是674年的事情。到了678年，唐高宗下令，把《老子》这部书纳入科举范围之内。这是考试文化的一个特点，重视什么就把什么加入考试中。因为李氏唐朝，自认为与老子有亲戚关系，所以唐朝很崇尚道教，崇尚《老子》。如果说有什么好处的话，那就是没有把儒家独尊，而是让儒、释、道三教并立。

高宗时期，改进科举制度，影响最为深远的一项举措是在科举考试中加入一个新项目，那就是“杂文”。原来的考试项目，主要是策论，那是一道政论题目，针对国家常见的问题写篇论文。后来，人们认为这样的考试，因为重复率很高，考生把主要的精力用来背诵过去有名的策论，就是旧的考试卷，考不出真才实学。于是，从680年开始，增加帖经和杂文。

帖经就是考儒家经典，如同现在的填空题，要考的是背诵经典的能力。考杂文最后就成了写诗。在最有名的两个科目中，一个叫作明经，一个叫作进士。进士科虽然也考经典，但是最主要是要看诗歌写得如何；明经要围绕经典考试，或者是墨义，考对经典的理解，或者是帖经，考对经典的背诵。最后，大家认为明经考试是死功夫，而写诗才具有创造性，于是社会上越来越重视进士科。后来以至于流传着这样的说法：“三十老明经，五十少进士。”意思是说，30岁考中明经，已经很老了，而50岁考中进士，还显得很年轻。进士科集中了太多的考试者，所以考中更难。

唐高宗对于科举的这个改革，产生了什么样的后果呢？我们知道，高考就是指挥棒，社会和家长最重视高考。现在的高考，很像当时的科举考试。一旦考中，就开始正式进入仕途，可以走上当官的道路。那个时代，社会、经济都不发达，读书做官是读书人的基本道路，可以说当时的科举比现在的高考更有吸引力。为了走上这条路，汉代就有“皓首穷经”的说法，大家为了科举，要进行种种准备。唐代兴起一种类书，就是专门为考试做准备的。因为知识分门别类更容易记忆，更容易使用。另外一项很关键的准备就是写诗。所有的备考者都要练习写诗，最后的效果就是推动了唐代诗歌的发达。

大家知道唐朝最发达的文学是诗歌，唐诗宋词是我们最习惯的说法。唐代诗歌作品留下来的很多，5万多首，现在知道的唐诗作者有2000多人。唐代的大诗人，我们很多耳熟能详。唐诗的发达，跟科举考试就有很大的关系。虽然考试考不出大诗人，但是几乎全社会的人都写诗，当然最终成就了伟大的唐诗。

唐代的皇帝包括唐太宗和唐高宗都亲自写诗，他们的带头作用应该也有利于唐诗的发展。但是，从制度层面说，因为科举考诗歌，对于唐诗的发展推动显然是更大的。因此，可以说唐代皇帝对于唐诗发达贡献最大的，当然就是唐高宗。

科举考诗歌，仅仅有利于唐诗的发展吗？当然不是。写诗讲究平仄，讲究对仗，讲究押韵，一首诗写得优秀当然不容易，即使合格，也要有一番工夫。科举考试，大家都是一张卷、一个题目，标准是一样的。中国是一个多方言的国度，同样一个字，各地读音差距很大。对于很多人而言，要写好诗，首先要克服方言读音，按照统一的标准作文写诗。这是什么呢？这就是文字的功能。在你练习写诗的同时，无形之中，加强了文字与思维方式的统一。学者一般都同意，汉字在维护中国统一方面的非凡意义，而从唐到清朝的科举考试，都有诗歌一项，也强化了汉字的这个功能。

所以，唐高宗改革的科举，不仅推动了唐代诗歌的发展，也让汉字在方言众多的中国发挥了统一思维、推广“普通话”的作用。这个作用不局限于唐朝一代，在后来的中国都在发挥着同样的作用。不仅如此，作诗讲究用典故，所以每位作诗的人都要熟悉经典，不仅熟悉，而且要会运用，这就要求作者勤奋用功，对于古代的典章制度、历史人物和事件等，都要阅读理解，以便于在作诗的时候使用。我们现在了解古代的人和事，还需要查阅唐人编写的类书，而类书是为应试者准备的，结果成为至今我们了解古代文化的书籍。这些书籍里面记载和保存了传统文化的许多具体信息。传统在这个过程中，无声无息地获得承续。

### 唐律及其影响

唐朝崇尚理性治理天下，利用法律是一个重要途径。唐太宗贞观之治，就有很多尊重法制的故事。唐高宗继续唐太宗的治国经验，同样重视法律的作用。唐朝留给后世最重要的法律文本就是《唐律疏议》。唐朝从唐高祖的时代，就有法律的不断编修，贞观的时候也有编修，而最终流传下来的就是唐高宗永徽时期完成的《唐律疏议》。这部书是长孙无忌领人编修完成的，充分地继承了贞观时期的法律成果。

唐朝的法律体系是由律、令、格、式等组成的，律偏重刑法，有明确的犯法处置规定。了解唐代的刑法原则、民事处理等主要通过唐律。令主要是制度规定，唐代的各种制度规定，都是通过唐令来体现的。格和式，是对政府各个部门各个系统的职能、办事原则等的规定，类似后来的行政法规。社会有发展，事务有变化，根据变化编修律、令、格、式，也可以由皇帝发布的制敕临时规定。这些制敕颁发的规定，经过一段时间的沉淀，也可以重新编入正式的法典中去。

唐朝的法律体系，对后世影响巨大的是唐律。唐律体系完备，是中国古典法律的代表。宋朝继承了唐朝的法律，所以《宋刑统》基本上是抄写《唐律疏议》，加上一些调整的条目。辽朝、金朝甚至西夏，都对唐律有所继承。一直到清朝的时候，就律方面的法典而言，依然是根据《唐律疏议》制定的。

近代以后，西方的法律体系传入中国，中国的法律也根据西方的法律进行了新的编写和制定，甚至完全服从了西方的法律体系。那么，如何看待、如何研究中国的法律传统等问题，现在依然离不开对《唐律疏议》的研究。

## 《显庆姓氏录》的意义

魏晋南北朝是中国的特殊时期，世家大族占据政治资源，控制文化与话语。这个时代，有人称之为贵族时代，有人称之为士族时代。隋唐以后，取消“九品中正制”为代表的士族特权，皇权再次振作起来。但是，在社会上，士族势力是百尺之虫死而不僵，还有相当大的影响力。以至于很多朝中大臣，依然要花钱与士族家族攀亲结婚。

唐太宗首先针对这个现象展开斗争，想用行政的权力改变社会认识。贞观时期，唐朝政府重修《氏族志》，把士族按照新的原则进行编排，等第级别也要从头改变。虽然唐太宗决心很大，但是高士廉等主编人员还是按照以往的原则进行编排，这让唐太宗的想法无从落实。最后唐太宗龙颜大怒，重申要崇尚今朝冠冕，“不论数代已前，只取今日官品、人才作等级”。结果呢，结局依然是协调，仅仅把皇族和后族的等第提高了，传统士族的代表依然名列前茅，只取今日官品的原则也没有得到贯彻。

唐高宗经过废王立武的振荡，充分认识到士族势力的不可低估，于是重新编写氏族志，名叫《显庆姓氏录》。新颁发的《姓氏录》，真正实现了唐太宗的编排理想，完全按照现有官员的品级来制定家族的等第："以皇后四家、公、介公、赠台司、太子三师、开府仪同三司、仆射为第一等。文武二品及知政事者三品为第二等。各以品位为等第，凡为九等。"对这个新颁布的《姓氏录》，旧士族之家当然十分反对，因为新的原则一概以现有官品为原则，那些少数民族首领，连那些仅仅靠战功当官的人只要进入五品以上，都可以进入这个《姓氏录》。《姓氏录》总共收入的家姓是"凡二百四十五姓，二百八十七家"。而进入贞观时期的《氏族志》是"二百九十三姓，千六百五十一家"。（《唐会要》卷三六）《显庆姓氏录》显然淘汰了一批旧士族，与此同时，一批新的士族出现了。实际上，唐代选官不再看家族出身，这些官颁谱牒仅仅在舆论上有意义。不过，对于旧士族来说，贞观时期自己的地位没有被动摇，但是到了高宗时期，显然受到巨大打击。一方面政府不予承认，另一方面新的士族又出现了。至少，新旧混淆不可避免。

郑樵在《通志·氏族略》序言中说："自隋唐而上，官有簿状，家有谱系。官之选举，必由于簿状，家之婚姻，必由于谱系。……所以人尚谱系之学，家藏谱系之书。自五季以来，取士不问家世，婚姻不问阀阅，故其书散佚，而其学不传。"士族制度，以家族出身判定人才当然是很有问题的，因为士族掌控了权力，才制定了对自己有利的制度。隋唐时代，士族处于衰落过程中，从唐太宗到唐高宗都发挥了作用。比较而言，唐高宗的作用更大，因为《显庆姓氏录》是唐代最后一次官方颁定的谱牒。

## 二 武功方面 疆域空前

虽然唐太宗一直比较担心唐高宗性格太软弱，担心他不能很好地解决国际争端，但后来的事实证明，唐太宗这个担心是完全多余的。虽然唐高宗面临的国际环境依然比较复杂，但是他带领唐朝从胜利走向胜利，终于赢来了空前辽阔的疆域，让大唐的子孙拥有了一个很自豪的成就。就此而言，唐高宗的成就是超越了唐太宗的。

### 平定西突厥的叛乱

唐太宗刚刚去世，西突厥的首领阿史那贺鲁就发动叛乱，在中亚建立根据地，发动对唐的进攻。唐朝为了平定这次叛乱，先后发动三次进攻。

第一次，永徽三年（652），唐朝派出的军队与阿史那贺鲁的部下开战，唐朝军队取得胜利。但是，这个胜利属于小规模的胜利，没有从根本上动摇阿史那贺鲁的势力。

于是，永徽六年（655），唐高宗任命程知节（程咬金）为元帅前往平叛。转年，战斗开始。到显庆元年（656）年底，因为程咬金不具备帅才，正确的意见不能采纳，反而被副手困住手脚。虽然没有太大伤亡，但是消灭敌人的目标根本没有完成。

显庆二年（657）正月，等于是上次出征刚刚结束，高宗派苏定方为元帅，第三次讨伐。十月，在中亚展开决战。阿史那贺鲁总兵力有10万多人，而苏定方只有1万多人。阿史那贺鲁十分高兴，立刻把苏定方包围起来。苏定方把步兵布置在南，骑兵布置在北。阿史那贺鲁率骑兵攻击步兵，被步兵长矛林挡住，不能入阵。三次冲击，都不能见效。这个时候，苏定方的骑兵从北阵发动攻击，阿史那贺鲁骑兵无法阻挡，拼命逃跑。苏定方率军队追击。正逢大雪，积雪平地二尺。贺鲁以为苏定方不会冒雪追击，部下也如此劝阻苏定方。苏定方坚持出其不意，坚决追击。果然贺鲁没有一点准备，几万部下被苏定方杀掉，只有贺鲁几个人逃脱。不久，贺鲁被石国人抓住，送给苏定方。这次终于平定了阿史那贺鲁。

平定贺鲁，唐朝的势力正式进入中亚。唐太宗时期，唐朝的势力基本上保持在葱岭以东，现在唐朝的势力进入中亚的阿姆河、锡尔河两河流域，从和田以西到波斯（今伊朗）以东，都接受唐朝的册封。显庆五年（660）九月，诏以石、米、史、大安、小安、曹、拔汗那、北拔汗那、悒怛、疏勒、朱驹半等国置州县府一百二十七。龙朔元年（661）六月，以吐火罗、嚈哒、罽宾、波斯等十六国置都督府八，州七十六，县一百一十，军府一百二十六，并隶安西都护府。

唐高宗正式把碎叶城归属为安西四镇之一（另外三镇为和田、疏勒、龟兹），使得碎叶城成为唐朝经营中亚的基地。在中亚，那些归附唐朝的国家都接受唐朝的官职，他们的国王或者成为唐朝的都督，或者成为唐朝的刺史。唐朝在四镇以外的地方，其实并不驻扎军队。这种比较宽松的体制，当时叫作羁縻州体制。当地政府依然保存，国王名号依然保持，但遵从唐朝的号令。这是一种高度自治的政治体制。

因为有了这样的关系，唐朝与西域各国的各种交流开始进入高潮时期。唐朝皇帝受到的国际尊重当然也就超越以往。

## 解决朝鲜半岛问题

朝鲜半岛问题，从隋朝以来就一直存在，虽然现在的学界研究很多，但是我们的看法有所不同。

隋唐皇帝之所以都十分关心朝鲜半岛问题，是因为隋唐时代的使命是统一，而是否完成统一的标准在汉朝。隋唐的君主是按照汉朝的疆域范围考虑自己的统一事业的，而朝鲜半岛一度在汉代版图之内。所以，中原统一之后，高句丽等也很紧张。

贞观十五年（641）八月，唐朝派到高句丽的使者陈大德回国，向皇帝李世民汇报工作。他是一般的通好使者，并没有携带机密任务。但是，他竟然主动地进行军事侦察，以喜欢山水为名，在高句丽到处游览。他看到的情形之一，就是隋朝征高句丽，有很多人成为俘虏。他们见到来自故国的使者，无不关心自己的亲戚朋友。一国之使，对于这些地方百姓哪里会有了解，只好善意地告诉大家一切都好。看到故国的使者到达，这些当年隋朝的士兵，望之而哭，“遍于郊野”。陈大德还告诉唐太宗，听说唐朝平定高昌，高句丽很紧张。唐太宗说：“高丽本四郡地耳，吾发卒数万攻辽东，彼必倾国救之。别遣舟师出东莱，自海道趋平壤，水陆合势，取之不难。但山东州县凋瘵未复，吾不欲劳之耳。”（《资治通鉴》卷一九六）唐太宗并不说攻击高句丽非法，而是因为不愿意让相关地区太辛苦，所以才不发动战争，否则这些汉朝的四郡之地，理所当然要统一。

正是因为如此，隋唐的几位皇帝，几乎都对高句丽大动干戈。唐太宗如此重视隋炀帝的失败，多次说过隋炀帝穷兵黩武，很明白征高句丽与隋朝灭亡的关系。但是，最后唐太宗为什么还要亲征高句丽呢？唐太宗之所以御驾亲征，部分的原因就是为了李治考虑，他认为李治太弱，可能解决不了高句丽这样严峻的问题。显然，在唐太宗心目中，高句丽的问题是必须要解决的。为什么唐太宗会如此看待？他把高句丽与汉代四郡联系起来，就是原因所在。他要统一中国，按照汉朝的疆域规模。

但是，唐太宗没有想到，正是高宗比较成功地解决了朝鲜半岛问题。

当时的朝鲜半岛，处于三国时代。北方是高句丽，南方的东面是新罗，西面是百济。

唐高宗时期，新罗受到高句丽的攻击，新罗多次向唐朝告状，请求天可汗给予解决。永徽六年（655）和显庆三年（658），唐高宗两次派兵攻打高句丽，但是都是取得一些战役的胜利即凯旋。

显庆五年（660），新罗再次状告高句丽与百济攻打自己。唐高宗派苏定方前往百济，与新罗配合展开攻击，一举拿下百济首都，俘虏百济国王，百济宣布亡国。唐朝在百济故地设立五个都督府，驻扎军队，进行羁縻统治。转年是龙朔元年（661），唐高宗雄心勃勃，企图一举拿下高句丽，于是调动军队前往攻打，虽然已经包围平壤，最后还是功亏一篑，没有成功。与此同时，百济的余部还在坚持抵抗，并且联系日本，共同为复国进行努力。龙朔三年九月，发生四方白江口大战。唐朝与新罗联军打败百济与日本联军，日本战船400多艘被烧毁，最后百济和日本联军以投降结束，百济的复国梦想彻底破灭。

乾封元年（666），高句丽的实际统治者盖苏文去世。他的三个儿子发生冲突，其中一人名叫男生的派儿子前往唐朝求援。唐高宗派李勣为元帅，大军陆路、海路分兵进发。总章元年（668），李勣攻克平壤，高句丽亡国。唐朝设置安东都护府于平壤，在当地驻兵，实行羁縻州的统治方式。

李勣凯旋的时候，献俘昭陵。昭陵是唐太宗的陵墓，献俘昭陵是儿子尽孝。当初唐太宗亲征高句丽没有成功，现在他的儿子高宗把高句丽国王俘虏来献俘，儿子终于给父亲报了仇。这种献俘，当然也是报功。不仅如此，皇帝特地在南郊进行了隆重的祭天大礼，向上天汇报平定高句丽的消息。

朝鲜半岛，特别是高句丽问题，长期困扰隋唐的皇帝，到高宗这里终于最后解决。后来的善后工作，还是经历了一个过程，最后唐朝势力撤出半岛，把平壤城以外的地方统统让给了新罗，而新罗始终与唐朝维持比较良好的关系。这可以说明，唐朝对半岛的领土要求是有限的，维护一方安定的意义更重大。此后的朝鲜半岛进入新罗时代，而没有唐高宗的帮助，新罗的统一是无法想象的。

## 突厥问题

突厥在隋朝的时候分成两部，这就是东突厥和西突厥。贞观四年（630），唐太宗出兵漠北，大破突厥，俘虏颉利可汗。突厥部落，多内属，住到更靠近中国的地方。后来，渐渐北归，逐步形成新的势力。

永徽元年（650）九月，唐高宗设立单于、瀚海两个都护府，专门管理突厥归降部落，单于都护府统领狼山、云中、桑干3个都督府和苏农等14个州。瀚海都护府统领瀚海、金徽、新黎等7

个都督府和仙萼等8个州。担任都督、刺史的都是原来的酋长。用“单于”作为都督府的名称，是为了适应突厥人的习惯，他们的领袖就叫作“单于”。开始的时候，称为“云中都护府”。

调露元年（679）十月，单于大都护府突厥阿史德温傅、阿史那奉职二部反叛，拥立阿史那泥熟匐为可汗，24个州的酋长皆起兵呼应，叛众达到几十万。唐高宗派遣鸿胪卿单于大都护府长史萧嗣业等统兵前往镇压。不断的胜利让萧嗣业放松了警惕，突厥利用天降大雪的机会发动突袭，萧嗣业等大败。

高宗再派裴行俭前往镇压。裴行俭接受萧嗣业的教训，并且将计就计，利用萧嗣业的失败取得成功。萧嗣业因为受到突袭而失败，裴行俭意识到突厥还会故伎重演，于是在运粮车中埋伏下士兵。突厥果然来抢粮食，结果中了裴行俭的计策，损失惨重。裴行俭对于天气变化也很精通。在一次安营扎寨之后，他忽然发觉情况不对，命令军队重新安营于高岗之上。士兵们莫名所以，甚至可能牢骚满腹。但是，当天夜里下了大暴雨，原来扎营的地方水深一丈有余。将士们钦佩裴行俭如同神灵。永隆元年（680）三月，裴行俭取得决定性胜利，阿史那奉职被活捉，可汗阿史那泥熟匐为其下属所杀。

开耀元年（681），裴行俭继续对付残余的突厥叛乱势力。他利用反间计，导致突厥叛军两大首领阿史那伏念与阿史德温傅互相猜忌。阿史那伏念把家眷辎重留在金牙山，率领精锐离开。裴行俭派遣军将袭击金牙山，俘获阿史那伏念的妻子和辎重，导致阿史那伏念内心无比紧张。裴行俭的军队随即出现在阿史那伏念的附近，原来伏念答应逮住阿史德温傅立功，此时不敢再犹豫，只好执行。阿史德温傅被俘虏，余党只好全部投降。裴行俭再为唐朝立功。高宗时代，突厥基本上平静无事，高宗晚年这些叛乱，也很快被裴行俭平定。

永淳元年（682）四月，裴行俭去世。这位能文能武的官员，先高宗一步去世。而裴行俭早年曾经反对立武则天为皇后，但是后来还是成为一位卓越的将军，为保卫唐朝的锦绣河山立下巨大功劳。不仅如此，裴行俭知人善任，在他的领导下，一批他原来手下的将官迅速成长，成为唐高宗时代的一批名将，如程务挺、张虔勖、王方翼、刘敬同、李多祚、黑齿常之等。

唐朝的领土最广阔的时候，就在唐高宗的时代。除了东北不如开元时期以外，其他方向都达到了最远的控制距离。西部到达咸海，最西的一个都督府叫作"波斯都督府"，位于伊朗东部。现在我们比较熟悉的城市，比如阿富汗的喀布尔、乌兹别克斯坦的布哈拉、吉尔吉斯斯坦的比什凯克等都在波斯都督府的东方。北方，连贝加尔湖也在边界以内。当初苏武牧羊的场所，如今中国牧民可以无忧无虑地饮马。

总之，我们得承认，唐高宗时期，武功取得的成就，是超过了父辈的。

## 与吐蕃的战争

吐蕃兴起，是在唐太宗时期，到了高宗时代，吐蕃的势力伸向中亚，在更广阔的地域里与唐朝展开争夺。

对于唐朝而言，吐蕃不仅是新兴的政治力量，更是从未见过的政治力量。对于草原民族，中原政权有一定的经验，比如他们一般没有领土要求，战争往往与物质需要密切相关。但是，吐蕃不一样，他们对于领土也有自己的需要，占领了草原他们就放牧，占领了农田他们就种地，因为吐蕃是亦农亦牧的经济。在作战方式上，他们也与唐朝很相近，习惯修筑堡垒守卫占领的地区。与此同时，吐蕃的领地宽广，有辽阔的战略纵深地带。唐朝以往在唐太宗时代形成的战略战术，比如大兵团境外决战，在对吐蕃战争时，丧失了用武之地。

唐高宗后期，战略转移，把主力军队从东方调到西部，重点对付吐蕃。在军事进攻失败以后（咸亨、仪凤年间），唐朝开始转变战略，变进攻为防守。在沿边地区驻扎军队，防备吐蕃。这种战略被证明是行之有效的，后来被武则天和唐玄宗继承发展。就此而言，唐高宗时期西部战略的探索和转变，是有历史贡献的。

## 三　社会治理　成就卓著

### 农业丰收

永徽五年（654）的时候，天下大丰收，“是岁大稔，洛州粟米斗两钱半，粳米斗十一钱”。（《资治通鉴》卷一九九）麟德二年（665），《资治通鉴》卷二〇一记载：“时比岁丰稔，米斗至五钱，麦、豆不列于市。”一个农业大国，农业才是根本，丰收就是基本指标。

高宗时期的唐朝，社会经济在稳步发展之中。

## 吏治良好

在衡量高宗时期的社会及其治理问题时，我们这里可以提供一个新的观察角度。正史因为都是纪传体，记录良好官吏，就成为史书常见的一种类传。《旧唐书·良吏传》，一共收录了41名良吏，按照他们的主要事迹，这些良吏都可以归入某些时间段。其中，高宗朝和玄宗朝数量最多，各占10名，两者相加占去了50%。（41人中有1人主要活动在隋朝。）但是，玄宗在位时间是44年，比高宗时间长出10年。所以，可以说，高宗朝的良吏最多。

这能说明什么呢？皇帝治理天下，当然是与官吏共治。一个时代，如果清廉爱民的官员多，这个时代就一定会治理得好。

## 封禅大典的成功举行

高宗时代的天下治理成就显著，一个重要标志就是封禅礼仪的成功举行。

封禅礼，是中国古代皇帝举行的最隆重的礼仪。按照儒家的说法，作为天子的皇帝，在治理天下成功之后，要告功于天。唐玄宗后来说到封禅大典："夫登封之礼，告禅之仪，盖圣人之能事，明王之盛业也。"（《唐会要》卷八《郊议》）

乾封元年（666）正月，唐高宗成功地举行了封禅大典。典礼之后，唐高宗有一段话，可以反映当时的政治、社会状况。他对高祖、太宗和当前的自己，都有一个评价。他说：

> 高祖发自晋阳，拨乱反正。先朝躬擐甲胄，缵成大业。

扫除氛祲，廓清区宇，遂得四海宅心，万方仰德。朕丕承宝历，十有七年，终日孜孜，夙夜无怠。属国家无事，天下太平，华夷安，远近揖睦。所以躬亲展礼，褒赞先勋，情在归功，固非为己，遂得上应天心，下允人望。（《唐会要》卷七）

唐高宗这个评价和说明，与事实是符合的。

封禅大典是当时的最高礼仪，所有的要求都是最高的。国家没有一定的实力是无法举行这个典礼的，而任何风吹草动，都可以导致这个重大礼仪停止。从长安到泰山，各种队伍连绵上百里，各国都要派出国王或王子前来观礼。封禅完毕，各级官吏还要涨工资，到达泰山的官员还有赏赐。各国国王或王子当然也不会白来，丰厚的赏赐不可避免。这些都要国库支付。

唐太宗的时候，开始要封禅，被魏徵阻止，他认为国家还不够富裕，经不起这个典礼的折腾。后来情况有了好转，但还是很不巧，没有完成。是什么原因呢？比如贞观十五年（641），封禅的队伍都到达了洛阳，忽然出现了彗星，于是命令封禅停止。贞观二十一年（647），下诏第二年封禅，但是到了八月，泉州发生了海啸，于是下令停止。封禅，我们可以看到，不仅要多年风调雨顺，而且天象、地理一定要正常，否则就会认为是上天有所不满。上天不满，你还要报功，不是自我矛盾吗？所以，完成封禅大典，皇帝高兴，大臣也是松一口气。否则如秦始皇封禅，狂风大作、大雨倾盆而秦始皇坚持典礼，就成为千古笑柄。

## 四 高宗一世 总评如何?

在此，我们不用高宗的自我评价，也不用武则天的评价。我们可以用唐玄宗时期的评价。

玄宗开元十二年（724），宰相等力推皇帝封禅。张说等人上书，在他们的言论中，评价了高宗的封禅典礼：“高宗因文武之业，盛岱、亭之礼，方册所记，虞夏同风。”高祖、太宗是开国之君，“洎于高宗，重光累盛，承至理，登介丘，怀百神，震六合，绍殷周之统，接虞夏之风”。而在开元十三年，玄宗封禅的时候，向上天呈送的“玉牒”，对于唐高宗和以前的皇帝的评价是“高祖、太宗，受命立极。高宗升中，六合殷盛”。（以上均见《唐会要》卷八）

唐代宗时有个文人叫李华，他对历代皇帝都有一个赞颂的评价。《文苑英华》卷七七四《颂》，载有李华《无疆颂》八首，一为高祖元颂，二为太宗烈颂，三为高宗康颂，四为中宗兴颂，五为睿宗德颂，六为玄宗文颂，七为肃宗孝颂，八为代宗昭颂。

在这个时代，大家的看法是，高祖、太宗是打天下的时代，这就是所谓“高祖、太宗，受命立极”，接受天命，建立唐朝。高宗是因文武之业，是继承祖先的事业，继续发展的时代，“六合殷盛”，正是此意。

在唐朝皇帝的序列中，当然没有武则天，但是就历史的本来状况说，武则天和唐高宗的时代一样，都是继续发展时期，而到唐玄宗时期，唐朝的各种统治指标都达到了顶峰。那就是所谓的

"开元盛世"。

那么，我们对唐高宗的评价一共有两句话。这第一句就是：带领唐朝，全面发展。第二句是：高宗培养了武则天。

高宗培养了武则天，这么说大家都不反对。但是，高宗培养武则天，如何评价呢？这一下就麻烦了。现在是两个极端，肯定武则天的就赞扬唐高宗，否定武则天的就否定唐高宗。

于是，我们看到，对于高宗的研究，不可避免地受到武则天的牵连。

关于武则天的评价，站在唐朝政治的立场上，评价当然是否定的，武则天篡夺了唐朝政权，如同王莽篡夺了西汉政权，如果肯定武则天，等于肯定篡夺唐朝政权有理。旧日史学，都重视这个政治立场，所以《新唐书》等都对武则天口诛笔伐。唐高宗培养了武则天，所以只好接受否定性的评价。

到了新时代，尤其是帝制时代已经彻底成了历史，武则天对我们今天已经完全没有威胁了，所以我们可以放宽心，心平气和地看待武则天了。尤其是，新时代多了一个评价的角度，那就是社会角度，我们不再局限于政治立场看待历史问题。于是，武则天篡唐，在我们看来，根本就不是什么重大罪恶了。

武则天时期，社会经济依然处于发展之中。武则天遭受的质疑来自两个方面：一是人性残暴，对待亲人屡下毒手；二是酷吏政治，残酷打击政治敌人，而很多人其实是无辜者。对于前者，现在看来多是后人妖魔化武则天的结果，多数是不能证实的。对于后者，我们应该看到，这种打击政治对手的举动，非武则天所特有，任何人掌握政权都会尽力维护自己，而对政治敌人采取消灭政策是通常做法。政治斗争本身就是残酷的，在这方面不该对武则天有特别要求。比如唐太宗玄武门政变夺权，杀人也不少，不仅有一母同胞的兄弟，还有无辜的10个侄子。那些孩子，成为唐太宗斩草除根的对象。比较而言，武则天的情况并不特别恶劣。武则天应该是冤枉了不少人，但是当政权面临威胁的时候，可能会对敌对的势力有人为的夸大。像唐太宗杀害10名侄子，难道他会认为这些孩子有罪吗？当然不会。但是，他还是杀了他们，为什么呢？为了减少将来可能出现的敌人。所以，从当时常见的政治斗争角度看，武则天的酷吏政治，打击敌对势力有些过头，是不难理解的。

看武则天，关键是看她的历史贡献。她的贡献是什么？很多人会回答，发展了当时的经济，为开元之治打下了良好基础。这虽然不错，但是显然不是主要的。主要的贡献是什么？别人很少提到。我在这里要说，武则天最大的贡献就是为中国的历史增添了一位前无古人后无来者的女皇。为什么这么看？难道仅仅是因为女皇为中国历史增加了一道浪漫的光彩吗？

武则天当女皇，确实有人反对，但是反对的力量显然不如支持的力量强大。孟子曾经说过，民为贵，社稷次之，君为轻。比较起来，谁为统治者并不重要，重要的是其统治政策，重要的是其统治政策是否以民为本。这应该是当时人接受武则天的理论根据，也应该成为我们今天评价的重要根据。

此外，女皇的成功，证明传统政治文化的诸多特色。一个为男人设计的皇位，现在由一个女人名正言顺地占据，证明中国的皇帝制度并不是铁板一样坚固，而是充满弹性的。在一个男尊女卑的时代，一个女人当上了皇帝，千百万男人在这位女性面前要顶礼膜拜，这证明男尊女卑的程度并没有想象的那么严重。

一个女人当上皇帝，她要突破的障碍比男性多得多，但是她成功了，这可以证明那个时代为创造者提供了良好的条件。一个没有创造性的时代，如何能够培养出有创造性的人物？武则天的时代是一个值得赞赏的时代，因为在那个时代能够产生武则天。武则天开创了一个时代，也证明了一个时代。

而成功的武则天背后站着一个唐高宗，武则天及其时代，都离不开唐高宗这个最重要的背景。虽然，武则天最后能走多远，唐高宗肯定是不知道的。但是，是唐高宗为武则天的成功提供了最重要的政治资源。即使是插柳无心，作为后人我们也应该承认他的功劳。武则天在中国历史上，如同一个跳水明星，她的凌空一跃，为后代留下了永久的赞叹，而她的成功，至少要部分地归功于她身后的“教练”，那个“教练”就是唐高宗。

# 参考文献

《大唐创业起居注》，上海古籍出版社1983年版。

《贞观政要集校》，中华书局2003年版。

《唐律疏议》，中华书局1983年版。

《唐六典》，中华书局1992年版。

《唐会要》，上海古籍出版社1991年版。

《通典》，中华书局1988年版。

《旧唐书》，中华书局1975年版。

《新唐书》，中华书局1975年版。

《资治通鉴》，中华书局1956年版。

陈寅恪：《隋唐制度渊源略论稿》，上海古籍出版社1982年版。

陈寅恪：《唐代政治史述论稿》，上海古籍出版社1982年版。

汪篯：《汪篯隋唐史论稿》，中国社会科学出版社1981年版。

吴宗国：《唐代科举制研究》，辽宁大学出版社1993年版。

吴宗国主编：《中国封建王朝兴衰史隋唐卷》，广西人民出版社1996年版。

吴宗国：《隋唐五代简史》，福建人民出版社1998年版。

胡戟：《武则天本传》，三秦出版社1986年版。

廖彩梁：《唐高宗与武则天》，陕西人民出版社1988年版。

赵文润、王双怀：《武则天评传》，三秦出版社2000年版。

刘后滨：《巍巍无字碑：武则天的治国谋略》，华夏出版社2000年版。

黄永年：《文史探微》，中华书局2000年版。

雷家骥：《武则天传》，人民出版社2001年版。

牛致功：《唐代碑石与文化研究》，三秦出版社2002年版。

黄永年：《六至九世纪中国政治史》，上海书店出版社2004年版。

黄永年：《文史存稿》，三秦出版社2004年版。

赵文润：《武则天》，西安出版社2007年版。

# 附录一　唐高宗大事年记

唐太宗贞观二年（628），1岁。唐高宗于六月十三日诞生，母亲长孙皇后。为太宗皇帝第九子，长孙皇后所生第三子。名治，乳名雉奴。

贞观五年（631），4岁。封晋王。

贞观七年（633），6岁。遥授并州都督之职。有名义，并不赴任。李世勣担任并州都督府长史，成为唐高宗部下。

贞观十年（636），9岁。母亲长孙氏去世。此后，与父皇唐太宗、妹妹晋阳公主同住。兄妹两人感情极好。接受教育，著名学者著作郎萧德言为之讲授《孝经》。爱好书法。

贞观十一年（637），10岁。唐太宗娶武则天，武则天14岁。

贞观十七年（643），16岁。四月初七，立为太子。十一月，唐太宗为新立太子选良家女充实东宫，太子辞退。这一年，册封太原王氏女为太子妃。

贞观十九年（645），18岁。唐太宗御驾亲征高句丽，太子驻定州。年底，太宗撤退，太子过临渝关（今山海关）相迎。从定州到并州，太子为上吮痈，扶辇步从者数日。

贞观二十年（646），19岁。三月，令军国机务并委皇太子处理。于是太子隔日听政于东宫，然后入宫伺候皇帝药膳，不离左右。皇帝于是在寝殿旁边专门为太子修筑一个院落让太子居住。

此时，才人武则天也在皇帝身边。太子与武则天发生情感纠葛，应该是在这个时期。八月，太子与宫人所生皇孙忠被封为陈王。

贞观二十一年（647），20岁。八月，有齐州人段志冲上书言事，要求皇上把政权交给太子。明显讨好太子，但是导致太子一度十分紧张，忧形于色，发言流涕。

贞观二十二年（648），21岁。正月，唐太宗发出命令，把中书、门下、尚书三省的最高负责人的岗位都交给长孙无忌。唐太宗任用长孙无忌实现权力顺利过渡的意图明显。

贞观二十三年（649），22岁。五月二十六日，太宗临终嘱托长孙无忌、褚遂良辅佐李治。随后太宗驾崩。武则天至感业寺出家。六月初一，太子李治即位，是为高宗皇帝。李世勣改名为李勣，通过考验，出任尚书左仆射，此前唐太宗对他也有托孤举动。

永徽元年（650），23岁。正月初六，册立太子妃王氏为皇后。五月太宗忌日，高宗到感业寺行香，与武则天见面，相视而泣。高宗勤政，每日接见地方刺史。立皇子孝为许王（宫人所生），上金为杞王，素节为雍王（并为萧淑妃所生）。萧淑妃受宠。西突厥阿史那贺鲁叛乱。

永徽二年（651），24岁。派兵讨伐西突厥。武则天受王皇后推荐，被高宗接纳。高宗认为朝廷有小集团问题，长孙无忌否认。

永徽三年（652），25岁。七月，高宗被迫同意立陈王李忠为太子。户口增加15万，达到380万户。冬，武则天生长子，命名为李弘。年底爆发房遗爱谋反大案。

永徽四年（653），26岁。房遗爱谋反案结案，吴王李恪、江夏王李道宗等因此丧生。高宗请求赦免李恪的死罪，未果。

永徽五年（654），27岁。武则天晋封为昭仪。闰四月，万年宫突遇山洪，高宗、武则天险些遇难。王皇后的舅父中书令柳奭解相职。年底，武则天为高宗生次子李贤。

永徽六年（655），28岁。正月，立皇子弘为代王，贤为潞王。六月，王皇后“厌胜”事发，高宗推动废后动作。遭遇长孙无忌、褚遂良、韩瑗、来济等宰相反对。得到许敬宗、李文府、崔义玄、袁公瑜等中级官员支持。李勣表态支持，高宗决心遂定。褚遂良贬官外放。十一月十九日，立武则天为皇后。王皇后、萧淑妃先废为庶人，后被处死。中书侍郎李义府参知政事，成为宰相。

显庆元年（656），29岁。正月初六，降太子李忠为梁王、梁州刺史，立李弘为太子。二月追赠武后父武士彟为司徒，赐爵周国公。八月，发生毕正义案件，李义府犯法，受到皇帝庇护。十一月初五，武后生第三子李显。年底，宰相韩瑗上书，为褚遂良鸣冤，高宗心生怒火。

显庆二年（657），30岁。二月，封李显为周王。七月，许敬宗、李义府告发韩瑗、来济与褚遂良勾结谋反，被告皆外贬。许、李全面执掌相权。将军苏定方大败西突厥，阿史那贺鲁被俘。唐朝势力进入中亚地区。

显庆三年（658），31岁。长孙无忌编撰《显庆礼》成。安西都护府迁至龟兹。李义府争权外贬。褚遂良去世。

显庆四年（659），32岁。发动长孙无忌谋反案，长孙无忌外贬黔州安置。受牵连者甚众。下诏改《贞观氏族志》为《显庆姓氏录》，修改士族等第标准，皆以当朝官品为原则，五品以上皆可入录。七月，杀长孙无忌及柳奭。九月，下诏以石、米、史、大安、小安、曹、拔汗那、悒怛、疏勒、朱驹半等国置州县府127个，西部疆域进入中亚。

显庆五年（660），33岁。因百济、高句丽连兵入侵新罗，新罗请求出兵，派苏定方率兵十万攻打百济。苏定方攻下百济首都，百济灭亡。高宗准备乘胜取高句丽，下令御驾亲征。

龙朔元年（661），34岁。四月，武后抗表谏阻亲征，准奏。六月，高宗以吐火罗、嚈哒、罽宾、波斯等十六国置都督府八，州七十六，县一百一十，军府一百二十六，并隶安西都护府。唐朝西部版图，空前辽阔。

龙朔二年（662），35岁。苏定方围攻平壤，因大雪撤军。郑仁泰讨伐铁勒部落，薛仁贵三箭定天山。六月武后生第四子李旦。来济外贬庭州刺史，死在两军阵前。上官仪任宰相。李义府为相，负责选官。

龙朔三年（663），36岁。四月，李义府贪赃狼藉，除名流嶲州，儿子女婿等皆除名流放。吐蕃打败吐谷浑，占领青海地区。九月，唐兵联合新罗与百济余部及日本在白江口大战，日本四百多艘船被焚毁，百济彻底放弃抵抗。

麟德元年（664），37岁。十二月，西台侍郎上官仪谋废皇后失败被杀，赐废太子忠死。此后武后垂帘听政，有"二圣"之称号。废后事件，怀疑与魏国夫人（武则天外甥女）得宠有关。

麟德二年（665），38岁。颁行李淳风《麟德历》。皇帝、皇后前往泰山举行封禅大典。太宗时，多次准备封禅，都因为遇到天灾人祸而中止。高宗此时，天下风调雨顺，连年丰收。

乾封元年（666），39岁。正月封禅大典成功，至曲阜祭祀孔子。大赦天下，李义府不免，李义府病卒。高句丽内部发生分裂，唐朝发兵，以李勣为大总管。

乾封二年（667），40岁，高宗久病不愈，令太子弘监国，改封殷王李旦为相王。

总章元年（668），41岁。李勣攻克平壤，高句丽亡。李勣凯旋，高宗为之举行献俘、告天、谒太庙等多项庆功活动。太平公主大约在这一年出生，她是高宗与武则天所生最后一子女。

总章二年（669），42岁。正月，封诸王嫡子皆为郡王。年底，朝廷功臣李勣病故，享年76岁。

咸亨元年（670），43岁。薛仁贵在青海大非川与吐蕃作战，全军覆没。武后母杨氏病卒，享年92岁。

咸亨二年（671），44岁。高宗与武后离京师长安到东都，留太子李弘监国，令戴至德、李敬玄等辅政。

咸亨三年（672），45岁。许敬宗去世。

上元元年（674），47岁。高宗自称天皇，武后称天后，改元大赦。九月初七，高宗下诏复长孙无忌官爵，陪葬昭陵，其曾孙长孙翼袭爵赵公。发兵击新罗。武后提十二条建议书，主张战略退缩。

上元二年（675），48岁。与新罗和好。高宗风眩病加重，欲逊位于武后，宰相郝处俊谏止。四月太子李弘因结核病去世，年仅23岁。立雍王李贤为太子，大赦天下。

仪凤元年（676），49岁。吐蕃攻鄯、廓、河、芳四州，高宗下诏停封禅，遣相王李旦等率军抵御吐蕃。

仪凤三年（678），51岁。九月，刘敬玄在青海与吐蕃战，全军覆没。

调露元年（679），52岁。偃师人明崇俨，懂幻术和医术，天皇、天后很器重，官至正谏大夫。言及太子不利，太子派人杀之。西突厥十姓可汗叛乱，派遣裴行俭前往镇压。裴行俭采用突然袭击战术，一举平定叛军。

永隆元年（680），53岁。八月，太子李贤谋反案发，废为庶人。立英王李显为太子，改元永隆，大赦天下。突厥反叛，萧嗣业兵败，再遣裴行俭前往镇压，取得胜利。文成公主在吐蕃去世。

开耀元年（681），54岁。七月，太平公主出嫁薛绍。闰七月，高宗病，令太子李显监国。十一月初八，令废太子贤迁巴州。裴行俭最终平定突厥。

永淳元年（682），55岁。三月二十五日，立皇孙重照为皇太孙。天皇、天后赴东都洛阳。裴行俭去世。王方翼大战热海，平定西突厥之乱。

弘道元年（683），56岁。十一月初三，高宗病情加重，下诏罢来年封嵩山。十二月初四，改元弘道，大赦天下。当夜，高宗崩于洛阳宫贞观殿，遗诏皇太子柩前即位，裴炎等辅政，军国大事有不决者，兼取武后进止，十一日，太子李显即位，为中宗。尊武后为皇太后。

武太后撰写《高宗天皇大帝谥议》及《述圣记》，全面歌颂唐高宗。此时武则天已经60岁，谁也不会想到，武则天此后的路还很漫长。

# 附录二　唐高宗世系表

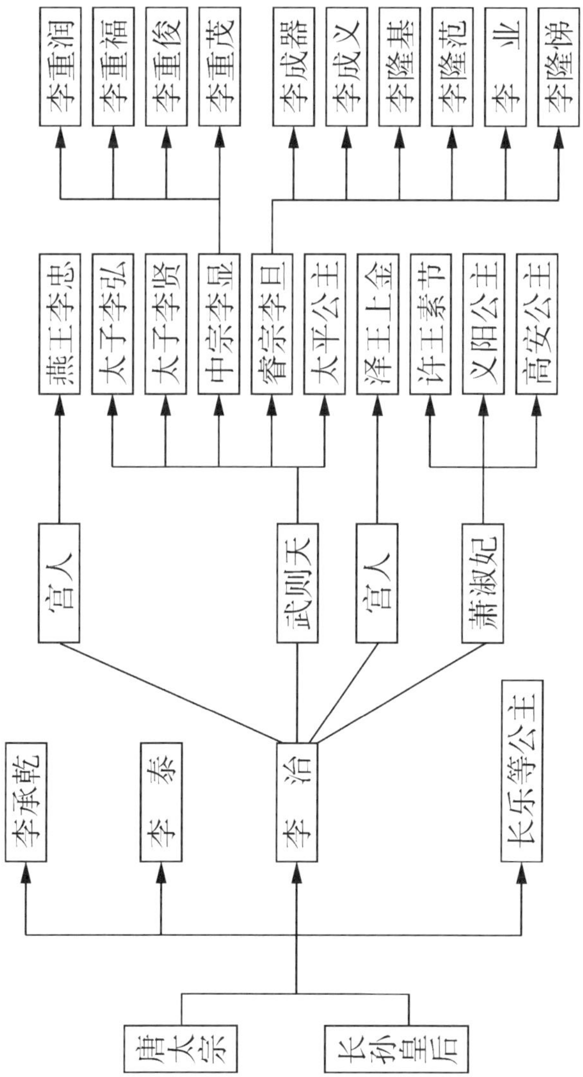
唐太宗
长孙皇后
李承乾
李泰
李治
长乐等公主
宫人
武则天
宫人
萧淑妃
燕王李忠
太子李弘
太子李贤
中宗李显
睿宗李旦
太平公主
泽王上金
许王素节
义阳公主
高安公主
李重润
李重福
李重俊
李重茂
李成器
李成义
李隆基
李隆范
李业
李隆悌

# 后记

1994年9月，我刚刚投到吴宗国先生门下。当时大学毕业在新疆师范大学教书已经11年。对于一个学生而言，我是老兵新传，但是对于历史研究，依然有很多迷茫。有一天，我战战兢兢地问吴先生："历史研究如何发挥推动历史的作用?"吴先生微笑，而微笑之后，吴先生通常会反问："这要问你啊。"但这次，先生没有反问而是简单有力地说道："转变为常识。"应该承认，这个问题折磨我很久，虽然身在历史学界已经多年，但是一直不能很清晰地把握本学科的价值。仅仅是搞清楚历史过程不能满足我们的疑问，一个学科如果没有现实的意义，它的存在价值不是很值得质疑吗？那么历史研究的价值何在呢？我提出的问题，是预先设定历史研究有推动历史的作用，问题的焦点放在推动历史的路径上。从研究到常识，正是史学研究发挥作用的途径，传播是必经之路。先生的回答，简明扼要，我在迷茫中如同看到了一盏光明。

多年以后，我从编剧电视剧《贞观之治》到电视讲座《玄武门之变》《贞观之治》和这次的《唐高宗的真相》，不期然与传播相遇。回想与当初先生的教导暗合，应该不是偶然的。好在，在这些很通俗的讲座中，自认为也加入了比较专业的思考。如果说，此前的历史研究，是先有学术成果后有通俗传播的话，那么这次真好相反。学术思考不是以学术论文的方式首先发表，而是用这种比较通俗的方式与更多的读者见面，想起来，也别有一番风味。

感谢吴宗国先生再次为我写序。有先生的支持，学生就会感到心里踏实。

去年，我在中央电视台《百家讲坛》栏目录制《唐高宗真相》的讲座。这本小书就是在讲稿基础上增改而成。出版的内容要多出许多，一些是原本讲座中有而因故没有播出的，一些是讲座没有而后来增加的。我一直不能很好地按照教案讲，所以讲座不足的部分，总有许多要添加补充。

《百家讲坛》的负责人万卫先生、策划解如光先生，一直热心地关照我的讲座和图书出版。编导张长虹、魏学来、兰培胜、林屹屹一直为我不成熟的讲座进行加工添彩，不得不做很多额外的工作，十分辛苦。请接受我诚挚的谢忱。

从2005年10月起足足两年，每个周六我都会在北京大学中国古代史研究中心度过，我们有一个“新获吐鲁番出土文献整理小组”，整理近些年吐鲁番出土的古代文书。在荣新江先生的领导下，我们小组的工作很有成效，最近我们研究整理的成果《新获吐鲁番出土文献》即将出版面世。因为要在《百家讲坛》录制讲座，很多本该我负责的一些工作只好由荣新江先生完成。没有荣新江和小组其他成员的理解、承担与支持，讲座很难完成。感谢荣新江先生，感谢整理小组的全体成员。

本书最终决定由北京大学出版社出版，让我有一点点回报的心绪。刘方老师是我长期敬重的师长，本书由她牵头编辑，让我们满心荣光。编辑岳秀坤、张晗等，虽然此前未曾谋面，但是他们认认真真的工作精神让我很是感动。沈睿文、江晓辉为本书提供了精美的图版，没有他们的劳动，本书一定会逊色很多。虽然原本就是朋友，但是真诚地致谢还是需要的。

2008年4月12日，北京老营房路

**又记**

转眼就是十几年。对于唐高宗，这根本不是一件事，但作者已经白发苍苍了。唐高宗就是历史，写《唐高宗的真相》的人呢？正在被历史“黑洞”强力吸引着，一步步走向历史。

这本叫作《唐高宗的真相》之书，在这个世界上已经存在了十几年。这个世界对唐高宗的印象，发生了什么变化吗？恐怕没有。一粒尘埃，在黑夜里拼命地呼喊着，寂静之夜，连风声都感觉不到。在历史面前，研究者只有这样的无力感。

所以，要对自己好一点，用今天之我安慰昨日之我。我写了，看不看不管；我喊了，听不听不管；我来过，有没有人看见不管。

原来是十五讲，现在改成十六讲，把原来的一篇附录变成正文。凡是发现的错字都改正了。写篇原来不曾有的前言，发发感慨。

感谢吴宗国先生的序言，什么时候读都如此亲切。

感谢浙江人民出版社再版此书。

2021年1月21日，还是北京老营房路